生成式人工智能与商务应用

主　编：何雄就　王亚鹏
副主编：曹显文　朱　敏
李　楠　李丽婷
赵惠蓉　薛美红
参　编：肖　琦　王鹏程
徐懿然
主　审：刘晓岚

北京理工大学出版社
BEIJING INSTITUTE OF TECHNOLOGY PRESS

图书在版编目（CIP）数据

生成式人工智能与商务应用 / 何雄就，王亚鹏主编.
北京：北京理工大学出版社，2024. 10.
ISBN 978-7-5763-4540-7
Ⅰ. F7-39
中国国家版本馆 CIP 数据核字第 20241VW358 号

责任编辑：芈　岚　　**文案编辑**：芈　岚
责任校对：刘亚男　　**责任印制**：施胜娟

出版发行 / 北京理工大学出版社有限责任公司
社　　址 / 北京市丰台区四合庄路 6 号
邮　　编 / 100070
电　　话 / （010）68914026（教材售后服务热线）
（010）68944437（课件资源服务热线）
网　　址 / http://www. bitpress. com. cn

版 印 次 / 2024 年 10 月第 1 版第 1 次印刷
印　　刷 / 涿州市新华印刷有限公司
开　　本 / 787 mm×1092 mm　1/16
印　　张 / 12. 75
字　　数 / 308 千字
定　　价 / 69. 00 元

前　言

党的二十大报告指出，要全面建成社会主义现代化强国。到 2035 年，我国发展的总体目标是建成现代化经济体系，形成新发展格局，基本实现新型工业化、信息化、城镇化、农业现代化。2023 年 9 月 7 日，习近平总书记在黑龙江考察时指出，要“积极培育新能源、新材料、先进制造、电子信息等战略性新兴产业，积极培育未来产业，加快形成新质生产力，增强发展新动能”。

新质生产力的本质是先进生产力，其形成需要将前沿科技创新应用到产业发展中。加快人工智能等新一轮信息技术的应用，能有效提升全社会新质生产力水平，有助于实现党的二十大报告提出的新型工业化和信息化的目标。

当前，生成式人工智能以其在语言生成、图像合成等领域的突出表现，吸引了广泛的关注和研究。《生成式人工智能与商务应用》一书旨在帮助高等职业院校的学生深入了解生成式人工智能在商务领域的实际运用，使其在未来能更好地适应产业需要，更有效地开展各项工作。在高等职业教育中强化人工智能教学，也将提高现代化职业教育的质量，为经济高质量发展、新质生产力形成提供更多优秀的人才。

本书以习近平新时代中国特色社会主义思想为指导，贯彻落实党的二十大精神，将理论与实践相结合，旨在培养学生对生成式人工智能的理解和应用能力。书中在对理论知识进行系统讲解的基础之上，配合丰富的实例和案例分析，力求帮助学生建立起对生成式人工智能基本原理和可能应用方向的理解。同时，本书在内容编排上采用基于任务驱动的教学方法，通过具体的实践项目，引导学生动手实践，提高他们的问题解决能力和创新思维水平。

当下，生成式人工智能正处于快速发展阶段，“模型幻觉”、训练语料存在偏见等问题还没有得到有效解决，人们在使用人工智能（AI）创造美好生活的同时还面临着被误导的风险。因此，本书高度重视在教学过程中强调人工智能的优势与不足，引导学生思考人工智能如何才能更好地用来弘扬中国传统文化、红色文化，强化学生对社会主义核心价值观的认同。此外，本书还涉及了相关的法律法规、商业规范等内容，为的是在知识传授的过程中强调社会主义法治观念，坚持立德树人的目标，培养德法双修的人才。

本书共分为七个项目，从生成式人工智能的基础概念入手，逐步深入到生成模型的原理与应用，再进一步讲述如何在具体的商务场景下有效使用人工智能工具。所有项目都配有详细的案例，以帮助学生理解和运用所学知识。

项目一介绍了生成式人工智能的基础知识以及应遵守的法律、道德规范；项目二介绍了有效运用生成式人工智能所需要的 Python（计算机编程语言）基础知识；项目三指导学生通过人工智能平台进行数据分析，或利用人工智能平台生成代码实现本地执行；项目四介绍如何有效地对生成式人工智能构建提示词（Prompt）工程，使之生成满足商务需要的文本素材；项目五主要介绍如何运用 Stable Diffusion（AI 绘画生成工具）等开源工具生成电商宣传图案；项目六介绍如何通过生成式人工智能构建本地私有化客服系统，助力企业提升运营效率；项目七是综合实训，通过一个完整的公司案例指导学生如何完整地将所学知识运用到企业实践当中。

本书由江苏工程职业技术学院经济管理学院牵头组织编写，团队成员来自电商、物流、企业管理、大数据与会计等专业，既有获得国家级教学比赛一等奖的名师、作为引进人才的博士确保知识的有针对性和新颖性，也有具备多年教育管理经验的专家与一线辅导员进行课程设计。本书编写任务的具体分工如下：刘晓岚负责全书审稿，王亚鹏负责编写前言；王亚鹏、何雄就规划全书知识架构的编排，统筹各项目编写工作；李楠编写项目一，曹显文编写项目二，曹显文、薛美红编写项目三，朱敏编写项目四，朱敏、赵惠蓉编写项目五，何雄就编写项目六，李丽婷编写项目七；何雄就负责各项目人工智能应用的技术实现。此外，肖琦参与案例、数据收集和选取等工作，南通市公共交通集团王鹏程、南通海汇资本投资有限公司徐懿然参与教材知识点选取与编排，使教材内容与企业运营实践紧密结合，更具实用性和针对性。

在本书的编写过程中，编者参阅了大量文献资料，在此对相关资料的作者致以最诚挚的谢意！

由于编者水平有限，书中出现疏漏之处在所难免，敬请广大读者批评指正。

目　录

学习笔记

项目一　认识生成式人工智能

学习目标

素质目标	1. 强化学生的社会主义核心价值观； 2. 提升学生对中华民族、传统文化的认同感和自豪感； 3. 提升学生的法律道德规范和商业准则意识，引导其成为有理想、有道德、有知识、有纪律的新时代大学生，成为可堪大任、能担重负的时代栋梁
知识目标	1. 掌握人工智能的发展历史； 2. 掌握生成式人工智能基本原理； 3. 了解常见的大语言模型类别； 4. 掌握生成式人工智能的法律和道德规范，加强个人信息保护
技能目标	1. 学会使用国内主流生成式人工智能平台； 2. 学会如何在本地计算机上使用大语言模型； 3. 学会辨别并防范使用生成式人工智能的各类风险

知识结构

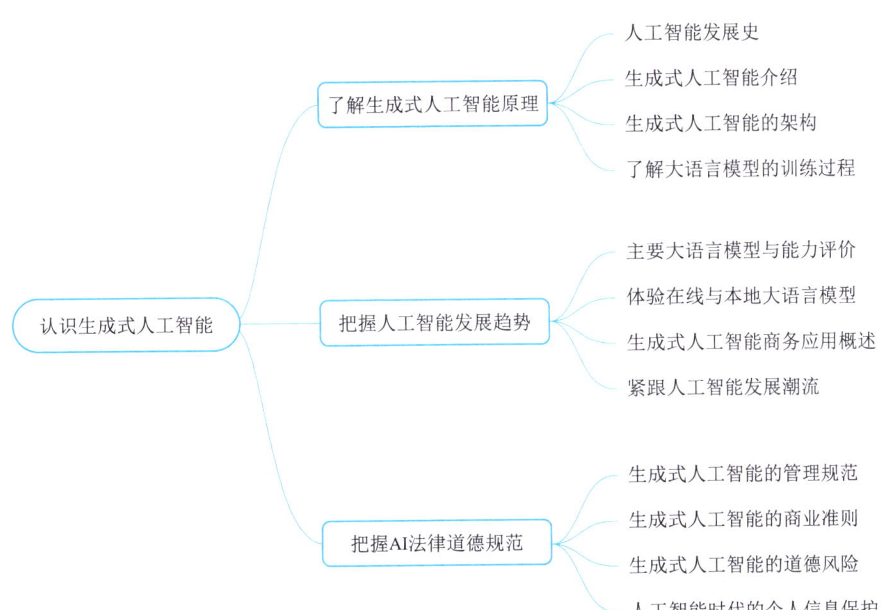

任务一 了解生成式人工智能原理

案例导入

一位艺术家想要尝试一种全新的绘画风格，但不知道如何下手。于是，他向生成式人工智能寻求帮助。该生成式人工智能通过预训练，已学习了历史上各种绘画风格和艺术理念，它能够为艺术家提供一些灵感和建议。

数字化，激活古籍生命力

在了解了艺术家的需求后，生成式人工智能为他生成了一幅具有独特风格的画作。受到这幅画作的启发，艺术家获得了创作的灵感，最终完成了一幅令人惊叹的作品。

从这个案例可以看到，生成式人工智能不仅能够为创作者提供灵感，还能帮助他们突破自己的创作瓶颈。实际上，生成式人工智能的应用远不止于此，它还在其他许多领域发挥着重要作用，如在传统文化传承领域。

古籍是传承传统文化的重要载体。但是“找不到、不会用、读不懂”是人们阅读古籍时常常遇到的情况。随着人工智能技术的发展，这些问题正被慢慢得以解决。在字节跳动研发的“识典古籍”数字化平台上，遇到读不懂的古文原文时点击“问 AI”，就可以看到这句话的翻译，并可以用日常说话的方式，让智能助手总结文本内容，提出可供参考的研究问题。业内人士表示“我们所处的新时代，有可能实现文化典籍的永久保护和传承”。

当前，人工智能正在蓬勃发展，其对社会的发展将产生不可估量的影响。作为新时代的“主人翁”，我们有必要了解它的原理、技术和发展趋势，更好地应用生成式人工智能，使它成为我们工作和学习的得力助手。

知识准备

一、人工智能发展史

人工智能（Artificial Intelligence，AI）是指让机器具有“思考能力”的科学。机器怎样才算有智能？早在 1950 年，艾伦·图灵（Alan Turing）就在他的论文①中研究了这个问题。

图灵测试：核心思想是通过对话来判断机器是否具有智能。一个人（评判员）通过键盘和显示屏与两个隐藏在屏幕后面的“参与者”进行对话，其中一个是人，另一个是机器。评判员不知道哪个是人，哪个是机器。对话结束后，如果评判员不能根据对话内容区分出哪个是人，哪个是机器，或者机器的表现和人类一样好，那么这台机器就通过了图灵测试，被认为是具有人类水平的智能。

达特茅斯会议：1956 年，一群志同道合的年轻人相聚在达特茅斯学院，讨论如何让机器拥有“智能”，并在研究会上正式提出了人工智能的概念。达特茅斯会议是人工智能领域的一个重要里程碑，被认为是人工智能的开端。

20 世纪 60—70 年代，人工智能研究主要集中在符号主义的范式下，即利用符号和规则来表示知识和推理。

---

① A. M. TURING，I. —COMPUTING MACHINERY AND INTELLIGENCE，Mind，Volume LIX，Issue 236，1950（10）：433-460，https://doi.org/10.1093/mind/LIX.236.433

20 世纪 80 年代后期至 90 年代，连接主义崛起，强调模拟大脑神经网络的工作原理，此外还有知识表示与推理的研究，如专家系统和语义网络。

2000 年至今，随着大数据的兴起和计算能力的提高，统计学习和深度学习成为人工智能的主流。

21 世纪以来，人工智能在图像识别、语音识别、自然语言处理、机器人技术、自动驾驶等领域取得了显著进展。深度学习技术的快速发展和硬件技术的进步，进一步推动了人工智能技术的应用和发展。

2022 年 11 月 30 日，ChatGPT（聊天机器人程序）最初版本发布，在短时间内引起了广泛关注和讨论，不仅使技术界为之震动，也在普通用户中获得了极高的人气，人工智能技术开始从专业领域走向大众市场。人工智能发展简史如图 1-1 所示。

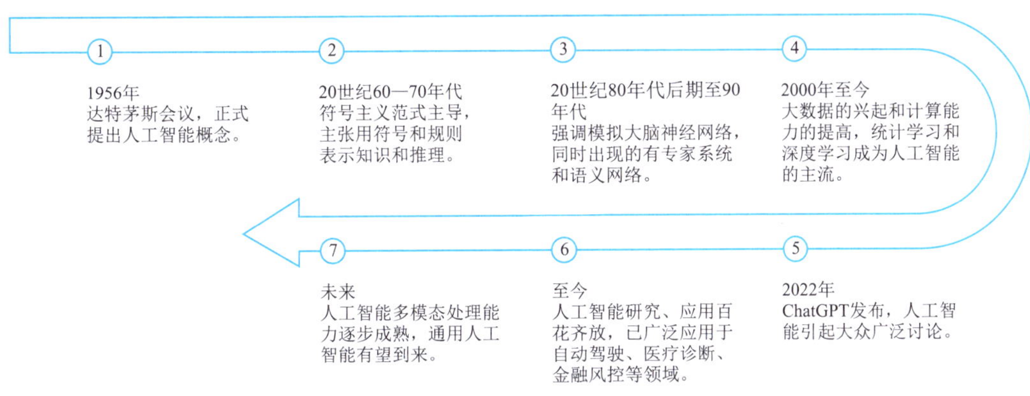

图 1-1　人工智能发展简史

ChatGPT 发布后，大众学习和使用人工智能的热情空前高涨。在学习人工智能的过程中，我们会发现一些名词反复出现，为了更好地进一步学习，现对相关概念进行如下简要陈述。

机器学习（Machine Learning）：机器学习是实现人工智能的基础之一。它提供了从数据中学习的方法，即让机器自动从大量数据中找出规律，从而能够完成分类、预测、识别等复杂的任务。机器学习算法使计算机系统能够从数据中学习并不断优化其性能。

人工神经网络（Artificial Neural Networks，ANN）：人工神经网络是一种模拟人脑神经系统的计算模型。它通过模拟神经元之间的连接和信号传递过程来处理数据和解决问题，实现了物体识别、声音识别、自然语言处理等任务。

深度学习①（Deep Learning）：深度学习是机器学习的一个子集，是让计算机通过将现实世界的经验予以层次化的方法来进行理解。之所以称之为深度，是因为计算机在进行层次化学习的时候会形成层次很多的关系图。

自然语言处理（Natural Language Processing，NLP）：自然语言处理是一种利用计算机来识别、理解、生成人类语言的技术。它包括语音识别、机器翻译、智能问答等应用。自然语言处理使计算机系统能够理解和分析人类语言，实现人机交互和智能问答等功能。

大语言模型（Large Language Model，LLM）：语言模型的出现旨在理解和生成人类语言，预测词序列中未来字词出现的概率。语言模型有统计语言模型、神经语言模型、预训练语言模型和大语言模型等。大语言模型的“大”是指模型参数多、数据规模大。大语言模型在多种自然语言处理任务中表现出色，包括但不限于文本生成、机器翻译、问答系统、文本摘要、

① 伊恩·古德费洛. 深度学习［M］. 北京：人民邮电出版社，2022.

情感分析等任务。本教材遵循行业惯用法，若无特别说明，所说“大模型”即指大语言模型。

二、生成式人工智能介绍

生成式人工智能（Generative Artificial Intelligence，GAI。另一种说法称之为 Artificial Intelligence Generated Content，AIGC，两种说法表达的意思基本相同），是人工智能的一个分支，主要关注如何使用人工智能生成新的内容，如文本、图片、音频等数据。

生成式人工智能生成的新内容并非凭空创造，而是在进行了大量数据预训练的模型基础上生成内容。模型在训练过程中，获得了不同数据、信息之间的关系，形成自身的知识体系。一旦完成训练，模型能够理解用户的问题并运用不同的策略和技巧，从而产生满足用户指令的输出。

图 1-2 是书籍《这就是 ChatGPT》① 提及的一个例子——二维视角下不同单词的相似度距离。简单地说，就是日常语言中不同词汇所表达的意义不同，且不同词汇之间的“亲疏”关系不同，如果语言的意义用二维平面表示，不同词汇之间的距离并不一样。例如，表示动物的 cow（牛）、duck（鸭）、fish（鱼）等词汇之间，以及表示水果的 cherry（樱桃）、mango（芒果）、apple（苹果）等词汇之间距离近，但不同类别词汇之间的距离却较远。

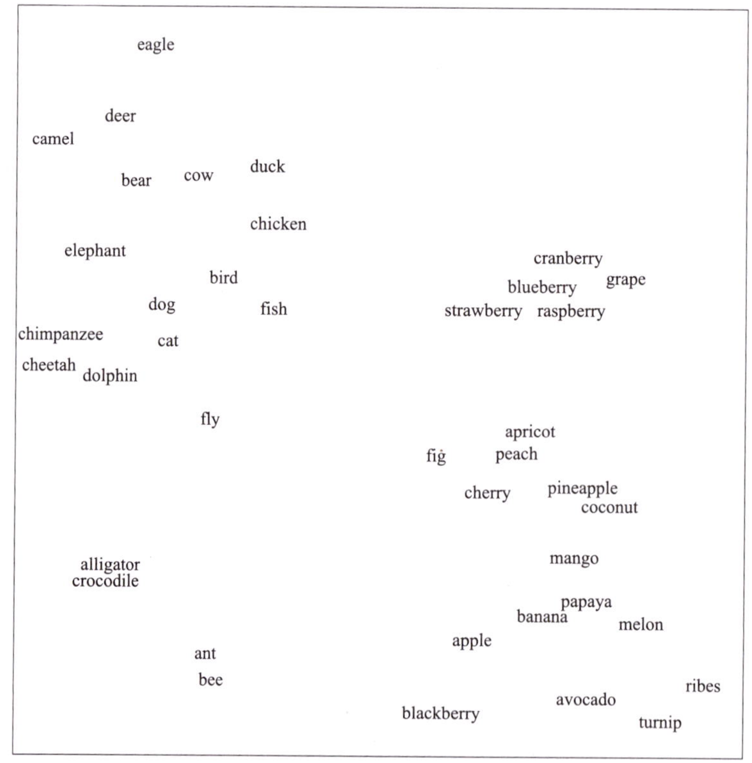

图 1-2　二维视角下不同单词的相似度距离

如果对人们日常用语中的大量词汇进行训练，即使不去研究这些词内含的真实关系，也能得到这些词汇的“亲疏”关系。若将它们划分为不同的类别，可以发现这些聚类与日常词类“动物”“水果”极为相似，从统计概率来说它们都属于特定的分类。

① ［美］斯蒂芬·沃尔弗拉姆．这就是 ChatGPT［M］．北京：人民邮电出版社，2023.

这种方法可以推广到多个词汇连接在一起的情形，例如下面一句话：

人工智能最适合做的事是________

将“人工智能最适合做的事是”这些字词看作一个组合，若想知道该组合到底与哪些字词在意义上接近，可将意义相近转化为数学上的距离相近，选出相近的内容就完成了生成的工作。经过训练的大语言模型从概率接近上可能提供如表 1-1 所示的多个选择。

表 1-1 大语言模型从概率接近上提供的选择

人工智能最适合做的事是	学习	4.5%
	预测	3.5%
	理解	3.2%
	创造	3.1%
	工作	2.9%

可以看到，不同词语的概率不同，其中“学习”的概率最高。如果采用概率最高的原则，那么生成的完整内容应该是：

人工智能最适合做的事是学习

人工智能可以计算下一个字词出现的“概率”，原因是其通过对大量现实世界的数据进行训练，最终得到包含各种数据“亲疏”关系特征的大语言模型。前面的例子使用二维平面表示词的关系，而训练模型中可能使用 512 个维度，甚至 1 024 个维度对关系进行刻画。

纵观当前飞速发展的生成式人工智能，无论是文本生成文本、文本生成图像，还是文本生成音频，其基本原理都是进行特征比较、概率分析，对已有数据进行归纳总结后的演绎创造。

从上面表述不难发现，生成式人工智能的重点是如何有效地对已有数据进行归纳总结，又如何有效地与用户的问题相结合进行创造性生成。其中，都离不开大语言模型发挥的重要作用。接下来对大语言模型的发展历史进行简要介绍。

大语言模型的出现是人们希望更好地利用计算机处理自然语言。自计算机被发明以来，研究人员一直在研究用计算机处理自然语言的可能性，20 世纪五六十年代，就引入了机器学习的方法并提出了生成语法理论。此后，自然语言处理的研究陆续开展，出现了给予逻辑形式的语义分析和专家系统，随着时间的推移，研究人员开始尝试使用统计模型的方法。

进入 21 世纪，互联网不断发展普及，各类数据爆发式增长，人类踏入大数据时代。统计方法在自然语言处理上的应用更为广泛，机器学习方法如隐马尔可夫模型和最大熵模型等成为主流。

2010 年前后，深度学习技术崛起，通过深度神经网络，自然语言处理在语言建模、命名实体识别、语义分析等任务上取得了显著进展，但在处理长距离依赖和大规模数据方面，当时的主要架构在效率上还有很大的提升空间。此时 Transformer 架构的出现提供了创新性的解决方案。

三、生成式人工智能的架构

在 Transformer 架构出现以前，生成式人工智能主要采用循环神经网络（RNN）和长短时记忆网络等模型，这些模型在处理长序列数据时存在梯度消失和梯度爆炸的现象，使得模型训练无法继续开展。另外，这些模型只能按顺序处理数据，处理能力受到较大约束。

学习笔记

2017 年，谷歌的八位员工发表了题为 *Attention Is All You Need*（《你所需要的是注意力》）① 的论文，提出了著名的 Transformer 架构。ChatGPT 所属的公司 OpenAI（美国人工智能研究公司）随即采用该架构开发 GPT（Generative Pre-trained Transformer，生成式预训练）模型，实现了大规模无监督预训练多个自然语言处理任务。

Transformer 架构产生巨大影响的原因之一是它使自然语言处理可以有效地利用大规模分布式计算资源，通过并行处理大量的数据来训练深度网络，这一点被戏称为“大力出奇迹”。当然，Transformer 架构还有如下优点。

（1）自注意力机制：自注意力允许模型在处理每个输入时动态地关注序列中的其他部分，从而更好地理解上下文和语义。

（2）无监督预训练：这种预训练使得模型能够在没有特定任务标注数据的情况下获得丰富的语言知识，为后续的监督学习任务提供了强大的基础。

GPT 内容生成流程可视化

（3）迁移学习：意味着模型可以在一个大规模数据集上进行预训练，然后在各种下游任务上进行微调，从而快速适应新任务，大大减少了为每个任务收集大量标注数据的需要。

（4）适用性强：Transformer 架构既可以完成多种自然语言处理任务，如机器翻译、文字生成等，也可以经过简单调整后完成其他不同类型的任务。

从某种意义上说，Transformer 架构的出现使得人工智能训练的问题从模型和算法设计转变为能源、算力等资源投入的问题。Transformer 总体架构特征如图 1-3 所示。

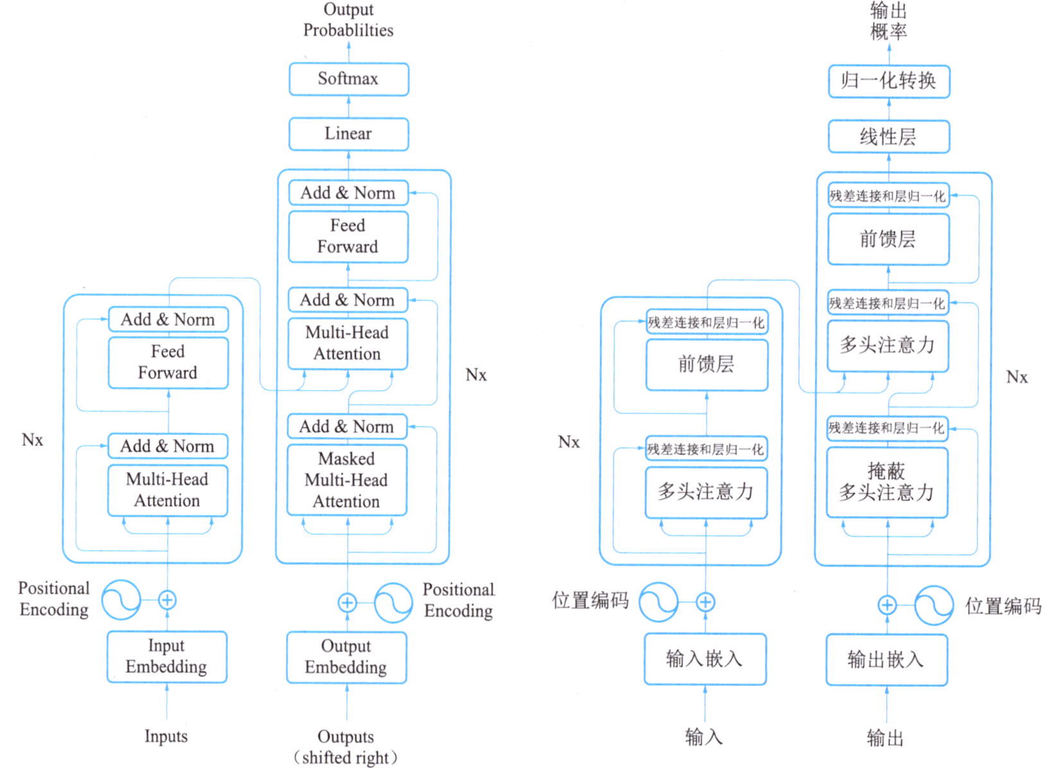

图 1-3　Transformer 总体架构特征

① Vaswani, A., Shazeer, N., Parmar, N., et al. Attention Is All You Need [J]. Advances in Neural Information Processing Systems, 2017: 30.

学习笔记

读一读：

Transformer 的团队合作研发故事[①]

2017 年年初，两位谷歌研究科学家 Ashish Vaswani（阿希瑟·瓦斯瓦尼）和 Jakob Uszkoreit（雅各布·乌斯克雷特）在谷歌园区中讨论如何改进机器翻译（谷歌翻译背后的人工智能技术）的新想法。

此时，Illia Polosukhin（伊利亚·波洛苏欣）正与其他人工智能研究员合作研究一个他们称为“自我注意力（self-attention）”的想法。自我注意力的概念是让机器通读整个句子，分析其所有部分，而不是逐个翻译每个单词。然后，机器就可以获得更通顺的上下文，并生成翻译。他认为，这一概念可以从根本上提升计算机对语言的理解能力。

当时，三位科学家认为这一方法将比现有方法更快、更准确。经过尝试翻译了一些英语和德语的文本后，他们发现“自我注意力”的概念是有效的。

在走廊里聊天时，Uszkoreit 和 Vaswani 的想法被谷歌老员工 Noam Shazeer（诺阿姆·萨泽尔）无意中听到。

Shazeer 曾经协助构建谷歌搜索“Did You Mean（您是不是想找）”的拼写检查功能，他还参与了其他几项人工智能创新工作，但他对现有的语言生成方法感到失望，并在寻找新思路。

因此，当他听到同事谈论“自我注意力”这个想法时，他决定加入并提供帮助。Shazeer 说：“我支持你们，让我们一起来做吧，这将使所有的人工智能研究员受益匪浅。”

这次偶然的谈话促成了八人团队为期数月的合作。他们研究了一种处理语言的架构，也就是 Transformer。最终，八人团队于 2017 年发布了一篇简短的论文，论文标题简洁有力 *Attention Is All You Need*（《你所需要的是注意力》）。这篇论文描述了 Transformer 架构。

Llion Jones（利昂·琼斯）说这个标题是对披头士乐队歌曲 *All You Need Is Love*（《你所需要的只是爱》）的致敬。这篇论文于 2017 年 6 月首次发表，开启了人工智能的全新时代：生成式人工智能的崛起。

四、了解大语言模型的训练过程

Transformer 架构为大语言模型（LLM）的实现提供了重要基础，但是大语言模型并不等同于 Transformer 架构，大语言模型也不一定使用 Transformer 架构。大语言模型实现内容生成，至少包括以下流程。

数据收集处理：数据通常有网络文本、书籍、新闻文章、百科全书等多种来源，以确保模型能够学习到丰富多样的语言知识。

数据预训练：对收集到的数据进行预处理后，可选择 Transformer、LSTM（Long Short-Term Mermory，长短期记忆网络）等架构进行训练。训练过程中，模型不断地调整参数来最小化预测输出与实际标签之间的差距（损失函数）。

调优与验证：训练完成后，需要对模型进行验证和调优，以确保其在不同任务上的表现良好。

经过验证的模型可以被部署到各种应用中，如智能助手、自然语言理解系统、机器翻译

① 译自《金融时报》题为 *Transformers: the Google Scientists Who Pioneered An AI Revolution* 的文章。

等，为用户提供各种语言处理服务。

读一读：

Token 是什么？

值得注意的是，在对数据训练的过程中，并非直接测算单词或单个字、字母之间的关系，而是将之拆分为最小的单位词元。

Token（词元）：在自然语言处理领域是指与其他词汇能建立有效概率联系的词汇片段。

以英语单词“sleeping（睡眠）”为例，可以将之拆分为 s、l、e、e、p、i、n、g 后再分析这些字母与所有训练数据之间的关系，但是这样得出的概率包含的意义不大，而直接用整个单词进行分析，又可能丢失一些意义。更有效的方法是把其中的词根拆分开来进行训练，如分解为 sleep 和 ing。

在使用一些人工智能大语言模型计费时的 token，也就是模型在处理过程中使用了多少个词元，因此一句话可能只有 5 个单词，处理时却花费了 10 个 token。

任务实施

1. 什么是人工智能？人工智能技术有哪些基本特征？

2. 结合案例分析：人工智能技术为我们的生活带来了哪些变化？

【教师评语】

【反思总结】

任务二　把握人工智能发展趋势

学习笔记

案例导入

现代人工智能研究已经过数十年的发展，但真正受到大众的广泛关注还是从2022年下半年OpenAI发布的ChatGPT展现出一定“智能”开始。ChatGPT本质上是一个大语言模型，在ChatGPT发布后国内外各类大语言模型如雨后春笋般，形成了百花齐放的局面。

2023年3月，百度发布文心一言；同年4月商汤科技的日日新、阿里巴巴的通义千问相继问世发布；7月华为云推出盘古大模型3.0……截至2024年5月中旬，国内已有140个大模型完成备案，另外还有超过150个未备案大模型。同时期，国外的谷歌、微软、Meta（美国互联网公司，原名Facebook）也发布了自己的AI模型。自ChatGPT面世后的大模型热潮被大众称为“百模大战”。

一、主要大语言模型与能力评价

（一）参数与大语言模型能力

在了解大语言模型的过程中，“参数量”的概念经常出现。例如，ChatGPT的参数量是1 730亿，智谱清言开源模型GLM3-130B的参数量是130B，“B”是英文单词Billion（10亿）的首字母，也就是1 300亿。

如果把大语言模型比喻为大脑，那么“参数”可简单理解为大脑的神经元数量。在大脑中，神经元的数量决定了大脑的复杂性和处理能力。类似的，在大语言模型中，参数的数量决定了模型的复杂性和学习能力。更多的参数意味着模型能够捕获更多的语言模式和复杂的语义信息，从而提升模型的性能。

“大脑”越大，并不意味着越聪明，缺乏大量高质量的知识训练，模型的表现也会受到约束。参数与训练数据之间并非孤立的。通过观察和分析训练数据中的语言模式、语义关系等信息，模型尝试调整其参数，以使其能够更好地捕捉和理解这些模式与关系。大语言模型能力与其本身的参数量存在一定联系。OpenAI在2020年发表的论文中指出，大语言模型存在缩放法则。

缩放法则（Scaling Laws）： 模型的效果和规模大小、数据集大小、计算量大小强相关，而与模型的具体结构（层数/深度/宽度）弱相关。

也就是说，在一定范围之内，参数量越大、训练数据越多，大语言模型的生成效果越好。在大语言模型发展的过程中，研究人员发现，模型规模越大，越能展现出一些小模型缺乏的能力。

涌现能力（Emergent Ability）： 是指在大型语言模型中，当模型规模达到一定程度后，模型能够展现出一些在较小模型中无法观察到的能力。涌现能力的出现通常与模型的规模有关。

一般而言，更多的训练数据通常会导致模型参数的数量增加，因为模型需要学习更多的语言模式和信息。随着训练数据规模的增加，模型的参数数量也可能会达到一个饱和点。

读一读：

大语言模型能力会无休止地膨胀吗？

一项研究①认为，机器学习将在2026年前学习完高质量语言数据，将在2030—2050年耗尽低质量语言数据，2030—2060年视觉数据也会被机器学习挖掘完毕。未来数据的存量将成为机器学习的瓶颈。

（二）主要大语言模型介绍

国外方面，OpenAI、Meta、微软、谷歌、特斯拉等均发布了各自的大语言模型，下面仅简单介绍。

GPT系列：ChatGPT是OpenAI研发的一款智能聊天机器人，于2022年11月30日发布，截至2024年3月，OpenAI的ChatGPT用户已经超过1.8亿。2023年3月15日，OpenAI正式推出GPT-4。GPT-4是多模态大模型，即支持图像和文本输入以及文本输出，拥有强大的识图能力，文字输入限制提升到了2.5万字。

Claude系列：Claude系列模型由OpenAI的前研究员和工程师组成的团队开发，Claude的特点是能够检测和回避ChatGPT的潜在陷阱，如逻辑错误、不恰当的内容、重复性和无聊等。

Gemini系列：2023年12月6日谷歌发布Gemini 1.0，Gemini的原生多模态支持任意模态的输入和输出，涉及文本、图像、视频、音频和代码。该模型除了多模态理解，还有多模态推理能力。

Llama系列：Llama系列模型是开源世界的优秀大语言模型之一，由Meta发布，Llama2的不同参数系列模型（7B、13B、70B）均开源可商用。在一些评价维度上Llama2的表现甚至优于ChatGPT。

国内大模型也呈现大爆发趋势，生成式人工智能服务已备案信息公告显示，截至2024年3月已经有117家“大模型”成功备案。下面仅介绍较为常见的部分模型系列。

GLM系列：是清华大学与智谱AI共同研发的中英文预训练大模型。2023年3月14日ChatGLM-6B正式上线，成为国内首个开源的大模型之一。2023年8月发布GLM-130B版本，该模型在准确性和恶意性指标上与GPT-3 175B接近。2024年1月16日，智谱AI发布新一代基座大模型GLM-4，据称其整体性能相较于GLM-3全面提升60%，逼近GPT-4。目前该模型具备较强的多模态能力，支持处理Excel（表格）、PDF（可携带文件格式）、PPT（演示文稿软件）等格式文件。

文心一言：2023年3月16日，百度发布知识增强大语言模型文心一言。根据文心一言官网显示，该模型能够与人对话互动、回答问题、协助创作，高效、便捷地帮助人们获取信息和知识，帮助用户更好地表达自己的观点和思想，从而激发灵感和创意。

通义千问（Qwen）：2023年4月11日，阿里正式推出大语言模型通义千问，意为经得起“千万次地问”，且擅长回答科学类知识。目前，通义千问已开源5亿、18亿、40亿、70亿、140亿和720亿参数的6款大语言模型，几款小尺寸模型可便捷地在端侧部署，720亿参数模型则拥有业界领先的性能，多次登上Hugging Face（抱抱脸，AI开源社区）等模型榜单。

---

① Pablo Villalobos，Jaime Sevilla，Lennart Heim，Tamay Besiroglu，Marius Hobbhahn，and Anson Ho. Will We Run out of Data? An Analysis of the Limits of Scaling Datasets in Machine Learning. ArXiv [Cs. LG]，2022. arXiv. http://arxiv.org/abs/2211.04325.

学习笔记

Kimi：是月之暗面于 2023 年 10 月推出的一款智能助手。Kimi 的优势在于超长上下文窗口，2024 年 3 月 18 日，月之暗面宣布 Kimi 智能助手启动 200 万字无损上下文内测。与此同时，尚未上线的 GPT-4. 5Turbo 可同时处理约为 20 万个单词。

根据上海 AI 实验室推出的 OpenCompass（司南，大模型评测平台）评测，截至 2024 年 3 月总体能力排在前列的大语言模型有：OpenAI 的 GPT-4-Turbo-1106，AnthropicAI（美国人工智能公司）的 Claude3-Opus，智谱清言的 GLM4，阿里的通义千问系列，百度的文心一言等。从多模态能力角度，排名靠前的分别是阶跃星辰的 Step-1V，阿里的 Qwen-VL-Max，谷歌的 GeminiProVision，OpenAI 的 GPT-4V，上海人工智能实验室的 InternLM-XComposer2-VL 等模型。

OpenCompass 的设计思路与评估方法

二、体验在线与本地大语言模型

（一）在线平台与大语言模型在线交互

大多数大语言模型提供了简单高效的在线登录方式，其基础功能通常是免费的。2024 年 4 月，OpenAI 宣布了一个创新举措，即无须注册账户即可直接使用 ChatGPT。这种大语言模型与人工智能的进步将会对在线搜索服务的未来发展产生重大影响。像 Perplexity（美国生成式人工智能初创公司）这样的一些新兴搜索引擎已经开始采用人工智能技术来执行搜索任务，在 Perplexity 搜索“大语言模型”的结果如图 1-4 所示。用户只需提出一个问题，该引擎就能提供综合性的搜索结果。传统搜索引擎如百度，也已经开始整合人工智能技术。生成式人工智能对人们日常生活的影响日益增强。

大语言模型

Sources

大型语言模型- 维基百科，自由的百科全书
w zh.wikipedia · 1

什么是大型语言模型？| 全面的LLM 指南 - Elastic
elastic · 2

大型语言模型 - MBA智库百科
wiki.mbalib · 3

View 2 more

Answer

大语言模型(Large Language Model, LLM)是一种由具有数十亿个参数的大型人工神经网络组成的语言模型,通过自监督学习或半监督学习在大量未标记文本数据上进行训练。 1 2 3

主要特点

- 包含数十亿个参数,规模庞大
- 使用自监督或半监督学习方法在海量文本数据上训练
- 是通用模型,可应用于多种自然语言处理任务
- 展现出捕获人类语言句法、语义及常识知识的能力
- 能够生成高质量、类人的文本输出

图 1-4　在 Perplexity 搜索“大语言模型”的结果

如前文所述，ChatGLM 是国内较为优秀的 AI 模型之一，其具备多模态分析能力。GLM-4 的综合测评表现位于全球相关模型前列，智谱清言也为国内用户提供了使用便捷、低成本的顶尖 AI 模型平台。接下来简单介绍该平台的使用方法。

登录智谱清言平台网站：https://chatglm. cn/，经过简单的注册操作，便可进入智谱清言 ChatGLM 用户界面，如图 1-5 所示。

图 1-5　智谱清言 ChatGLM 用户界面

在界面的上方，可以选择使用 GLM-3 或 GLM-4 模型，在界面下方输入栏可以对模型进行提问。界面左侧提供了普通用户常用的功能，如 AI 画图、长文档解读、数据分析和 AI 搜索等。右侧则是方便用户使用的提示词模板。

选择 GLM-4 模型，在输入栏输入“大语言模型是什么？回答不要超过 100 个字”的问题，可得到以下回答：

ChatGLM：大语言模型是人工智能领域的一种算法，能够理解和生成自然语言，可用于机器翻译、文本生成、情感分析等任务。

如果重开窗口，重新询问上述问题，可能得到如下回答：

ChatGLM：大语言模型是一种人工智能算法，通过大量文本数据训练，能够生成和理解自然语言，用于机器翻译、文本摘要、问答等任务。

可以看到，对于同样的问题，AI 平台给予的答复一般不会完全一样，就如同“人”一样，每次的回答或多或少有些差异。按前文所述，可简单地把大语言模型生成内容理解为特征匹配、概率选择。然而，如果是选择概率最高的词语，那么理论上每次生成的内容应该完全一致。

大语言模型生成答案的差异源于其内部的一系列参数，如 temperature 和 Top-p，这使模型在生成时会产生一定的随机性和多样性。

Temperature（采样温度）：通常范围是 0 到 1（也有一些模型设为 0 到 2，具体视模型设定）。这是模型接下来生成最高概率 token 的随机性，如果设置为 0 则每次生成的内容会完全一样，设置为最高值则模型的回答会更加“大胆”，可能选择生成一些概率比较低的 token。

Top-p：控制 token 进入候选列表的可能性。数值越低，那么可以供模型生成选择的 token 越少。

以“人工智能最适合做的是____”为例，如果 temperature 为 0，那么每次生成的结果都是“学习”。但是如果将 temperature 参数调高，那么它有可能会回答“工作”。

如果将 Top-p 设为一个较低的值，那么每次让大语言模型选择其结果可能就只有“学习”

"预测"，如果设为一个最高值，那么选择的范围可能就扩展为"学习""预测""理解""创造"和"工作"（见表 1-2）。

学习笔记

表 1-2　大语言模型的选择结果

人工智能最适合做的事是	学习	4.5%
	预测	3.5%
	理解	3.2%
	创造	3.1%
	工作	2.9%

（二）下载开源大语言模型本地运行

1. 通过 Ollama 本地运行

Ollama（大模型管理工具）是 Github（软件项目托管平台）上的一个开源项目，利用该项目可以便捷地实现离线与大语言模型聊天等功能。该项目提供 Windows（视窗）系统版本，只需要下载安装该软件及一些必备的依赖软件即可使用。

安装完成后下载运行大语言模型的操作也较为简单，以通义千问的开源模型 Qwen-7B 为例。将安装好的程序单击运行后，打开"命令提示符"；若是 Windows11 系统还可以在选中任意文件夹后单击鼠标右键，在出现的菜单中选择"在终端中打开"选项，并在弹出的终端界面中输入下列指令：

```
ollama pull qwen: 7b
```

程序就会将通义千问 70 亿参数开源模型的 4-bit 量化版本下载到计算机本地，下载完成后在"命令提示符"文本框中输入下列指令，便可以与开源大语言模型进行对话：

```
ollama run qwen: 7b
```

从图 1-6 在 CMD（命令提示符）中利用 Ollama 与 LLM 对话可以看到，开源本地模型不仅具备聊天功能，还拥有一定的编程能力。

2. 通过 LM Studio 本地运行

LM Studio（开源工具）是一款一键本地运行各种大语言模型的软件，与 Ollama 相比它的用户界面更为友好，且不需要任何编程基础。在 LM Studio 官网可以下载适配于 Windows 系统的软件版本。安装结束后，可以在该界面下载模型，或将提前下载好的模型放到该软件的模型目录。以下示例使用通义千问的 Qwen1.5-7B 版本进行演示，图 1-7 是 LM Studio 用户界面。

同样，可以要求本地模型进行代码编写工作，从回答反馈来看代码编写总体质量不错。从图 1-8 在 LM Studio 与 LLM 实现对话的运行界面顶端可见，运行过程中该模型使用显存约 6.5GB，因此要显存 8GB 以上的显卡才能运行该模型。若显存性能不足，可以下载相对较小的模型或通过 CPU（中央处理器）运行，但通过 CPU 运行时大语言模型生成速度较慢。

当然，除了使用 Ollama、LM Studio 外，还可以使用其他类似的项目，甚至可以直接下载大语言模型后使用 Python 执行。2024 年 4 月 3 日，Opera（欧朋）浏览器就表示通过它可以安装和使用 50 多个 AI 模型。

三、生成式人工智能商务应用概述

生成式人工智能在商务领域的应用正日益广泛和深入，其强大的数据处理能力和智能化

```
Windows PowerShell
PS C:\Users> ollama run qwen:7b
>>> 你好！你的开发团队是谁？
我是来自阿里云的大规模语言模型，我的研发团队主要由阿里巴巴的众多专家
和技术人员组成，他们在人工智能、自然语言处理等多个领域有着深厚的专业
知识和丰富实践经验。

>>> 编写画出折线图的python代码
以下是一个使用matplotlib库绘制折线图的基本Python代码示例：

```python
import matplotlib.pyplot as plt

# 创建数据（例如：模拟折线）
x = range(1, 6)  # 从1开始到5结束
y = [i**2 for i in x]  # 每个点的平方值

# 绘制折线图
plt.plot(x, y)
plt.xlabel('X轴（时间）')  # X轴标签
plt.ylabel('Y轴（变量值）')  # Y轴标签
plt.title('折线图示例')  # 图表标题
plt.show()  # 显示图表
```

这段代码首先导入了matplotlib.pyplot模块，然后创建了一组模拟数据x和y。
接着使用`plt.plot()`绘制折线图，并设置了一系列坐标 轴的标签、标题等。
最后通过`plt.show()`显示绘制好的折线图。

>>> Send a message (/? for help)
```

图 1-6　在 CMD 中利用 Ollama 与 LLM 对话

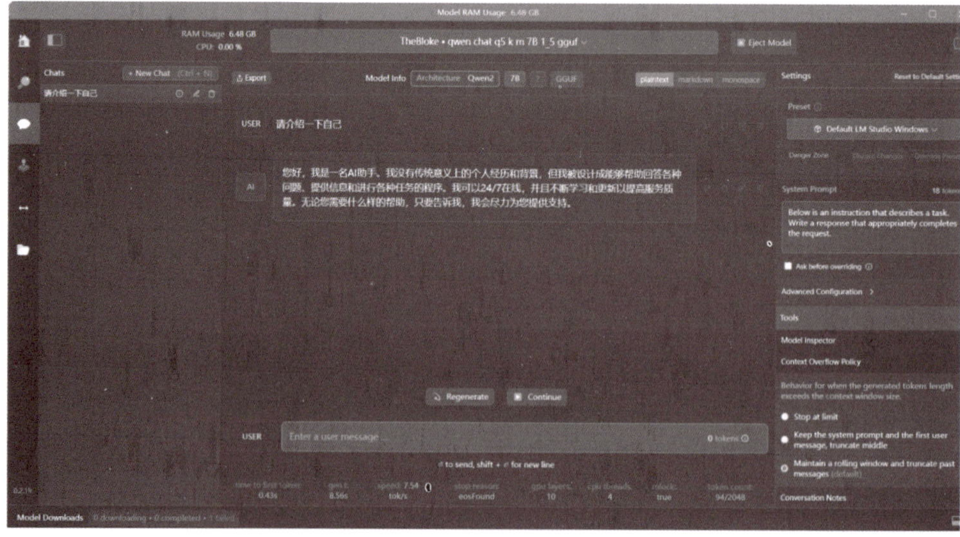

图 1-7　LM Studio 用户界面

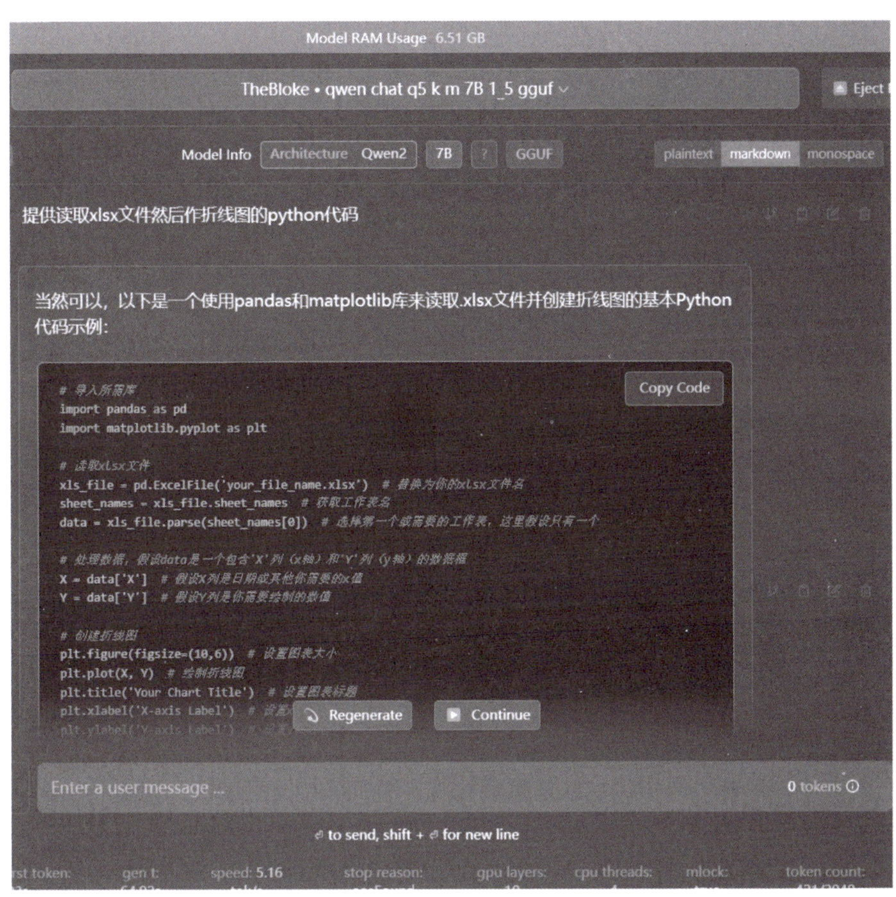

图 1-8　在 LM Studio 与 LLM 实现对话

特征为各行各业带来了革命性的变革。

（1）智能客服系统：借助自然语言处理和先进的机器学习技术，智能客服系统能够理解并回应客户咨询，提供定制化的服务方案。这种系统不仅能够提升客户满意度，还能显著降低人力成本，并通过自动化流程提高服务效率。

（2）高效数据分析：生成式人工智能能够自动处理和分析大规模数据集，揭示关键的市场动态和消费者行为模式。企业可以利用这些分析结果来优化产品开发、调整营销策略，并做出基于数据的决策，从而提高竞争力。

（3）定制化推荐系统：通过分析用户的历史行为和偏好，生成式人工智能能够提供个性化的产品推荐和广告内容，这不仅能够增强用户体验，还能有效提高转化率和客户忠诚度。

（4）创新广告营销：生成式人工智能在广告营销领域应用广泛，涉及市场分析、客户转化和再购物等各个环节，可提供更加精准和极具互动性的客户体验。生成式人工智能降低了内容创作难度，使得创意能更迅速地转化为实际产出，加速了广告行业的创新和进步。

（5）媒体与影视制作：生成式人工智能在媒体和影视产业中的应用已经渗透到策划、制作和宣传等各个阶段。在策划阶段，可以辅助剧本创作；在制作阶段，可以创造虚拟场景、进行智能剪辑和特效制作；在宣传阶段，可以制作高质量的宣传片，并通过精准营销扩大影响力。

（6）电子商务革新：生成式人工智能在电子商务领域的应用已经相当成熟，它通过自然语言交互和内容生成能力，如生成图片和视频，为电商行业带来了新的活力。在产品销售和市场推广方面，生成式人工智能可以进行精准的市场分析和个性化推广，同时辅助人工进行

学习笔记

决策，推动电商行业在 Web3.0（下一代互联网）时代的发展。

四、紧跟人工智能发展潮流

当前正处于人工智能技术快速发展的时代，各类技术和应用更新换代的速度较快，一些技术可能发布不久就被淘汰。在此背景下，学习人工智能的关键是时刻保持对人工智能发展最新动态的关注，保持持续学习的状态。可以采取以下措施不断更新自身相关知识。

（1）投身实践应用：“实践是检验真理的唯一标准”，将 AI 技术应用到实际工作和生活中，通过实践加深自身对 AI 技术的理解。可以尝试使用各类 AI 工具和平台，如 ChatGLM、Kimi 等，来提高工作效率和生活质量。

（2）参与开源社区：加入 AI 相关的开源社区，与全球的开发者和研究者交流，共同推动 AI 技术的发展。开源社区通常会有最新的技术分享和讨论。例如，Github 是优秀的开源社区之一，上面有许多开源的 AI 项目，国内 CSDN（专业开发者社区）等网站也聚集了众多优秀的内容开发者。

（3）关注 AI 动态：通过关注权威的行业报告、新闻资讯、科技媒体等，了解人工智能的最新应用和行业动态。例如，可以关注 bilibili（哔哩哔哩）等平台上知名博主的动态，保持对 AI 发展的了解。

（4）跨学科融合：AI 技术的发展需要多学科知识的融合，包括计算机科学、数学、统计学、认知科学等。在完成自身专业知识的学习之余，利用闲暇时间对上述学科进行了解，可以更全面地了解 AI 技术的潜力和应用范围。

（5）培养创新思维：AI 技术的快速发展要求不断打破传统思维模式，培养创新意识。对于日常生活中出现的问题，在否定其存在的可能性之前可以更多地思考其实现的可能性。在 AI 新时代，需要去除因为自己缺乏动手能力就不做的思维定势，可以尝试通过利用各类人工智能工具将想法转变为现实。

【素质提升】

我国人工智能发展，走闭源封闭，还是开源开放的道路?①

2024 年 4 月 26 日，在十四届全国人大常委会举行的第十讲专题讲座上，中国工程院院士、中国科学院计算技术研究所研究员孙凝晖做了题为《人工智能与智能计算的发展》的讲座，其中提到我国发展智能计算技术体系存在以下三条道路。

一是追赶兼容美国主导的 A 体系。我国大多数互联网企业走的是 GPGPU（通用图形处理器）/CUDA（统一计算设备架构）兼容道路，很多芯片领域的创业企业在生态构建上也是尽量与 CUDA 兼容，这条道路较为现实。由于在算力方面美国对我国工艺和芯片带宽的限制，在算法方面国内生态林立很难形成统一，生态成熟度严重受限，在数据方面中文高质量数据匮乏，这些因素会使追赶者与领先者的差距很难缩小，有时还会进一步拉大。

二是构建专用封闭的 B 体系。在军事、气象、司法等专用领域构建企业封闭生态，基于国产成熟工艺生产芯片，相比底座大模型更加关注特定领域垂直类大模型，训练大模型更多采用领域专有高质量数据等。这条道路易于形成完整可控的技术体系与生态，我国一些大型骨干企业走的就是这条道路，它的缺点是封闭，无法凝聚国内大多数力量，也很难实现全球化。

---

① 孙凝晖. 人工智能与智能计算的发展［EB/OL］. 中国人大网，2024-04-30［2024-05-22］. http://www.npc.gov.cn/npc/c2/c30834/202404/t20240430_436915.html

学习笔记

三是全球共建开源开放的C体系。用开源打破生态垄断，降低企业拥有核心技术的门槛，让每个企业都能低成本地做自己的芯片，形成智能芯片的汪洋大海，满足无处不在的智能需求。用开放形成统一的技术体系，我国企业与全球化力量联合起来共建基于国际标准的统一智能计算软件栈。形成企业竞争前共享机制，共享高质量数据库，共享开源通用底座大模型。对于全球开源生态，我国企业在互联网时代受益良多，我国更多的是使用者、是参与者，在智能时代我国企业在RISC-V（开源指令集架构）+AI开源技术体系上应更多地成为主力贡献者，成为全球化开放共享的主导力量。

任务实施

1. 随着大语言模型训练的数据越来越多，其能力会无休止地膨胀吗？

2. 结合案例分析：如何理解大语言模型对世界产生的影响？

【教师评语】

【反思总结】

任务三　把握AI法律道德规范

案例导入

2023年，小红书旗下的AI绘画产品Trik AI引发了一场关于人工智能与艺术创作之间法律和道德边界的讨论。画师“是雪鱼啊”在社交平台上公开指出，Trik AI使用了其原创图像进行模型训练，这引起了艺术界的广泛关注。

随着事件的发酵，其他三位画师也相继发声，声称自己的原创作品同样被Trik AI未经授权地用于训练。该事件最终导致了四位创作者将小红书及其AI绘画产品Trik AI的开发公司告上法庭。

Trik AI作为一款AI图像创作工具，其核心功能是通过大数据训练模型实现艺术创作。AI绘画产品运用大量的图像数据训练的过程被形象地称为“喂图”。AI产品在训练过程中使用

学习笔记

未经授权的原创图像是否构成版权侵犯？在使用 AI 技术时应该如何平衡技术创新与版权保护？如何能够避免无意侵权可能导致的损失？这些问题值得 AI 技术的开发者认真加以探讨，对 AI 使用者而言也是必须时刻关注的问题。

知识准备

一、生成式人工智能的管理规范

当前，我国积极和大力发展生成式人工智能，大量人工智能模型相继正式备案。同时，为了促进生成式人工智能的健康发展和规范应用，维护国家安全和社会的公共利益，保护公民、法人和其他组织的合法权益，管理部门也制定了相应的规范加以指引。随着时间的推移，相信未来会有更多规范性文件出台以指导正确的人工智能使用。学习和应用人工智能必须及时关注相关法律法规，确保使用行为符合要求。

(1)《生成式人工智能服务管理暂行办法》：于 2023 年 5 月出台，利用生成式人工智能技术向中华人民共和国境内公众提供生成文本、图片、音频、视频等内容的服务均适用该办法。以下对部分内容进行摘录。

第四条　提供和使用生成式人工智能服务，应当遵守法律、行政法规，尊重社会公德和伦理道德，遵守以下规定：

（一）坚持社会主义核心价值观，不得生成煽动颠覆国家政权、推翻社会主义制度，危害国家安全和利益、损害国家形象，煽动分裂国家、破坏国家统一和社会稳定，宣扬恐怖主义、极端主义，宣扬民族仇恨、民族歧视，暴力、淫秽色情，以及虚假有害信息等法律、行政法规禁止的内容；

（二）在算法设计、训练数据选择、模型生成和优化、提供服务等过程中，采取有效措施防止产生民族、信仰、国别、地域、性别、年龄、职业、健康等歧视；

（三）尊重知识产权、商业道德，保守商业秘密，不得利用算法、数据、平台等优势，实施垄断和不正当竞争行为；

（四）尊重他人合法权益，不得危害他人身心健康，不得侵害他人肖像权、名誉权、荣誉权、隐私权和个人信息权益；

（五）基于服务类型特点，采取有效措施，提升生成式人工智能服务的透明度，提高生成内容的准确性和可靠性。

(2)《负责任研究行为规范指引（2023）》：于 2023 年 12 月 21 日出台，从研究实施、数据管理、成果署名与发表、文献引用等多个方面提供了具体的指导原则，旨在确保生成式人工智能的使用不会违反科研诚信原则和伦理标准，同时也明确了使用 AI 时的边界和限制。

负责任研究行为规范指引（2023）

（摘录）

……

三、文献引用

……

4. 使用生成式人工智能生成的内容，特别是涉及事实和观点等关键内容的，应明确标注并说明其生成过程，确保真实准确和尊重他人知识产权。对其他作者已标注为人工智能生成内容的，一般不应作为原始文献引用，确需引用的应加以说明。

……

7. 不应在参考文献中列入未参考过或与研究内容无关的文献，包括不恰当地自我引用、与他人约定相互引用，或根据审稿人、编辑要求引用不相关文献等。不得直接使用未经核实的由生成式人工智能生成的参考文献。

四、成果署名

……

7. 生成式人工智能不得列为成果共同完成人。应在研究方法或附录等相关位置披露使用生成式人工智能的主要方式和细节。

学习笔记

二、生成式人工智能的商业准则

在生成式人工智能的发展过程中，开源项目扮演着推动者和加速器的角色。开源项目一般是指由个人或团队创建，并允许公众访问和使用其源代码的软件项目。众多开发者基于已有的开源项目和模型进一步开发，使得生成式人工智能的应用更为广泛。例如，许多开发者以 Stable Diffusion（稳定扩散模型）模型为基础，加入新的数据训练出新的 Check-Points（内部事件）模型和 LoRA（针对大语言模型的微调技术）模型，使这些模型更能满足特定的需求。

但是，不同开源项目的“开源”程度有所不同。由于采用了特定的数据，或由于尊重原开发者的贡献、训练数据所有者的隐私等原因，部分开发者在发布时会提出一些限制，例如，要求只限于学习和研究使用，或仅供个人用途使用，并特别指出不允许商业化使用。若忽视这些限制进行使用，可能会为个人以及企业带来潜在的风险。

因此，研究 AI 的过程中了解和遵循开源软件或项目的许可范围至关重要。下面是一些关于如何正确使用开源软件或项目的指导原则。

什么是开源精神?

（1）了解许可证： 开源软件通常在特定的许可证下发布，如 MIT（软件授权条款）、Apache（阿帕奇，网页服务器软件）、GPL（GNU 通用公共许可证）等。使用开源软件前，必须仔细阅读并理解这些许可证的条款，确保使用方式符合许可证的规定。

（2）尊重版权： 即使软件是开源的，也应尊重原作者的版权。在使用开源软件时，应给予原作者适当的署名和认可，并在分发或发布基于开源软件的衍生作品时，遵循原许可证的要求。

（3）透明披露： 如果产品或服务中使用了开源软件，应在产品文档或服务条款中公开透明地披露这些信息，以及指出任何基于开源软件的修改或衍生。

（4）遵守法律法规： 在使用开源软件的过程中，应始终遵守适用的法律法规，包括但不限于知识产权法、出口管制相关规定等。

读一读：

不同开源许可证之间的差异

开源软件的许可证是规定软件使用、复制、修改和分发条件的法律文档。不同的开源许

学习笔记

可证有着不同的条款和条件，这些差异对于开发者和使用者而言都非常重要。以下是一些流行的开源许可证及其主要特点。

MIT 许可证：

特点：非常宽松，几乎无限制地允许使用、修改和分发软件；

要求：保留版权声明和许可声明。

Apache 许可证（Apache License 2.0）：

特点：宽松许可证，允许商业使用和私有修改，同时提供专利授权；

要求：保留版权声明和许可声明，并在修改的文件中声明更改。

GPL 许可证（GNU General Public License）：

特点：具有 Copyleft（通用公共许可证）特性，限制性较强，要求发布的所有衍生作品也必须采用 GPL 许可证；

要求：强制公开所有代码。

LGPL 许可证（GNU Lesser General Public License，较宽松公共许可证）：

特点：类似于 GPL，但适用于库和框架，允许将 LGPL 许可的库用于私有软件项目中，而不需要开源整个项目。

BSD 许可证（Berkeley Software Distribution，伯克利软件套件许可证）：

特点：宽松许可证，允许自由使用、修改和分发，甚至用于商业产品；

要求：保留版权声明和许可声明，具体版本（如 2-clause、3-clause 和 4-clause）有不同的商标使用和广告限制。

MPL（Mozilla Public License 2.0，Mozilla 公共许可证 2.0）：

特点：旨在平衡开放源代码和商业需求，允许混合使用，并要求公开源代码以及专利授权。

三、生成式人工智能的道德风险

生成式人工智能基于已有数据进行训练，进一步结合用户的需求生成内容。从对大语言模型如何生成内容的学习可以看到，随着训练数据越大、质量越高，模型的参数就越大，人工智能能力的“涌现”展现出以往小模型没有的“智能”。

人工智能生成内容过程表面上是在预训练的模型中寻找与用户提出问题的特征最为匹配的内容，实质是通过数学和统计学的方法来解决问题。模型在生成过程中是在寻找概率最大化的“答案”，有时候尽管模型回答得头头是道，但其实是在“一本正经地胡说八道”。这就是所谓的“模型幻觉”问题。

可用知识图谱技术辅助解决“模型幻觉”

模型幻觉（Hallucination in Models）是模型生成的内容与现实世界的事实或用户输入不一致的现象。这种现象可能会产生误导性的结果，因为生成的内容表面上看起来合理、有逻辑，甚至可能与真实信息交织在一起，但实际上却引用了错误的内容。

幻觉可以分为两类：事实性幻觉（Factuality Hallucination）和忠实性幻觉（Faithfulness Hallucination）。事实性幻觉是指模型生成的内容与可验证的现实世界事实不一致，例如，生成与已知历史事实相矛盾的信息。忠实性幻觉则是指生成的内容与用户的指令或上下文不一致，例如，要求模型总结特定时间段的新闻时，模型却错误地提及了其他时间段的事件。

学习笔记

模型幻觉的存在，使得滥用人工智能生成内容的道德风险加大。一方面，生成的内容可能是AI直接从以往信息“搬运”所得，存在剽窃的可能性；另一方面，生成的内容可能是现实世界中不存在的虚假信息。

由于大语言模型是由对现实世界大量数据的训练所得，训练内容的质量对模型生成内容的质量将产生较大的影响。如果训练的内容充满对特定国家或地区的偏见，那么生成的内容有可能也存在这些错误的偏见。由此，世界各国都认识到了发展“主权AI”的重要性。

主权AI是指一个国家开发和控制的人工智能系统和基础设施，这些系统和基础设施符合该国的核心价值观、维护其数字主权和安全，并能够反映和编纂该国的文化、社会智慧、常识和历史等各类数据。英伟达的CEO（首席执行官）强调，各国应将本国语言和文化数据编纂成自己的大型语言模型，以确保新兴技术的自主权、使用权和发展权。

尽管大语言模型和人工智能发展将极大地改变人类的生活，但由于其还存在很多缺陷，在使用人工智能生成内容时，必须严格遵守国家的相关法律法规要求，才能使AI成为提高学习、生活质量的利器。

四、人工智能时代的个人信息保护

人工智能时代，个人信息泄露可能会带来严重的后果。在算力优势下，人工智能可以对数据进行更深入分析，因而有可能会揭示个人的更多隐私信息，侵犯个人合法权益。因此，个人有必要提高信息保护的意识，人工智能使用者在保护自身信息的同时，要注意不能侵犯他人隐私。

（1）注意隐私设置：在使用各种在线服务和社交平台时，注意设置隐私选项，限制个人信息的公开程度。确保只有经过许可的人才能够访问到个人信息。

隐私保护难题：OpenVoice（即时语音克隆工具）十秒克隆你的声音

（2）谨慎分享个人信息：避免在互联网上过度分享个人信息，特别是敏感信息，如身份证号码、银行账号等。只在必要的情况下提供个人信息，并且尽量减少提供过多的信息。

（3）定期审查隐私政策：定期审查你使用的应用和网站的隐私政策，了解它们对于个人信息的收集、使用和共享政策。如果有不明确或者不合适的地方，考虑停止使用或者切换到其他服务。

（4）使用安全的密码：保护个人的账户安全，使用强密码并定期更改密码，可使用密码管理器来帮助管理密码。

（5）注意电子邮件和信息诈骗：警惕电子邮件和信息中的钓鱼链接及欺诈信息，避免点击来源不明的链接或者下载附件。确保信息来源真实可信。

（6）更新安全软件：定期更新设备和应用程序的安全软件，确保设备和个人信息不受到恶意软件和网络攻击的威胁。

（7）使用加密通信工具：在传输敏感信息时，使用端到端加密的通信工具，确保信息在传输过程中得到加密保护，不易被窃取和篡改。

（8）了解个人信息的收集和使用情况：尽可能地多了解提供给各种服务和应用的个人信息是如何被收集、存储和使用的。如果有必要，考虑使用匿名账号或者临时邮箱等方式来保护个人信息的安全。

【素质提升】

中法关于人工智能和全球治理的联合声明①（摘录）

1. 中法两国认识到人工智能在发展与创新中的关键作用，同时考虑到人工智能的发展和使用可能带来的一系列挑战，一致认为促进人工智能的开发与安全，并为此推动适当的国际治理至关重要。

2. 中法两国充分认识到人工智能技术快速发展的深刻影响，以及与该技术相关的潜在和实存风险，致力于采取有效措施应对这些风险，并加强人工智能的全球治理，以促进服务于公共利益的开发和利用。

3. 为了充分利用人工智能带来的机遇，中法两国致力于深化关于人工智能国际治理模式的讨论。这一治理既应顾及技术不断快速发展所需的灵活性，又应对个人数据、人工智能用户的权利以及作品被人工智能使用的用户的权利提供必要保护。

4. 中法两国充分致力于促进安全、可靠和可信的人工智能系统，坚持“智能向善（AI for good）”的宗旨，通过全面和包容性的对话，挖掘人工智能的潜力，降低其风险。双方还将依托联合国层面开展的工作，致力于加强人工智能治理的国际合作以及各人工智能治理框架和倡议之间的互操作性，例如，依托在联合国秘书长人工智能问题高级别咨询机构内，或在联合国教科文组织《人工智能伦理问题建议书》的基础上开展的工作。

5. 中法两国认识到，人工智能的机遇、风险和挑战本质上是全球性的。双方强调，在技术迅速发展的背景下，为确保国际安全与稳定以及尊重主权和基本权利，加强国际合作具有重要意义。

6. 中法两国对国际社会为实现人工智能应用的发展和安全所做的努力表示欢迎，包括2023年11月1日签署的《布莱切利宣言》。中国愿参加法国将于2025年举办的人工智能峰会及其筹备工作。中国邀请法国参与将于2024年举办的世界人工智能大会暨人工智能全球治理高级别会议。

7. 这些努力补充和加强了使用信息通信技术的负责任国家行为框架，该框架以渐进和累积的方式制定，并在联合国层面达成一致。中法两国一致同意，应助力各国特别是发展中国家加强网络能力，以应对包括与人工智能发展相关的各类网络威胁。

8. 中法两国强调，人工智能必须为公共利益服务，各国开发和使用人工智能必须符合《联合国宪章》的宗旨和原则。双方强调加强国际合作，以弥合数字鸿沟，并提高发展中国家的人工智能能力。双方都认识到，为了实现可持续发展目标，必须积极开发人工智能。这些用途应包括可持续发展、气候和生物多样性保护、农业生产、教育和全民健康。

9. 考虑到人工智能技术的快速发展使得尊重和保护文化和语言的多样性变得困难，中法两国主张，人工智能必须为所有人提供包容性接入，在线提供可访问、可视和可发现的内容，尊重多种语言和文化多样性，包括在多边框架内。

10. 人工智能的广泛应用将不可避免地给工作带来深远的变化。面对这一挑战，中法两国正批判性思考人工智能对未来工作的影响，以期抓住这一技术突破的全部潜力，防范其对工作和劳动者造成的风险。

---

① 新华社. 中华人民共和国和法兰西共和国关于人工智能和全球治理的联合声明［EB/OL］. 2024-05-06［2024-05-22］. https://www.gov.cn/yaowen/liebiao/202405/content_6949586.htm.

学习笔记

任务实施

1. 如何合规地使用人工智能生成内容，从而提高学习、工作效率？

2. 结合案例分析：如何避免使用人工智能可能产生的侵权风险？

【教师评语】

【反思总结】

知识巩固

一、单选题

1. AI 的英文缩写是（　　）。

A. Automatic Intelligence　　B. Artificial Intelligence

C. Automatic Information　　D. Artificial Information

2. 要想让机器具有智能，必须让机器具有知识。因此，在人工智能中有一个研究领域，主要研究计算机如何自动获取知识和技能，实现自我完善，这门研究分支学科叫（　　）。

A. 专家系统　　B. 机器学习

C. 神经网络　　D. 模式识别

3. 人工智能的目的是让机器能够（　　），以实现某些脑力劳动的机械化。

A. 具有完全的智能　　B. 和人脑一样考虑问题

C. 完全代替人　　D. 模拟、延伸和扩展人的智能

4. 自然语言理解是人工智能的重要应用领域，（　　）不是它要实现的目标。

A. 理解别人讲的话

B. 对自然语言表示的信息进行分析概括或编辑

C. 欣赏音乐

D. 机器翻译

学习笔记

5. 在人工智能中，神经网络模型受启发于（　　）。

A. 人类神经系统　　B. 电子电路

C. 机械系统　　D. 化学反应

6. 大语言模型在处理自然语言时，下列说法正确的是（　　）。

A. 它们总是能够生成完全准确和无误的文本

B. 它们可能会生成包含错误信息或不准确内容的文本

C. 它们的回答总是基于事实和最新数据

D. 它们不需要任何外部数据就能提供最新的信息

7.（　　）不属于当前人工智能应用领域。

A. 人工神经网络　　B. 自动控制

C. 自然语言学习　　D. 专家系统

8. 在生成式人工智能中，利用温度（temperature）参数调整生成文本时，温度较高会导致（　　）。

A. 更确定性的输出　　B. 更随机性的输出

C. 更短的输出　　D. 更长的输出

9. 人工智能伦理学主要关注的是（　　）。

A. 如何设计更好的算法

B. 人工智能对社会和个人产生的影响

C. 人工智能的理论基础

D. 人工智能的历史发展

项目一答案

10.（　　）不是深度学习的常见应用领域。

A. 语音识别　　B. 图像处理

C. 自然语言处理　　D. 数学证明

二、判断题

1. 人工智能是计算机科学的一个分支。（　　）
2. 人工智能包括机器学习、深度学习、自然语言处理等多个子领域。（　　）
3. 人工智能在医疗诊断方面已经取得了显著的成果。（　　）
4. 人工智能只适用于大型企业，小型企业无法应用。（　　）
5. 人工智能的发展与大数据技术密切相关。（　　）
6. 人工智能可以通过观察和模仿学习新技能。（　　）
7. 人工智能完全依赖于算法，不需要硬件支持。（　　）
8. 人工智能已经可以完全理解人类的情感。（　　）
9. 人工智能的发展仅限于科技行业。（　　）
10. 人工智能与机器人技术是完全独立的两门学科。（　　）

实践训练

AI 赋能中医药研究——智谱清源平台实践

在博鳌亚洲论坛 2024 年年会上，《亚洲经济前景及一体化进程 2024 年度报告》（以下简称《报告》）正式发布。《报告》指出，人工智能的迅速发展正在深刻改变人类社会生活、改变世界，将为亚洲发展与合作提供新的机遇。人工智能正由“用计算机模拟人的智能”转向“机器+人”“机器+人+网络”和“机器+人+网络+物”三个方向。人工智能产业呈现出创新技术群体突破、行业应用融合发展、国际合作深度协同等新的特点，不仅显著提高了生产率，而且在持续改善人类福祉方面潜力巨大。生成式人工智能的崛起引发了人们巨大的兴趣热烈的和讨论。

任务简介：

在数字化时代，生成式人工智能正成为推动中医药现代化的重要工具。月之暗面的人工智能在线平台是国内热门在线 AI 平台之一，其可以搜集并总结网络资料，以此回答用户的问题。本实践训练要求学习如何使用月之暗面的 Kimi 智能助手了解中医药行业，以深入探究中医药行业的发展情况。

任务内容：

1. 平台注册与熟悉：注册并登录 Kimi 智能助手，熟悉平台的基本功能和操作界面。

2. 行业现状研究：使用平台的功能，收集中医药行业的相关资料，包括政策法规、市场动态、科研成果等。

3. 资料整理与分析：结合平台收集的网页信息，进一步搜索相关资料，对中医药行业的现状进行深入分析，识别行业发展的关键趋势和挑战。

4. 报告与展示：在课堂上展示收集到的内容，分享在使用过程中对大语言模型的体验。

思考：

1. 在使用人工智能技术的过程中要规避哪些风险？
2. 利用主流生成式人工智能模型，能为我们的工作、学习和生活带来什么价值？

【项目评价】

评价项目（占比）	评价标准		分值	得分							
				学生自评	小组互评						教师评价
					第1组	第2组	第3组	第4组	第5组	第6组	
考勤（10%）	无故旷课、迟到、早退（一次扣 10 分）		10								
	请假（一次扣 2 分）										
学习能力（10%）	团队合作	小组合作参与度（优 6 分，良 4 分，一般 2 分，未参与 0 分）	6								
	个人学习	个人自主探究参与度（优 4 分，良 2 分，未参与 0 分）	4								
工作过程（40%）	生成式人工智能原理	能够了解人工智能设备的软硬件配置（每错一处扣 2 分）	5								
	人工智能发展现状	能够了解主流大语言模型种类（每错一处扣 1 分）	5								
		能够登录使用主要的人工智能平台（每错一处扣 1 分）	5								
		能够掌握紧跟 AI 发展的方法（每错一处扣 1 分）	5								
	AI 法律道德规范	能够知道使用 AI 需要遵循怎样的规范（每错一处扣 1 分）	10								
		能够知道 AI 的问题与缺陷，且知道如何保护隐私（每错一处扣 1 分）	10								
工作成果（40%）	环节达标度	能够按要求完成每个环节的任务（未完成一处扣 4 分）	20								
	整体完成度	能够准确展示完成成果（失误一次扣 5 分）	20								
得分小计											
教师评语：											
综合得分（学生自评得分×20%+小组互评得分×20%+教师评价得分×60%）											

学习笔记

项目二　了解 AI 学习设备与编程基础

学习目标

素养目标	1. 紧跟时代发展，更新观念，培养学生积极探索的精神； 2. 增强学生对新科技和技术的了解，树立专业融合、终身学习的理念
知识目标	1. 了解人工智能设备的软硬件配置； 2. 了解主流编程语言各自的特点； 3. 掌握 Python 语言基础
技能目标	1. 能自行搭建 Spyder 的编译环境； 2. 能区分和运用不同的数据类型； 3. 能读懂不同代码并理解代码间的逻辑关系

知识结构

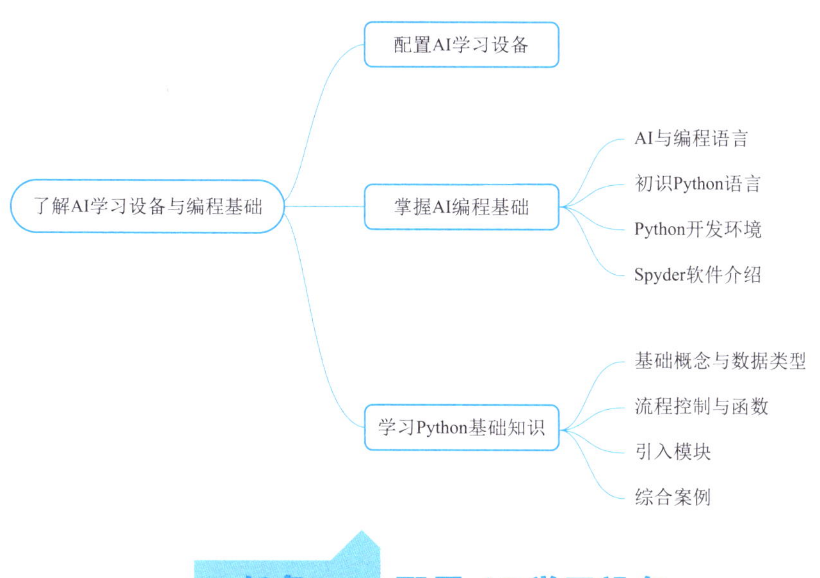

任务一　配置 AI 学习设备

案例导入

新一代人工智能正在全球范围内蓬勃兴起，为经济社会发展注入了新动能，深刻改变人

学习笔记

们的生产生活方式。我国高度重视人工智能产业发展，已将推动人工智能产业的发展提升到国家战略高度。据新华社报道，截至2023年我国人工智能核心产业规模已达5 000亿元，企业数量超过4 300家；我国算力规模位居全球第二，建成的数字化车间和智能工厂超过2 500个，经过智能化改造，研发周期缩短了约20.7%、生产效率提升了约34.8%，不良品率降低了约27.4%、碳排放减少了约21.2%。①

继农业革命、工业革命之后，人工智能正在推动新一轮的科技革命，为各行各业带来了巨大的变革和机遇，在交通、教育、医疗、养老等领域人工智能正在逐步改变人们的生活方式。为培养适应未来社会发展需求的人才，教育部门也积极推进人工智能教育的发展，将人工智能基础纳入中小学信息技术课程体系中，并鼓励高校开设人工智能相关课程。

紧跟时代需求，成为时代新人，掌握时代新知，引领时代新潮。2024年4月，全国首台AI创作的国乐音乐会《零·壹丨中国色》在上海亮相，“机械臂歌手”艾莉与评弹演员高博文共同演绎创新音乐，将科技与艺术双向赋能，将AI技术与传统音乐有机结合焕发新声。②对于人工智能技术，人们需要了解它、学习它、应用它、创新它，并最终超越它。

知识准备

随着数智时代的到来，学习和应用人工智能已经成为一种潮流及趋势。“磨刀不误砍柴工”“工欲善其事、必先利其器”，人工智能的应用需要具备合适的工具和设备。对开发人工智能的企业而言，设备的重要性毋庸置疑，算力是大模型训练的源泉，为人工智能的蓬勃发展持续不断地注入生机。算力依托于GPU（图形处理器）和CPU等硬件设备，因而对于学习人工智能的人来说，是否拥有合适的设备也十分关键。

当前中国人智能发展新观察

当前，人工智能的发展对计算机的软硬件配置提出更高的要求，传统算力的计算机已经无法满足人工智能深度学习、大数据处理和复杂模型训练的需要。

读一读：

AI算力增长

2023世界人工智能大会期间，毕马威与联想集团联合发布《“普慧”算力开启新计算时代》报告。报告中指出，在深度学习出现之前，用于AI训练的算力需求增长大约20个月翻一番；而在深度学习出现之后，这个时间缩短为6个月；对全球头部AI模型训练而言，算力需求增长翻一番的时间更是压缩至3个月左右，其每年的增长幅度是之前的10倍；随着大模型如日中天的发展，训练算力的增幅将扩展至惊人的10~100倍。

芯片是为人工智能提供算力支撑的核心，包括CPU和GPU，其中GPU在生成式人工智能发展中发挥着至关重要的作用。从项目一的学习内容中可以看到，ChatGPT等大语言模型的出现与Transformer架构有着千丝万缕的关系。该架构使得大语言模型的训练和执行可以采用并行计算模式，从而极大地提高了模型的训练和执行效率。该架构使得生成式人工智能发展的问题被转化为算力总量和资源投入的问题。

① 新华社．我国人工智能蓬勃发展 核心产业规模达5 000亿元［EB/OL］．2023-07-06［2024-05-24］．https://www.gov.cn/yaowen/liebiao/202307/content_6890391.htm.

② 解放日报．AI遇见民乐评弹，古老音乐在“编程”中焕新［EB/OL］．新华网，2024-04-30［2024-05-24］．http://www.news.cn/ent/20240430/baa59be77683465f8367d2ab6f029693/c.html.

并行计算模式下，GPU 拥有远超于 CPU 的优势。图 2-1 是 CPU 与 GPU 的设计差异图，绿色部分是处理核心，即算术逻辑单元（Arithmetic Logic Unit，ALU）。CPU 处理核心少，但单个核心计算能力强。GPU 处理核心多，但单个核心处理能力低于 CPU。典型的 GPU 拥有数百个并行工作的小型处理器。尽管单个核心处理复杂计算的能力不强，但在处理大量并行计算时，则表现出相当高的效率。

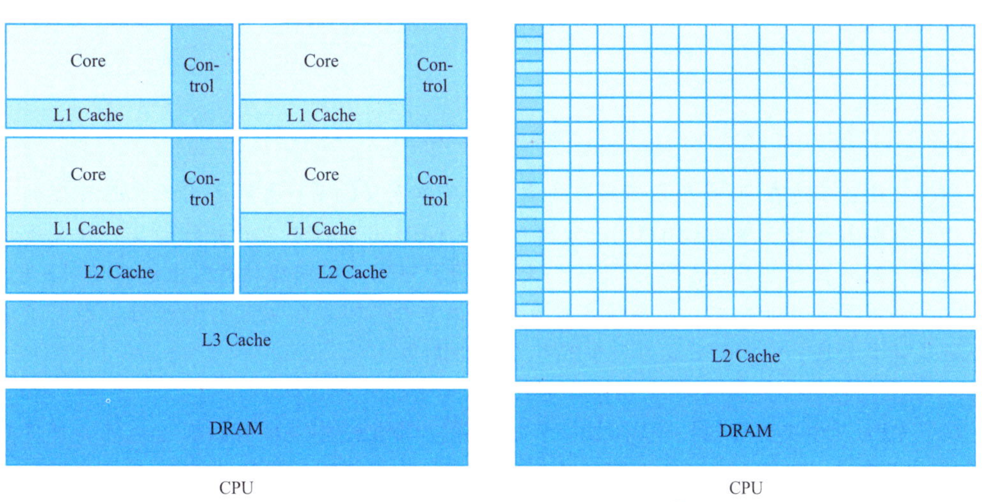

图 2-1　CPU 与 GPU 的设计差异图①

对个人学习人工智能而言，虽然不像企业那样要配备具备高端性能的 GPU 计算机，在一些特定情境下如需要 AI 生成文案等，仅需具备能上网的正常办公计算机即可，但是如果要深入学习和应用人工智能，建议购置一台性能相对高的计算机，原因有如下几个方面。

软件和工具的运行： 部分人工智能软件和工具对硬件要求较高，如 Stable Diffusion 等软件在性能低的普通计算机上无法运行，而计算机性能越高其表现越好。

数据处理能力： 人工智能领域经常需要处理大量数据。虽然一些 AI 平台提供在线分析功能，但由于数据隐私和使用成本等问题，将数据上传至平台分析不一定适合，此时利用 AI 生成本地执行方案更为合适，但大数据处理对计算机性能有一定的要求。

多任务处理： 深入学习人工智能可能涉及同时运行多个任务，比如，同时进行模型训练、数据分析和文献阅读等。一台性能高的计算机可以更好地进行多任务处理，保证流畅的工作流程。

复杂模型训练： 随着对人工智能的了解加深，可能希望亲自训练一些复杂的深度学习模型。这些模型通常需要大量的计算资源和时间，高性能的 GPU 可以显著加快训练速度，提高效率。

实验和创新： 随着对人工智能学习的深入，可能会产生一些创新的想法，需要通过实验来验证。高性能计算机可以提供更好的实验平台，让想法得以快速实现和测试。

未来准备： 随着人工智能技术的迅速发展，未来可能会有更多高性能要求的任务出现。提前准备一台性能高的计算机，可以在未来的学习和发展中保持竞争力。

在选配计算机的过程中，GPU、CPU、内存和硬盘是重要考虑因素。

在选配计算机时，针对人工智能学习和应用的需求，可参考以下关于 GPU、CPU、内存

① NVIDIA Corporation. CUDA C Programming Guide［EB/OL］.［2024-05-23］. https://docs. nvidia. com/cuda/cuda-c-programming-guide/index. html.

学习笔记

学习笔记

和硬盘的选择建议。

（1）GPU（图形处理器）：基于2024年的AI发展情况，可优先选择英伟达（NVIDIA）系列显卡，该系列支持CUDA和cuDNN（深度神经网络库），能够加速神经网络的训练和推理。

选购时应选择在当时具备较高计算能力的型号。此外，显卡的显存大小对于处理大型数据集和复杂模型非常重要。至少要选择8GB显存的GPU，如果预算允许，12GB或24GB显存的GPU会更好。

读一读：

什么是CUDA？

CUDA是英伟达在2006年发布的专为图形处理单元（GPU）上的通用计算而开发的并行计算平台和编程模型。借助CUDA，开发者可以在GPU上进行复杂的并行运算，并显著增加运算效率。同时，通过CUDA进行跨平台部署，用户可以在不同操作系统上进行运行。CUDA生态系统涵盖了软件开发工具及各种丰富多样的工具包，可以协助用户的编程。在深度学习和高性能计算领域，CUDA已成为一个不可或缺的工具。

（2）CPU（中央处理器）：选择具有多核心和较高频率的CPU可以提高多任务处理能力和并行计算效率。同时，应考虑性能与功耗的平衡，选择能效比较高的CPU，以减少长时间运行时的能耗和散热问题。

（3）内存（RAM）：人工智能任务通常需要处理大量数据，因此内存容量越大越好。建议至少配置16GB内存，如果经常处理大数据集或运行多个复杂模型，32GB或更高的内存会更加合适。内存速度也会影响整体性能，更高速度的内存条可以提高数据处理速度。

（4）硬盘：优先选择SSD（固态硬盘），SSD的读写速度远高于传统机械硬盘，可以显著提高系统启动速度、数据读写速度和缩短软件加载时间。同时，也可配备1TB或更大容量的机械硬盘作为数据盘。

除此以外，配置设备时还应考虑散热系统、电源供应、扩展性等问题。总体上而言，需要根据个人需求、预算，在性能和成本间权衡取舍，做出明智的选择。

【素质提升】

清华大学实现芯片重大突破①

在复杂多变的国际形势下，突破“卡脖子”技术仍是当下的重点。2023年，由清华大学集成电路学院教授吴华强、副教授高滨领导的研究团队取得重大突破，全球首颗全系统集成、支持高效片上学习的忆阻器存算一体芯片正式问世，该研究成果以《面向边缘学习的全集成类脑忆阻器芯片》为题发表在顶级学术期刊《科学》（*Science*）上。

存算一体片可实现算力和能效的跨越式提升，在相同任务下实现片上学习的能耗仅为先进工艺下专用集成电路（ASIC）系统的3%，能效有望提升75倍，同时能够有效保护用户隐私和数据。实现不同任务的快速“片上训练”与“片上识别”，满足边缘计算场景下的增量学习任务，满足人工智能时代高算力需求的应用潜力。

存算一体片的成果并非一日之功，早在2012年，钱鹤、吴华强团队就开始研究用忆阻器

① 清华大学．清华研制出面向边缘学习的全集成类脑忆阻器芯片［EB/OL］．清华大学，2024-03-05［2024-05-24］．https://www.tsinghua.edu.cn/info/3045/110193.htm.

来做存储。2014 年，团队与中科院微电子所、北京大学等单位的合作取得成功，为我国忆阻器阵列大规模集成打下坚实基础。

在芯片研发过程中，团队不断克服设备短缺、技术难题、减少误差等重重阻碍，在一次次的错误中不断修正并重新开始，展现了不怕困难、勇于挑战的科研精神。

学习笔记

任务实施

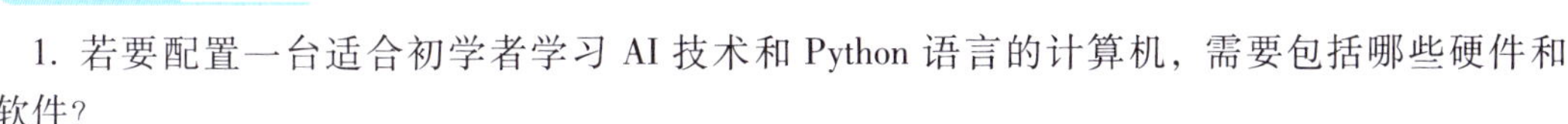

1. 若要配置一台适合初学者学习 AI 技术和 Python 语言的计算机，需要包括哪些硬件和软件？

2. 结合案例分析：简述国内外的芯片技术现状。

【教师评语】

【反思总结】

任务二 掌握 AI 编程基础

案例导入

AlphaGo（阿尔法围棋）战胜围棋冠军的新闻仿佛还在昨日，以 ChatGPT 为代表的生成式人工智能已席卷而来，人脸识别技术广泛使用，仿生机器人的技术迭代，这些均离不开 AI 技术与编程语言。

2024 年一堂旨在帮助视障青少年学习 AI 与编程的无障碍版 AI 编程启蒙课在北京开讲。在一个小时的时间里，零基础的盲童们了解了什么是 AI，以及怎么训练 AI。① 无独有偶，

① 易舒冉，汪馨媛．盲童也能学习 AI 与编程？答案是——能！［EB/OL］．人民网，2024-04-29［2024-05-24］．http://society.people.com.cn/n1/2024/0429/c1008-40226686.html.

2023 年，在大山深处的沧源县，有 204 名学生进入 2021—2022 学年“全国中小学信息技术创新与实践大赛”Coding（编码方法）创意编程赛项的复赛。其中，有 43 人闯进决赛，最终 6 人获奖。大山与编程两个遥远的词语在此刻被连在了一起。①

编程语言日益受到世界各国的重视。2020 年，日本将编程列为小学必修课。英国早在 2014 年就已经规定 5~16 岁的儿童和青少年必须学习编程。在 2007 年，韩国规定从初等教育起开始必修编程。② 我国在 2017 年国务院印发的《新一代人工智能发展规划》中明确指出实施全民智能教育项目，逐步推广编程教育，鼓励社会力量参与寓教于乐的编程教学软件、游戏的开发和推广。

人工智能技术在未来的社会发展、国际竞争中必将起到举足轻重的作用，而编程作为人工智能的基础显得尤为重要，学习编程是走进人工智能的第一步。

一、AI 与编程语言

在探索生成式人工智能的过程中，编程语言扮演着重要角色。尽管人工智能的发展使得一些基础的代码编写任务实现了自动化，而且某些基础任务也不一定需要编程知识，我们可以直接利用现有的工具完成，然而掌握编程语言依然有必要，主要原因包括以下几个方面。

（1）理解算法和模型：一些工具和平台可能提供了用户友好的界面和预训练模型，但理解算法背后的原理可以更好地调整参数、优化性能以及解决遇到的问题。

人机协作模式将成为新常态

（2）自定义模型和项目：如果要定制化或扩展生成式人工智能模型，编程知识就会变得至关重要，包括调整现有模型的参数、训练自己的模型、处理数据、构建应用程序等。

（3）解决问题：在实践中可能会遇到各种问题，如数据预处理、模型调优、性能优化等，编程知识可以帮助我们更快地定位和解决这些问题。例如，使用人工智能进行数据分析，有些时候需要在模型生成代码后将代码复制到本地执行。若缺乏相关编程语言知识，代码执行出错时就可能无法解决。

编程语言按照其用途、语法和执行方式可被分类。常见的分类包括脚本语言、编译型语言、面向对象语言、函数式语言及领域特定语言（DSL）等。在编程实践中，常用的编程语言有 C/C++、Python 等。

读一读：

主要编程语言

Python：易学易用，广泛应用于人工智能、Web（全球广域网）开发、数据分析等领域。

Java：面向对象、跨平台性强，多用于企业级应用、Android（安卓）应用开发等。

JavaScript：用于网页开发，越来越多地在服务器端和移动应用开发中使用。

C/C++：性能高效，适用于系统编程、游戏开发等领域。

---

① 叶传增，蔡树菁．大山里的“编程少年”逐梦智能时代［EB/OL］．人民网，2023-04-06［2024-05-24］．http://yn.people.com.cn/n2/2023/0406/c372456-40366082.html.

② 环球时报．日本将编程列为小学必修课［EB/OL］．人民网，2019-03-29［2024-05-24］．http://japan.people.com.cn/n1/2019/0329/c35421-31002150.html.

Ruby：简洁优雅，用于 Web 开发。

R：专用于统计分析和数据可视化。

MATLAB：用于科学计算和数据处理。

编程语言排行榜

以上编程语言具备不同特点，但对侧重于生成式人工智能应用的人群来说，部分语言学习成本较高。

Java：面向对象的 Java 相对容易学习，但对新手来说，需要理解面向对象的复杂概念以及 Java 的严格语法规则。

C/C++：拥有高性能与灵活性的优点，但它们的学习难度很大。掌握这两种语言需要理解包括内存管理和指针操作在内的更多底层知识，可能会增加新手的学习困难。

R：在统计分析和数据可视化方面非常出色，但对不熟悉统计学的用户来说，其学习难度较大。

MATLAB：专为科学计算和数据处理设计，尽管语法较简单，但其主要面向数学和工程领域，对没有相关知识背景的人而言，学习难度较大。

上述编程语言的学习难度都相对较大，且可能不适合快速原型设计和实验。相比之下，Python 通常被认为是学习人工智能的理想选择，因为它易学易用，有丰富的库和框架支持，并且在人工智能领域已被广泛应用，有丰富的学习资源。

二、初识 Python 语言

Python 是一种解释型、面向对象、动态数据类型的高级程序设计语言，由荷兰数学和计算机科学研究学会吉多·范·罗苏姆（Guido Van Rossum）于 1989 年年底发明，第一个版本诞生于 1991 年。Python 2.0 版本发布于 2000 年，截至 2010 年 Python 2.X 版本已不再更新，目前下载及使用的为 Python 3.X 版本，在此版本中支持和识别中文字符。

Python 语言具有以下特点。

（一）简单、易学、易维护

Python 的设计哲学强调代码的可读性和简洁的语法，更加接近自然语言。由于代码的可读性强，相较其他编程语言，Python 能有效降低学习难度。另外，使用该语言能够用更少代码行、更简洁的方式进行表达，进而提高代码编写的效率，同时也使得源代码更易于理解和维护。

（二）免费、开源

任何人都可以在 Python 的官网免费下载，并将其应用于个人和商业项目，而无须支付任何费用。Python 语言免费、开源的特点对编程教育的普及起到了积极的作用，也使其成为世界上最受欢迎的编程语言之一。

（三）丰富的库

Python 强大的标准库提供了大量的模块和函数。与此同时，世界各地的程序员通过开源社区贡献了成千上万的第三方函数库，内容几乎覆盖了计算机技术的各个领域。使用 Python 语言编写代码可以利用这些已有的资源，降低学习、研究和开发人工智能的难度。

（四）可移植性、可扩展性

Python 能轻松地被移植到不同平台，可以在 Windows、MacOS、Linux（均为计算机操作系统）等多种操作系统上运行。此外，Python 与 C、C++可以相互调用，也可以与其他语言编写的代码进行整合。

学习笔记

三、Python 开发环境

学习 Python 语言，首先需要搭建 Python 的开发环境。Python 开发环境指的是用于编写、运行和调试 Python 代码的工具和软件环境。它包括以下不同类型。

Python 解释器：Python 的核心是解释型语言，因此需要 Python 解释器来执行 Python 代码。解释器负责将 Python 代码转换为计算机可以理解的机器码，并执行其指令。

集成开发环境（IDE）：IDE 是一种集成了多种开发工具和功能的软件，包括代码编辑器、调试器、版本控制、自动完成和项目管理等。常见的 Python IDE 包括 PyCharm、Visual Studio Code、Spyder 等。

文本编辑器：除了专门的 IDE 外，也可以使用文本编辑器编写 Python 代码，如 Sublime Text、Atom、Notepad++等。这些编辑器通常提供基本的代码高亮、语法检查等功能。

命令行界面：一些情况下，可以直接在命令行界面中编写和执行 Python 代码。Python 解释器通常会与操作系统一起安装，因此可以通过命令行访问并执行 Python 脚本。

虚拟环境：虚拟环境是一种隔离 Python 项目的环境，可以在其中安装特定版本的 Python 和第三方库，以避免项目之间的依赖冲突。常用的虚拟环境管理工具包括 virtualenv 和 conda。

在这些开发环境当中，Anaconda Navigator 是一个便于初学者使用的综合平台，它提供了一个易于安装和管理 Python 解释器、第三方库和工具的方式。通过该平台可以方便地使用 Jupyter Notebook、Spyder 等工具，方便用户编写、运行和调试 Python 代码。

四、Spyder 软件介绍

对初学者来说，建议通过 Anaconda Navigator 进行 Python 的学习和应用。下载使用该平台的方法也较为简单，登录官方网站选择下载匹配自身计算机系统的 Anaconda 安装程序，安装成功后打开应用 Anaconda Navigator。Anaconda Navigator 打开界面如图 2-2 所示，界面上的不同图标代表不同的代码编译平台。

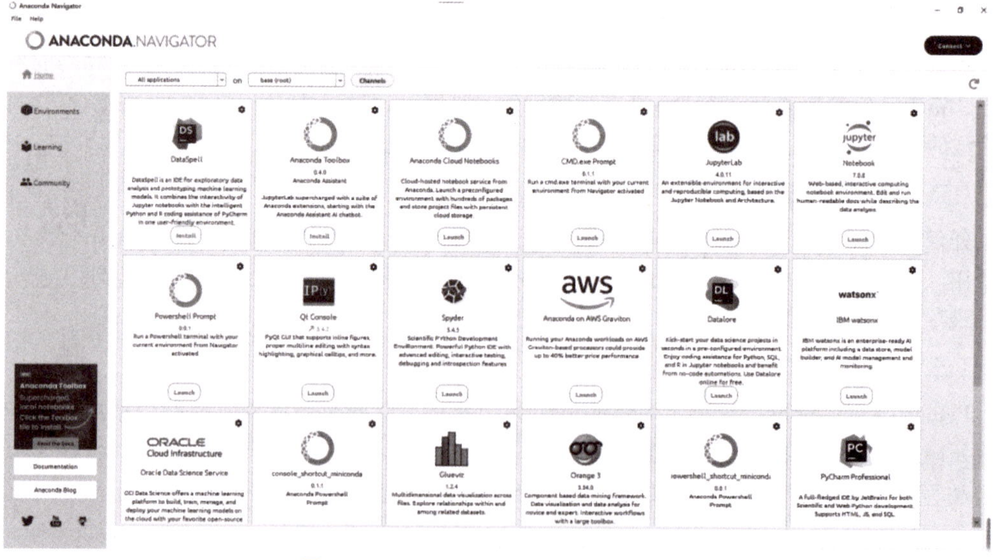

图 2-2　Anaconda Navigator 打开界面

本书使用 Spyder 作为主要 Python 代码编写平台。Spyder 是 Anaconda 发行版中包含的一个集成开发环境，其界面设计友好，提供了一系列丰富的工具和功能，能够协助用户更加高效地编写代码，进行数据探索、数据处理和数据分析。

学习笔记

一般情况下安装 Anaconda 时 Spyder 会同步安装，如出现未安装的情况，单击 Spyder 图标下的“Install”按钮进行安装即可。安装成功后单击“Launch”按钮就能进入 Spyder 中编写 Python 代码。

Spyder 成功启动后，将会看到 Spyder 的默认界面，如图 2-3 所示。整个界面主要由功能区、代码编辑区、控制台、变量浏览区这 4 个区域组成。

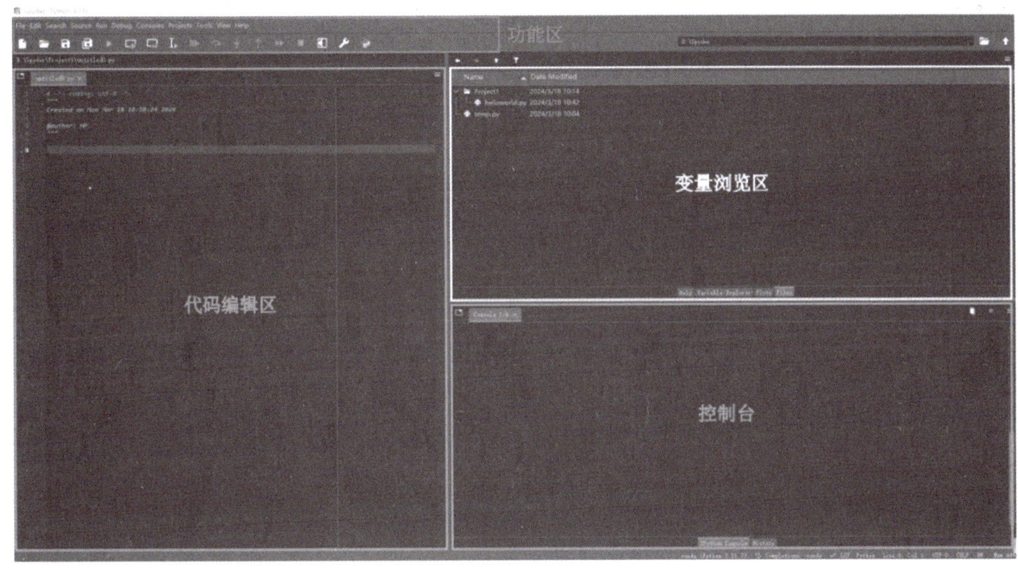

图 2-3　Spyder 的默认界面

（一）Spyder 界面及功能介绍

（1）功能区：位于整个界面的最上方，由菜单栏和工具栏构成，工具栏中提供了常用的快捷按钮，包含“新建文件”“打开文件”“运行脚本”等。

由于 Spyder 的界面默认使用英语，用户可以在其界面修改语言设置为简体中文。可以在菜单栏中单击工具按钮“Tools”，并选择下拉菜单中的偏好设置“Preference”选项。在弹出的偏好设置窗口中单击左侧第二个应用“Application”按钮，进入右边的应用界面后单击高级设置“Advanced Settings”按钮，在语言“Language”选项卡中选择“简体中文”选项，设置后单击应用“Apply”按钮进行执行，修改语言设置具体步骤如图 2-4 所示。

下载及安装 Anaconda 的具体步骤

（2）代码编辑区：位于整个界面的最左侧，是四个区域中所占面积最大的部分，是编写 Python 代码的主要区域。

（3）控制台：位于整个界面的右下方，包括 IPython Console（IPython 控制台）和 History（历史记录）2 个功能窗口。IPython 控制台属于交互式命令窗口，既可以显示代码编辑区中代码的运行结果，还允许用户直接在该命令窗口中输入 Python 代码，按回车键后直接执行并显示命令的输出结果；历史记录中存储了过去在命令窗口中所编辑和运行的代码，方便对代码的回顾和重复使用。

（4）变量浏览区：位于整个界面的右上部分，主要由 4 个窗口构成，包括帮助（Help）、变量浏览器（Variable Explorer）、绘图（Plots）、文件（Files）。在变量浏览器窗口，显示当前工作空间中定义的所有变量信息，以及它们的值、类型和维度，也可以搜索变量对变量进

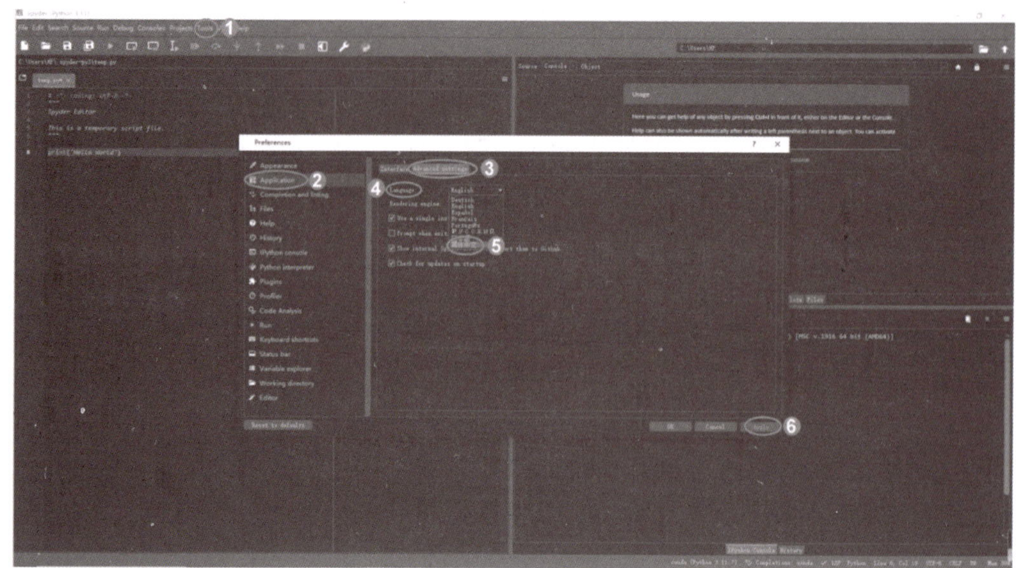

图 2-4　修改语言设置具体步骤

行编辑修改。对数据进行可视化分析时所绘制的折线图、饼图等允许用户实时查看。在文件部分可以查看当前所在工作目录下的所有文件，如图 2-5 所示。

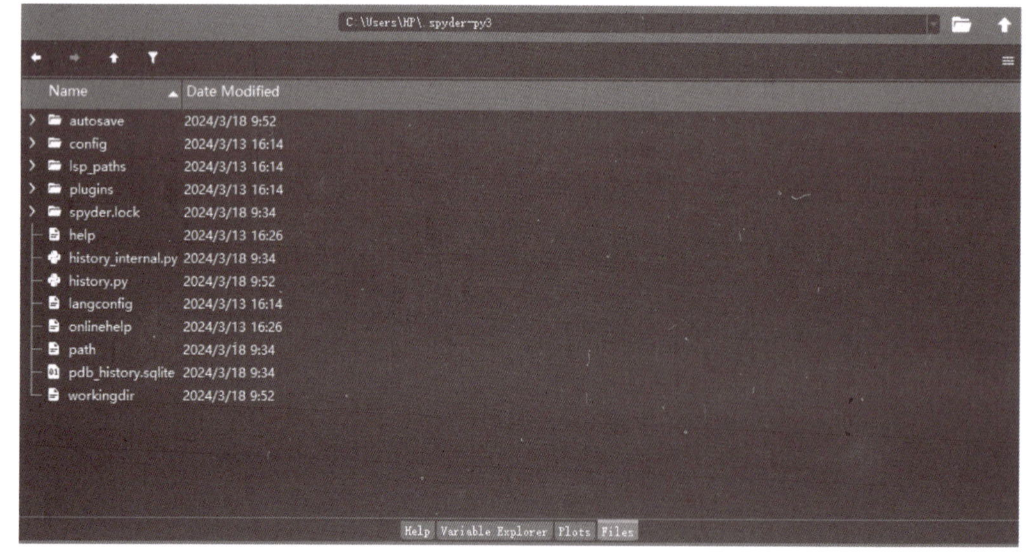

图 2-5　当前所在工作目录下的所有文件

（二）使用 Spyder 运行代码

如前文所述，在 Spyder 中编辑代码以及运行代码有两种方法。一种方法是可以直接在 IPython 控制台中输入命令“print("Hello World")”后按回车键，将直接展示输出结果，控制台编辑代码如图 2-6 所示。

另一种方法则是在代码编辑区中输入“print("Hello World")”语句，然后单击功能区中的运行“Run”按钮（或者按“F5”快捷键）进行代码运行，其结果同样将在 IPython 控制台中显示，代码编辑区输入及输出结果如图 2-7 所示。

如果程序编写时存在函数使用错误、拼写错误、内在逻辑错误等问题，例如，将输

学习笔记

```
Console 1/A ×

Python 3.11.7 | packaged by Anaconda, Inc. | (main, Dec 15 2023, 18:05:47) [MSC v.1916 64 bit (AMD64)]
Type "copyright", "credits" or "license" for more information.

IPython 8.20.0 -- An enhanced Interactive Python.

In [1]: print("Hello World")
Hello World

In [2]: S

IPython Console  History
```

图 2-6　控制台编辑代码

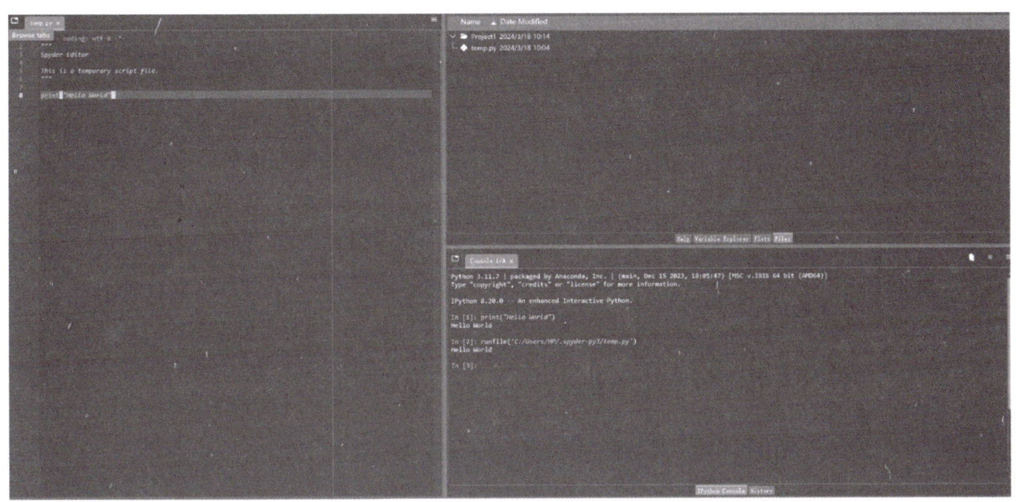

图 2-7　代码编辑区输入及输出结果

出函数“print”的首字母错误地大写为“Print”，由于 Python 语言对英文大小写非常敏感，输入命令“Print('Hello World')”将导致程序无法正常输出结果，并在控制台中显示错误信息“NameError”，代码报错如图 2-8 所示。此时，需要根据软件明确指出的错误类型及其具体原因，对代码进行修改和调试，调试正确后，可以重新运行以获得预期的输出结果。

运行完成后，如需将编辑的代码保存为文件以便之后的调用，可以单击功能区中的文件“File”按钮，在下拉菜单中选择另存为“Save as”选项进行保存（或者用“Ctrl+Shift+S”快捷键）。打开另存为窗口后可以对文件进行命名，设置文件所在路径。其 Python 代码文件将会以“py”后缀格式进行保存，例如，将其保存为 helloworld. py 命名的文件。类似于日常经常接触的“doc”“ppt”“txt”等类型文件，Python 的代码文件通常都是以“py”为后缀。

在 Spyder 中选择“打开文件”选项，找到相应的文件，将其拖进 Spyder 编辑器中，即可对曾经创建过的 Python 文件执行编写、调试、运行等操作。

```
Console 1/A ×

In [3]: runfile('C:/Users/HP/.spyder-py3/temp.py')
Traceback (most recent call last):

  File D:\Anaconda\Lib\site-packages\spyder_kernels\py3compat.py:356 in compat_exec
    exec(code, globals, locals)

  File c:\users\hp\.spyder-py3\temp.py:8
    Print("Hello World")

NameError: name 'Print' is not defined


In [4]:

                                                    IPython Console  History
```

图 2-8　代码报错

【素质提升】

编程进入自然语言时代

2024 年 5 月 21 日，美国科技公司微软召开年度 Build 2024 开发者大会。公司 CEO 纳德拉提到微软几十年来有两大梦想：一是能不能让计算机理解人类，而不是人类被迫理解计算机；二是在信息量日益增加的当今世界，计算机能不能帮助人类推理、规划以及更有效地使用所有的信息。纳德拉认为，现在这波 AI 浪潮能为微软找到实现这两大梦想的答案。

“帮助小白编程”的 GitHub Copilot Workspace，是一款通过聊天实现程序编写的软件。这将使任何新手，即使他对编程语言几乎没有了解，也能开发自己的软件。纳德拉表示：“任何人都可以在瞬间将想法转变为代码，你能够控制这个过程中的每一个环节，这将使编程更加快乐和有趣。”

任务实施

1. 如何配置一台适用初学者学习 AI 技术和 Python 语言的计算机？其分别需要包括哪些硬件和软件？

2. 结合案例分析：人工智能为人们的生活带来了哪些改变？

【教师评语】

【反思总结】

学习笔记

任务三 学习 Python 基础知识

案例导入

对于想要更好地理解和应用人工智能生成内容的人群来说，目标并不是从零开始编写代码来制作项目或程序，而是学会如何读懂代码含义，在人工智能辅助生成代码时能有效地进行调试。

万丈高楼平地起，要开始学习跑的第一步是学会走。若想有效地阅读和调试代码，需要对 Python 语言有一个基本的了解和掌握。Python 的应用场景几乎是无限的，其无论是在人工智能、网络开发，还是在数据可视化、数据收集、数据分析等领域都有应用。据 2022 年 JetBrains（捷克软件开发公司）开发者调查报告显示，85%的受访者将 Python 当作他们的主力编程语言，而仅有 15%将其视为次要编程语言。当前，Python 用户的数量还在不断增加。

相比于其他编程语言，Python 在学习门槛和上手成本上具有优势，对初学者来说更加友好。AI 技术的发展也极大地降低了 Python 语言的学习和应用难度，即使是复杂的词云制作或复杂的数据分析等技术，对初学者来说也不再显得那么遥不可及。接下来，让我们一起探索 Python 的独特魅力。

知识准备

一、基础概念与数据类型

（一）基础语法

1. print（）输出函数

Python 中 print（）函数用于输出运算结果，是最常见的函数之一，根据输出内容的不同，有两种用法。

> 输出字符串或单个变量

语法格式：

```
print(<待输出字符串或变量>)
```

字符串是Python中常用的数据类型之一，属于文本型数据，用一对单引号（' '）或者一对双引号(" ")标识（单引号和双引号的作用相同）。

需要注意的是Python中的标点符号和所有函数均需在英文状态下输入，中文输入会使程序无法运行而进行报错。

```
1.print("固定资产")
```

运行结果如下：

```
1.固定资产
```

> 输出多个变量或字符串

语法格式：

```
print(<变量1>,<变量2>,…,<变量n>)
```

print（）函数可以接收多个文本输出，文本间用逗号“,”进行分隔，在运行结果中会依次打印每个文本，逗号“,”以空格形式进行输出。

```
1.# 混合输出字符串和整数
2.print("固定资产的原值是",1000,"元")
```

运行结果如下：

```
1.固定资产的原值是 1000 元
```

随堂练习

执行以下语句后输出的结果是什么？

```
amount=3000-2000
money=10000
print("这个月的销售量是",amount,"金额是",money)
```

2. 格式框架

（1）缩进。

Python的程序格式框架，或者称为段落格式，在语法要求中占据着至关重要的地位。这与撰写文章时的布局要求类似，即首行应缩进两个空格。这种做法可以提高程序可读性，以便阅读者更好地理解程序的目的和结构。

在Python编程中，缩进是一个核心元素，它指的是代码行前的空白区域。合适的缩进用于展现程序结构和表示代码的逻辑层次。代码块在同一逻辑层次上必须具有一致的缩进量。若没有遵守这种一致性，程序将无法执行。

Spyder 编辑器提供了一个自动缩进功能，帮助维护代码格式。如果要手动对多行代码进行缩进，可以使用“Tab”键或输入四个空格。

```
1.score=eval(input('请输入考试成绩:'))
2.if score<60:
3.    print('不及格')
4.else:
5.    print('及格')
```

在给出的代码范例中，第 1、2、4 行构成最基础的逻辑层，而第 3 行和第 5 行由于缩进操作被归类为第二逻辑层级。这一排列的逻辑意味着程序将首先判断第 2 行中指定的条件；如果条件得到满足，程序会执行第 3 行的代码块；否则，它会无打断地直接进入并执行第 5 行的代码结果。

（2）注释。

注释是代码的重要组成部分，它们相当于程序中的辅助性语句，通过阐释代码的设计逻辑和功能来促进对程序的理解，从而提升代码的可读性和长期维护的能力。这一核心概念在某种程度上类似于供现代读者学习古文时参考的批注，旨在帮助读者透彻理解文章内容。

在 Python 运行器执行程序的过程中，注释性内容会被系统自动识别并排除在执行过程外，即不会对程序的实际逻辑运算造成影响。Python 的注释可散布于代码的任意部分，分为单行注释和多行注释两种形式，它们在本质上具有相同的功能，但表现形式有所不同。

➢ **单行注释**

以“#”开始，表示“#”之后的内容为注释。

```
score=eval (input('请输入考试成绩:'))  #用户输入考试成绩
#进行条件判断
if score<60:
    print('不及格')
else:
    print('及格')
```

上述两个例子的区别在于第二例中添加了相关注释，放在单独一行中表达对“#”之后代码内容的注释；或者放在一行代码之后说明该行代码的含义。

在 Spyder 编辑器中，将光标放在需要注释的那行代码上，然后使用“Ctrl +数字 1”快捷键快速进行单行注释。再次按下“Ctrl + 数字 1”快捷键则可取消相关注释。

➢ **多行注释**

在所需注释内容的前后分别使用三个连续的单引号'''或者三个双引号"""。

```
"""
这是我的一个简单 Python 程序代码
这是一个多行注释
输出下列语句
"""
print("Hello World")
```

运行结果如下：

```
1.Hello World
```

需要说明的是三个双引号和三个单引号的作用相同，择一使用即可。

3. 变量

变量是程序中的动态实体，它们的值可以在程序执行过程中被改变。与数学中的变量类似，在 Python 中必须为每个变量设定一个标识符（即名字）。可以将变量想象成一个容器，能够存储或包含任何数据类型。变量的意义完全取决于它所包含的值，且这些值可以自由地被更改。变量的取值由最后一次赋值决定，与之前的状态无关。

在 Python 中为变量设定名称时需遵循以下规则。

(1) 变量名可以由字母（包括汉字）、数字、下划线“_”组成，但数字不能作为变量名的首字符。

(2) 变量名内不得有空白。

(3) 变量名有大小写区分，因此 money 和 Money 被视为两个不同的变量。

(4) 变量名不能直接使用 Python 的关键字，但可以将之作为复合变量名的一部分。

Python 具有 35 个保留关键字，如表 2-1 所示，每个关键字都拥有特定的功能和含义。

表 2-1　Python 具有的保留关键字

and	as	assert	async	await	break	class
continue	def	del	elif	else	except	False
finally	for	from	global	if	import	in
is	lambda	None	nonlocal	not	or	pass
raise	return	True	try	while	with	yield

Python 变量名长度没有限制，但不宜过长，否则在后期程序调用中容易发生错误。一般而言，选取的变量名最好具有一定含义，以便使用及记忆。

在 Python 中通过等号“=”实现变量的赋值。此时的“=”不是传统数学意义上的等号，其作用是给变量赋值。

```
1.money = 99
2.print(money)
3.money = 199
4.print(money)
```

运行结果如下：

```
1.99
2.199
```

对同一变量进行多次赋值时，每一次赋值都会覆盖原来的值。在此例中第一次将 99 赋值给变量 money，此时输出的结果是“99”，第二次对 money 进行重新赋值，输出的结果为重新赋值后的值“199”。

学习笔记

随堂练习

执行以下语句后输出的结果是什么？

```
amount=3000
money=10000-amount
print(money)
```

（二）数值类型

Python 中常见的数据类型主要包括数值（number）、字符串（string）、列表（list）、元组（tuple）、字典（dictionary）和集合（set）。其中，数值中又可以细分为整型（int）、浮点型（float）和布尔型（bool）。

（1）整型（int）：即数学意义上的整数，包括正整数与负整数，如 1、2、-3、-4。

（2）浮点型（float）：即代表小数，如 100.123。

（3）布尔型（bool）：常用于判断条件的真假，其值用 True（1）和 False（0）来表示。布尔值一般产生于成员运算符、比较运算符、逻辑运算符。

（三）运算符

运算符是构成程序运算的重要符号，Python 语言支持多种运算符，其常用的运算符包含算数运算符、赋值运算符、比较运算符、逻辑运算符。

（1）算数运算符：用于操作两个对象之间的运算，如表 2-2 所示。

表 2-2 算数运算符

运算符	使用方法	实例（a=3，b=5）
+（加）	a+b	输出结果为 8
-（减）	a-b	输出结果为 -2
*（乘）	a * b	输出结果为 15
/（除）	a/b	输出结果为 0.6
%（取余）	b%a	输出结果为 2
**（幂）	a ** b	输出结果为 243
//（整除）	b//2	输出结果为 2

（2）赋值运算符：用于对象的赋值，如表 2-3 所示。

表 2-3 赋值运算符

运算符	使用方法	功能描述
=	a=b	将 b 的值赋给变量 a
+=	a+=b	等效于 a=a+b
-=	a-=b	等效于 a=a-b
*=	a *=b	等效于 a=a * b
/=	a/=b	等效于 a=a/b
%=	a%=b	等效于 a=a%b

续表

运算符	使用方法	功能描述
**=	a**=b	等效于 a=a**b
//=	a//=b	等效于 a=a//b

（3）比较运算符：用于不同对象进行比较，以确定它们之间的关系，如表 2-4 所示。

表 2-4　比较运算符

运算符	使用方法	功能描述
==（等于）	a==b	如果 a 和 b 相等，返回 True；否则，返回 False
!=（不等于）	a!=b	如果 a 和 b 不相等，返回 True；否则，返回 False
>（大于）	a>b	如果 a 大于 b，返回 True；否则，返回 False
<（小于）	a<b	如果 a 小于 b，返回 True；否则，返回 False
>=（大于等于）	a>=b	如果 a 大于或等于 b，返回 True；否则，返回 False
<=（小于等于）	a<=b	如果 a 小于或等于 b，返回 True；否则，返回 False

（4）逻辑运算符：用于基于一个或多个条件的真假值来构造更复杂的条件表达式，如表 2-5 所示。

表 2-5　逻辑运算符

运算符	使用方法	功能描述
and	a and b	"与"：a，b 都为 True 则返回 True；否则，返回 False
or	a or b	"或"：a，b 只要有一个为 True 则返回 True；否则，返回 False
not	not a	"非"：a 为 True，返回 False；a 为 False，返回 True

```
a=20
n=50
print(n>=0 and n<=a)
print(n<0 or n>a)
print(not(n>=0 and n<=a))
```

运行结果如下：

```
False
True
True
```

（四）字符串

字符串属于文本型数据，是 Python 中最常用的数据类型之一，用一对单引号“' '”或者一对双引号“" "”标识，例如，'我爱我的祖国！' "欢迎学习 AI 工具的使用"。

字符串是一种序列，其中的每个字符都有自己特定的序号，通过序号可以对字符串中的单一字符进行索引，正索引和负索引如图 2-9 所示。

学习笔记

负索引	-8	-7	-6	-5	-4	-3	-2	-1
字符串	欢	迎	学	习	人	工	智	能
正索引	0	1	2	3	4	5	6	7

图 2-9　正索引和负索引

正索引：从左到右索引默认从 0 开始；

负索引：从右到左索引默认从-1 开始。

索引格式：

<字符串>[idx]

通过索引指定的位置来返回字符串中单个字符，其中，idx 为要访问字符对应的序号。

```
s='欢迎学习人工智能'
print(s[0])
print(s[-2])
```

运行结果如下：

```
欢
智
```

要想返回字符串中的某一段字符，可以通过切片操作进行截取。

切片格式：

<字符串>[beg:end]

截取子串中包含的字符是原始字符串中从 beg 至 end-1（不包括 end）位置上的字符，遵循前闭后开原则，意味着前面 beg 是闭区间需要包含 beg 的字符，后面的 end 为开区间字符不包含 end 在内。

省略 beg，则表示从原始字符串的开始字符进行子串截取，等价于 s [0：end]。

省略 end，则表示截取的子串中包含从 beg 位置开始到最后一个字符之间的字符（包括最后一个字符）。

beg 和 end 都省略则表示子串中包含 s 中的所有字符。

```
s='欢迎学习人工智能'
print(s[2:5])
print(s[:5])
print(s[-3:])
print(s[:])
```

运行结果如下：

```
学习人
欢迎学习人
工智能
欢迎学习人工智能
```

常用的字符串函数，如表 2-6 所示。

表 2-6　常用的字符串函数

操作符	描述
find（）	检测字符串是否包含子字符串，如果是，返回开始的索引值，否则返回-1
join（）	用于将序列中的元素与指定字符连接成一个新字符串
replace（）	把字符串中的旧字符串替换成新字符串
split（）	按照指定的分隔符对字符串进行切割，返回由切割结果组成的列表

```
a="Type:字符串"
print(a.find("字符串"))
print(a.find("数值"))
print('*'.join(a))
print(a.replace('字符串','列表'))
print(a.split(":"))
```

运行结果如下：

```
5
-1
T*y*p*e*:*字*符*串
Type:列表
['Type','字符串']
```

（五）列表

列表（list）是 Python 语言的核心数据结构之一，它具有高度的灵活性，与只能存储单一数字的数值类型，或仅能存储文本的字符串类型不同，列表可以存储多种不同类型的元素，例如，整数、字符串、元组、集合、字典，也包括其他列表（即嵌套）。

列表将所有元素存储在一对中括号“[ ] ”内，并通过逗号“,”对元素进行分隔。列表可以为空，即不包含任何元素，用“ [ ] ”表示。

与字符串相似，列表支持元素的正向和反向索引。例如，“hello” 中的每个字母可以通过索引从 0 开始访问，对于列表［1, 2, 3］，元素 1 可通过索引 0、元素 2 可通过索引 1 等进行访问。

```
ls=[1,3.14,'应收账款',[3,1.63],'学习']
print(ls[2:-1])
print(ls[:3])
print(ls[-2:])
print(ls[:])
print(ls[2:3])
print(ls[-3])
```

运行结果如下：

```
['应收账款',[3,1.63]]
[1,3.14,'应收账款']
[[3,1.63],'学习']
[1,3.14,'应收账款',[3,1.63],'学习']
['应收账款']
应收账款
```

学习笔记

第 6 行代码和第 7 行代码运行结果不同，是因为 ls［beg：end］返回的仍然是一个列表，而 ls［idx］返回的则是列表中的一个元素。

列表的常用函数，如表 2-7 所示。

表 2-7　列表的常用函数

操作符	描述
+	拼接
*	重复
ls［i］=x	替换列表 ls 第 i 元素为 x
len（list）	获取列表中元素的个数
list. append（x）	在列表末尾添加新的元素 x
list. insert（i，x）	在列表中的第 i 位置增加元素 x
del list［i］	删除列表中第 i 元素
list. remove（obj）	移除列表中某个元素的第一个匹配项

```
list1=["银行存款","主营业务收入","应收账款"]
list2=[1000,2000,3000]
print(len(list1))
print(list1+list2)
print(list2*2)
list1[1]="固定资产"
print(list1)
list1.append('存货')
print(list1)
list2.insert(0,4000)
print(list2)
del list1[2]
print(list1)
list2.remove(2000)
print(list2)
```

运行结果如下：

```
3
['银行存款','主营业务收入','应收账款',1000,2000,3000]
[1000,2000,3000,1000,2000,3000]
['银行存款','固定资产','应收账款']
['银行存款','固定资产','应收账款','存货']
[4000,1000,2000,3000]
['银行存款','固定资产','存货']
[4000,1000,3000]
```

随堂练习

根据下列要求写出相应代码程序：

1. 定义空列表 lt；
2. 向 lt 新增 5 个元素 1、2、3、4、5；
3. 将 lt 中第 2 个元素替换为 6；
4. 向 lt 中第 2 个位置增加一个元素 7；
5. 从 lt 中第 1 个位置删除一个元素；
6. 删除 lt 中第 1-3 位置元素；
7. 向 lt 末尾新增数字 0

（六）元组

元组（tuple）与列表类似，也是一种有序集合，同样可以包含多个元素，且元素类型可以不相同，每两个元素之间也是用逗号分隔。

不同之处在于元组中的所有元素都写在一对小括号“（）”中，并且列表内部元素可以增减变化，而元组内部元素不能修改。对于不包含任何元素的元组，即“（）”，称为空元组。

元组中元素的索引方式与字符串以及列表中元素的索引方式完全相同。

```
t = ()  #创建空元组
t+= (1,3.14,'应收账款',[3,1.63],'学习')  #在空元组中增加元素
print(t[2:-1])
print(t[:3])
print(t[-2:])
print(t[:])
print(t[2:3])
print(t[-3])
```

运行结果如下：

```
('应收账款',[3,1.63])
(1,3.14,'应收账款')
([3,1.63],'学习')
(1,3.14,'应收账款',[3,1.63],'学习')
('应收账款')
应收账款
```

学习笔记

（七）字典

字典（dictionary）也可以进行不同元素的存储，区别于列表和元组，字典中的元素以键值对的形式呈现。键值对的核心是将“键（key）”的信息关联对应的“值（value）”，每个键都有所对应的值，进而实现通过键查找对应的值，这个过程叫映射。

字典中的键必须是唯一的，不同元素键不能相同，需要注意的是键不能是列表、集合、字典等类型，但值可以是任意类型，并且值也可以重复。

字典用一对大括号“{}”标识，“键（key）”和“值（value）”之间用冒号“：”隔开。对于不包含任何元素的字典，即“{}”，称为空字典。

字典中的常规操作如下文所示，字典的常用操作如表 2-8 所示。

字典格式：
<字典变量>= {<键 1>:<值 1>,…,<键 n>：<值 n>}

表 2-8　字典的常用操作

操作符	描述
dict [key]	访问字典里的值
dict [key] =	更新值，或添加键值对
del dict [key]	删除键值对
del dict	删除字典

```
1.d={'x':1,'y':2,'z':3}
2.print(d['x'])
3.d['x']=4
4.print(d)
5.d['a']=5
6.print(d)
7.del d['y']
8.print(d)
```

运行结果如下：

```
1.1
2.{'x':4,'y':2,'z':3}
3.{'x':4,'y':2,'z':3,'a':5}
4.{'x':4,'z':3,'a':5}
```

（八）集合

集合（set）与元组和列表类似，都能包含多种不同类型的元素。它们之间的区别在于：集合元素是无序的；集合元素是唯一的，不允许有重复元素；元素必须是可哈希对象，意味着元素只能是数值、字符串和元组。

创建集合时，可以使用大括号“{}”或“set()”，元组间用逗号来分隔。例如，{3,'text'} 和 set（[3,'text']）均可。仅在创建空集合时，必须使用“set()”。

元素的无序这一特性意味着，每次输出集合时元素顺序可能会变动。如果集合建立时传入了重复元素，这些元素将被自动过滤。

```
set1={'银行存款','库存现金',1000,2000,3000}
print(set1)
set2={'银行存款','库存现金','银行存款',1000,2000,1000}
print(set2)
a=set('hello')
print(a)
b=set([1,3.14,'应收账款','学习'])
print(b)
```

运行结果如下：

```
{1000,'库存现金',2000,3000,'银行存款'}
{1000,'库存现金','银行存款',2000}
{'l','o','h','e'}
{'应收账款',1,3.14,'学习'}
```

二、流程控制与函数

（一）条件控制

在 Python 中流程控制主要有顺序流程、分支流程、循环流程。

顺序流程：根据代码一行接一行顺序执行，是 Python 中默认的流程。

分支流程：根据某一条件判断，选择执行下一步的代码。

循环流程：在满足所设定的条件时，重复执行某段代码。

1. 单分支结构

在分支流程中最常使用的是条件控制语句，包括单分支结构、双分支结构和多分支结构。

Python 的单分支结构使用 if 保留字对条件进行判断，是最常见的控制流程语句，if 单分支结构如图 2-10 所示。

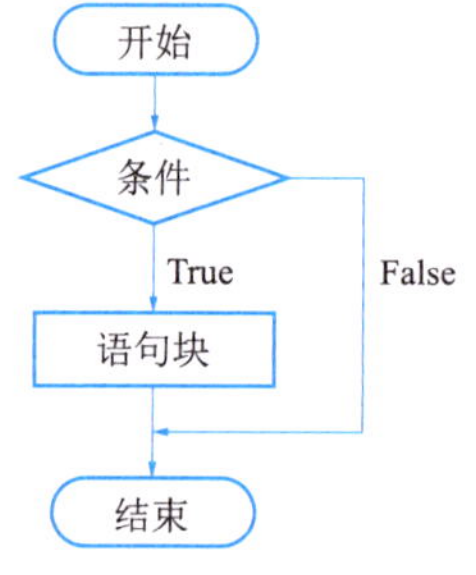

图 2-10　if 单分支结构

语法格式：

```
if <条件>:
  <语句块>
```

紧跟 if 保留字的条件语句，将在判断条件为 True 时执行。如果条件为 False，将略过语句块，执行后面的语句。

学习笔记

在语法格式中需注意，if 语句后的冒号不能省略，第二行语句块之前需要进行缩进处理。

```
score=eval(input('请输入您的考试成绩:'))
if score<60:              #注意要写上“:”
    print('很遗憾本次考试不及格')
```

在上例中如果用户输入的成绩小于 60 分时，将会返回结果不及格；反之，如果用户输入的成绩大于等于 60 分时，则直接结束程序，不会输出任何结果。

2. 双分支结构

如果希望程序在用户成绩达到 60 分时输出及格，少于 60 分时输出不及格，该如何修改程序呢？这是一个典型的双分支结构，用 if-else 语句实现双分支结构。

语法格式：

```
if <条件>:
  <语句块 1>
else:
   <语句块 2>
```

根据条件的 True 或 False 结果产生两条路径，如果条件为 True，执行语句块 1，否则执行 else 后的语句块 2。

值得关注的是在 else 后无须再追加任何条件语句，else 后的冒号和 if 语句后的冒号一样不能省略，同时语句块 1 和语句块 2 前都需要缩进。

if-else 双分支结构流程如图 2-11 所示。

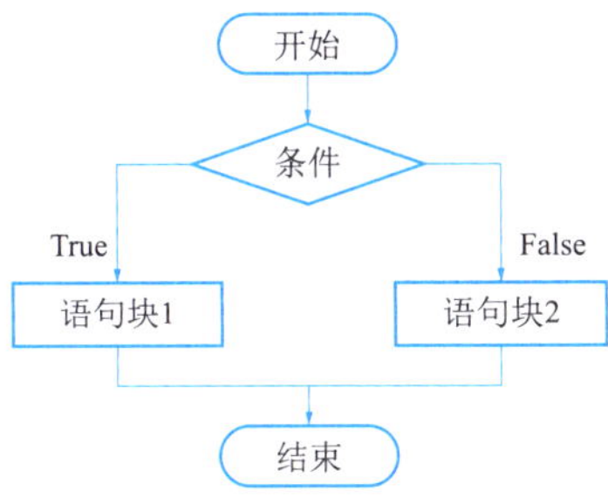

图 2-11　if-else 双分支结构流程

```
score=eval(input('请输入您的考试成绩:'))
if score<60:
    print('很遗憾本次考试不及格')
else:          #注意 else 后也要写上“:”
    print('恭喜您,及格了')
```

运行结果如下：

```
请输入您的考试成绩:80
恭喜您,及格了
```

3. 多分支结构

在现实生活或者商业环境中的很多情况并不是非此即彼的关系，在这种情况下需要用到多分支结构来处理现实中更加复杂的选择问题，可以用 if-elif-else 语句实现。

语法格式：

```
if <条件 1>:
    <语句块 1>
elif <条件 2>:
    <语句块 2>
elif <条件 3>:
    <语句块 3>
else:
    <语句块 4>
```

多分支结构下 Python 将按照顺序依次评估判断条件，寻找并执行第一个符合该条件的对应语句块，当前 True 条件对应的语句块被执行后则跳过整个 if-elif-else 结构；如果没有任何条件成立，else 后的语句块将被执行。if-elif-else 多分支结构流程如图 2-12 所示。

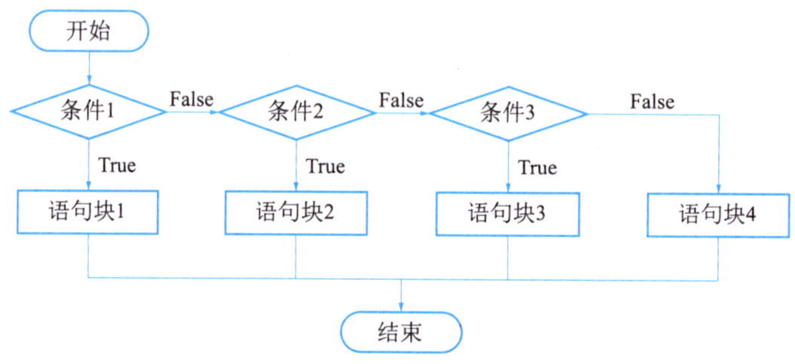

图 2-12　if-elif-else 多分支结构流程

```
score=eval(input('请输入您的考试成绩:'))
if score<60:
    print('很遗憾本次考试不及格')
elif score<70:
    print('恭喜您,及格了')
elif score<80:
    print('您的成绩为中等')
elif score<90:
    print('您的成绩为良好')
else:
    print('太棒了,您的成绩为优秀')
```

运行结果如下：

```
请输入您的考试成绩:92
太棒了,您的成绩为优秀
```

（二）循环语句

循环语句是控制程序流程时使用的一种基本形式。数学求和计算、财务预算编制和费用

学习笔记

分配等事务均需反复执行特定步骤。对于这些日常工作中常见的高度重复任务，使用 Python 的循环结构可以显著提升效率并减少错误。

循环语句是什么？简单来说，当程序满足特定条件时，循环语句会让指定代码块反复执行，我们称之为循环语句。在循环条件不再满足时，循环结束。Python 主要有两类基本的循环结构：for 循环和 while 循环。它们的工作原理是，在条件成立时不断重复执行，一旦条件不满足则退出循环。

1. for 循环

for 循环也称为遍历循环，其基本理念是逐一提取遍历可迭代对象，包含字符串、列表、元组、字典或 range（ ）函数中的所有元素。

语法格式：

```
for <循环变量> in <遍历结构>:
    <语句块>
```

其中，循环变量可以是任何有效名称，但通常情况下用字母 i 表示，意味着将循环变量 i 依次从 in 后的遍历结构中提取。for 循环流程如图 2-13 所示。

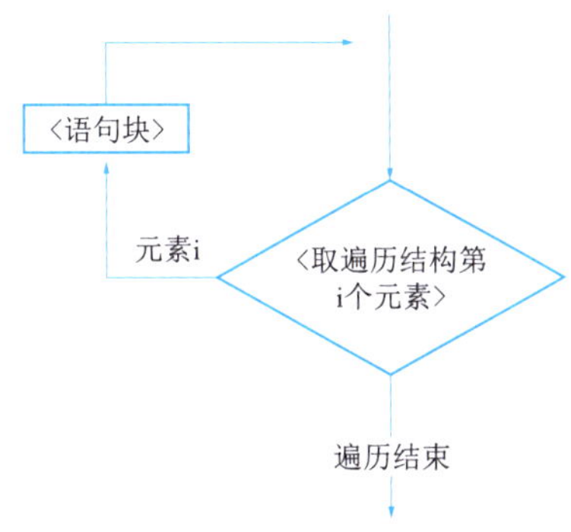

图 2-13 for 循环流程

```
accounts = ["银行存款","库存现金","其他货币资金"]
for i in accounts:
    print(i)
```

运行结果如下：

```
银行存款
库存现金
其他货币资金
```

从上述案例可知，通过 for 循环语句将列表 ["银行存款","库存现金","其他货币资金"] 中的每个会计科目逐一输出。当循环变量 i 取完列表中的所有值后结束循环。

for 循环语句经常与 range（）函数联合使用，利用 range（）函数可以表达一个范围，在 for 循环中指定其循环次数。

语法格式：

```
range(<开始值>,<结束值>,<步长值>)
```

其中，开始值不具体设定则默认为0；结束值在计数时不包含在其中；步长值默认为1。

```
for i in range(1,10,2):
    print(i)
```

运行结果如下：

```
1
3
5
7
9
```

在上例中，range（）函数的开始值为1，结束值为10，步长为2，通过for循环遍历后，输出结果从1开始，依次加上步长值2，直到不超过结束值的最后一个值9为止。

思考一下

想一想，执行以下语句后输出的结果是什么？

```
for i in range(10):
    print(i)
a=0
for i in range(51):
    a+= i
print(a)
```

2. while循环

除了for循环之外，while循环也同样可以执行重复代码的任务。while循环也称为条件循环，其含义是只要满足相关条件就循环执行语句块，条件不满足时则退出循环。

语法格式：

while <条件>:
    <语句块>

while语句中的条件通常为条件表达式，用于控制循环是否执行。执行循环时，根据条件进行判断，当条件值为真时，循环执行语句块，直到不满足条件退出循环。while循环流程如图2-14所示。

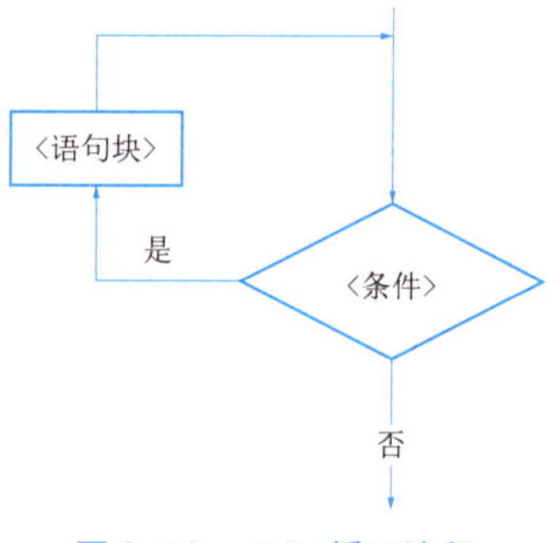

图2-14　while循环流程

学习笔记

```
i=0          # 通过初始化表达式初始化一个变量
while i<3:   # 条件表达式用来设置循环执行的条件
    i+=1     # 更新表达式用于修改初始化变量的值
    print(i)
```

运行结果如下：

```
1
2
3
```

通过初始化变量 i，调用 while 语句进行条件判断 i<3。当满足条件时，通过更新表达式 i+=1 更新初始化变量 i 的值并进行打印，然后继续返回 while 条件判断，如此反复循环，直至 i 的值增加到 3，不再满足 while 的循环条件，最终退出循环。

通过 while 循环语句的可以实现 1—50 的整数求和计算。

```
a=0
n=1
while n<51:
    a+=n
    n+=1
print(a)
```

运行结果如下：

```
1275
```

（三）函数

在程序编写过程中，经常需在多个位置执行相似的操作。这种情况下，相同的代码段可能需要重复出现多次。为了消除这种重复劳动，提升开发效率，函数的概念应运而生。

定义函数，即是定义一段可重复执行且功能明确的代码块。一旦为这个代码块命名，就可以在程序的所有部分通过名称来调用它。

Python 语言本身提供了一系列内置函数，例如，我们先前学习过的 print（）和 set（）等。这些函数的详细信息，可以通过访问 Python 的官方文档页面①来了解。

1. 自定义函数

除此之外，Python 还支持自定义函数，对于内置函数无法实现的功能，可以通过创建自定义函数予以实现。

语法格式：

```
def <函数名>(<参数 0 个或多个>):
    <函数体>
    return <返回值列表>
```

（1）定义函数以“def”关键词开头，后接函数名称和小括号。

① https://docs.python.org/zh-cn/3/library/functions.html.

（2）函数的具体内容以冒号为开始，因此函数内部的语句需要缩进。

（3）形式参数（形参）为定义函数时函数名后一对小括号中的参数。形参只能在函数中使用，其作用是接收函数调用时传入的实际参数（实参），并在函数中参与运算。

（4）函数中的形参为可选项，用于指定函数中传递的数据。若有多个形参，参数之间需用逗号隔开。即使不指定参数，也必须保留一对空的小括号，否则程序无法正常运行。

（5）实参是调用函数时函数名后面的一对小括号中给出的参数列表，当调用函数时，会将实参的值传递给对应的形参，再利用所定义函数中的语句组进行运算得出结果。

（6）return 语句返回一个值给调用方，return 语句执行后代表函数结束，即使后面还有其他语句也不再执行。不带表达式的 return 相当于返回 None。

```
# 自定义函数
def course():
    print('欢迎学习 Python 语言及 AI 工具使用')
#  调用函数
course()
```

运行结果如下：

```
欢迎学习 Python 语言及 AI 工具使用
```

在上述案例中，没有定义形参，在函数的调用过程中无须传入实参。在此例中并未使用 return 语句，但同样得到了相应的结果，这是因为在函数中调用了 print（）函数，直接将结果打印输出。如果一个函数中既没有使用 print（）函数也并未使用 return 语句，这种函数在调用时将不会显示任何结果。

```
# 自定义 total_assets() 函数，用于计算总资产
def total_assets(liability,shareholder_equity):    # 定义负债、所有者权益并作为函数参数
    asset=liability+shareholder_equity          # 计算资产
    return asset
#  调用 total_assets() 函数，写入参数的具体数值
print(total_assets(100,200))
```

运行结果如下：

```
300
```

上例中设置了两个形式参数（liability, shareholder_ equity），在调用函数时必须传入 2 个实际参数（100、200），形参和实参需一一对应。

在函数调用时，实参默认按照函数定义的参数顺序传参，即第一个实参赋值给第一个形参，第二个实参赋值给第二个形参，以此类推。这种通过位置体现实参和形参对应的关系称为位置参数，又称为必选参数。案例中将实参 100 赋值给形参 liability，实参 200 赋值给形参 shareholder_ equity。

2. 默认参数

Python 语法中支持默认值，函数的形式参数在定义时可以设定一个值，这种参数就是默认参数。其中，设定默认值的形式参数为可选参数，而未指定默认值的形式参数为必选参数。因此，在定义参数时，默认参数必须放在位置参数后面。

当在调用函数时，若没有为某些形式参数传递对应的实际参数，这些形参会自动使用默认值。如果对该参数传递了值，则默认值将不被使用。

```
# 自定义 gross_margin() 函数,用于计算毛利
def gross_margin(price,amount,cost=500):      # 定义单价、数量变量,成本变量默认值为 500
    margin=price*amount-cost      # 计算毛利
    return margin      # 结束函数,返回毛利的值
#  调用 gross_margin() 函数,写入参数的具体数值
print(gross_margin(20,150))        # 单价为 20,数量为 150,成本为默认值
print(gross_margin(20,150,700))  # 单价为 20,数量为 150,成本为 700
```

运行结果如下：

```
2500
2300
```

3. 关键字参数

关键字参数是指使用形参的名称确定传入的参数值。在定义函数时，位置参数可以与关键字参数混用，但位置参数必须在关键字参数之前。

```
1.# 自定义 gross_margin() 函数,用于计算毛利
2.def gross_margin(price,amount,cost=500):      # 定义单价、数量变量,成本变量默认值为 500
3.    margin=price*amount-cost      # 计算毛利
4.    return margin      # 结束函数,返回毛利的值
5.#  调用 gross_margin() 函数,写入参数的具体数值
6.print(gross_margin(price=20,amount=200))     # 单价为 20,数量为 200,成本为默认值
7.print(gross_margin(cost=600,amount=300,price=25))#  指定 price,amount,cost 位置调换,也会根据变量名称进行传参
8.print(gross_margin(15,amount=100)) #位置参数和关键字参数混合使用
```

运行结果如下：

```
3500
6900
1000
```

在第 8 行代码中，位置参数和关键字参数混合使用，位置参数在前，关键字参数在后，程序可正常运行。但如果将代码改为 "print(gross_margin(price=15, 100, 400))"，即第一个参数使用了关键字参数，后面使用了位置参数，则系统将无法顺利运行程序并进行报错处理 "SyntaxError: positional argument follows keyword argument"。

三、引入模块

Python 中的模块是一个极其重要的概念。随着程序开发进程的深入，会逐渐累积越来越多的代码，然而冗长的代码不便于阅读和维护。在实际编程过程中，主要功能通常集中在一个以 .py 为扩展名的 Python 文件里，而将其他辅助功能编入单独的 Python 文件。通过这种封装，每个文件仅包含有限数量的代码，功能相似的函数也会被组织在一起，这样便于代码管理，也便于在不同项目中复用。

模块的概念进一步扩展到包。包本质上是模块的集合，通过将结构化和功能相关的多个模块组织在一起，形成了一个包。在 Python 中，模块的调用功能非常强大，它允许直接使用已有模块而无须从头编写，大大提高了编码效率。这类似于在计算机上绘制画作时，我们可以使用现成的绘图软件，而无须从工具的制造开始。Python 中的模块包括内置模块以及第三方库。

模块的引入需要使用 import 关键字。

语法格式（方法一）：
import 模块名

模块引入后，在之后调用该模块时，必须包含完整的模块名。

```
1.import math                    # 导入 math 模块
2.print(math.sqrt(100))          # 调用 math 模块输出数字 100 的平方根
```

运行结果如下：

```
1.10.0
```

另外，在导入模块时可以为模块取一个别名（简称），以方便之后的调用。

语法格式（方法二）：
import 模块名 as 别名（简称）

在上面的基础上进行相应的修改，可以达到相同效果。

```
1.import math as m
2.print(m.sqrt(100))
```

以上两种方法都是导入整个模块，类似于导入整个文件夹。如果只需导入文件夹中的某个文件呢？方法三就能实现只导入一个模块中的指定部分或者功能。

语法格式（方法三）：
from 模块名 import 功能名

如果想引入全部功能，可以使用通配符星号“*”代替。

```
1.from functools import reduce     # 导入 functools 模块中的 reduce 功能
2.from functools import *          # 导入 functools 模块中所有内容
3.from time import sleep           # 导入 time 模块中的 sleep 功能
```

以上三种方法是在引入模块时常使用的，在具体的程序开发过程中可以根据实际需求和个人偏好进行选择。

四、综合案例

税收取之于民、用之于民，无论是保障国家安全的强大国防设施和军队，还是四通八达、便捷高效的交通通信，这一切的实现都离不开税收，都是国家利用税收为人民群众创造更加美好的生活而开展的建设。税收是国家财政收入最重要的来源之一，每一个纳税人都与此息息相关，都有义务为国家贡献出自己的一份力量。

学习笔记

根据税法的相关规定，居民个人综合所得应纳税额的计算公式如下：

应纳税所得额 = 年综合收入额 - 减除费用 60 000 - 专项扣除 - 专项附加扣除 - 其他扣除

应纳税额 = 全年应纳税所得额×适用税率 - 速算扣除数

请利用所学的 Python 基础语法知识，假设已知纳税人的年综合收入，不考虑专项扣除、专项附加扣除、其他扣除等因素，编写函数接收应纳税所得额，返回应缴纳个人所得税额，并计算年综合所得为 10 万元和 25 万元分别应缴纳个人所得税的金额。

通过分析个人综合所得税税率表，如表 2-9 所示，可知这是一个典型的多分支结构，需要用到 if-elif-else 多分支结构语法。根据案例要求，可以编写相关函数计算个人所得税。

表 2-9　个人综合所得税税率

级数	全年应纳税所得额	税率/%	速算扣除数/元
1	不超过 36 000 元的	3	0
2	超过 36 000 元至 144 000 元的部分	10	2 520
3	超过 144 000 元至 300 000 元的部分	20	16 920
4	超过 300 000 元至 420 000 元的部分	25	31 920
5	超过 420 000 元至 660 000 元的部分	30	52 920
6	超过 660 000 元至 960 000 元的部分	35	85 920
7	超过 960 000 元的部分	45	181 920

```
def taxable_income(income):
    taxable_income=income-5000*12   # 年起征点
    if taxable_income<=36000:
        tax=taxable_income*0.03
    elif taxable_income<=144000:
        tax=taxable_income*0.10-2520
    elif taxable_income<=300000:
        tax=taxable_income*0.20-16920
    elif taxable_income<=420000:
        tax=taxable_income*0.25-31920
    elif taxable_income<=660000:
        tax=taxable_income*0.30-52920
    elif taxable_income<=960000:
        tax=taxable_income*0.35-85920
    else:
        tax=taxable_income*0.45-181920
    return tax
print(taxable_income(100000)) # 计算年收入为 100000 元的全年应缴纳个人所得税
print(taxable_income(250000)) # 计算年收入为 250000 元的全年应缴纳个人所得税
```

运行结果如下：

```
1480
21080
```

【素质提升】

科大讯飞“AI 程序员”正式上岗

科大讯飞的 AI 程序员不仅在其本公司内部使用，而且已经在京东、软通动力、交通银行等 100 多家企业“上岗”。它不仅能够理解复杂的编程逻辑，还能自动生成高质量的代码，帮助开发人员提升代码开发效率，加速数字世界的构建。

代码能力是大模型“聪明程度”的重要标志，也成为海内外通用大模型争相布局的重点。根据科大讯飞 2024 年 1 月 30 日发布的消息，讯飞星火最新的 V3.5 版本中代码能力已达到 GPT-4Turbo 的 96%，在科研最常用的编程语言 Python 上已经实现超越。

一位 AGV（Automated Guided Vehicle，自动导向车）公司的前后端开发工程师表示，自从使用了星火代码大模型后，工作效率大大提升，其最大的好处就是他只需要描述清楚想要的页面布局效果，就可以自动生成代码，省去大量敲代码的时间，开发效率提升了 30%~40%。

他还指出，星火代码大模型对中国程序员更加友好，除了对中文的理解能力更强，使用方式也更符合国人的思维习惯，它还能够进行中文报错，大大降低了开发人员的调试成本。

在某国有银行，星火代码大模型已经“上岗”，成为全行 3 000 多名软件开发人员的代码好助手，实现了 40%的代码采纳率和 15%的研发效率提升，有效提升了开发效率。

基于讯飞星火代码能力，北京邮电大学开发了智能编程教学应用平台“码上”，针对编程教学过程中学生的需求痛点，提供实时、个性化、启发式的编程辅导服务，同时灵活高效地支撑教师的教学工作，已经面向全校师生使用。

据介绍，2024 年是大模型应用落地的关键一年，代码领域也成为行业竞争的焦点。科大讯飞在 2024 年 6 月发布了讯飞星火 V4.0，再加上其 2023 年联合华为打造的国内首个万卡规模的国产大模型算力平台，无论是算力还是模型参数都得到了进一步升级。

任务实施

1. 非计算机专业为什么要学习 Python？

2. 结合案例分析：生成式人工智能会让程序员失业吗？

【教师评语】

【反思总结】

学习笔记

知识巩固 

一、选择题（不定项）

1. 以下合法的 Python 变量名是（　　）。

A. account number　　B. print

C. 2_ amount　　D. account

2. 以下代码的输出结果是（　　）。

```
str1="beijing shanghai"
str2=str1[:6]+"city"+str1[-8:]
print(str2)
```

A. beijing city hanghai　　B. beijing city shanghai

C. beijin city shanghai　　D. beijin city shangha

3. 以下代码的输出结果是（　　）。

```
ls=[[1,2],[[3,4,5],[6,7]],[8,9]]
print(len(ls))
```

A. 3　　B. 4

C. 9　　D. 1

4. 以下关于 Python 字典变量的定义中，错误的是（　　）。

A. a={'one':[1,2]'two':[3,4]}　　B. b={[1,2]:'one',[3,4]:'one'}

C. c={(1,2):'one',(3,4):'one'}　　D. d={'张三':123,'李四':456}

5. 以下代码的输出结果是（　　）。

```
def number(a,b):
    a*=b
    a+=b
    return a
n=number(3,6)
print(n)
```

A. 19　　B. 9

C. 24　　D. 12

6. 以下关于 Python 字符串的描述中，错误的是（　　）。

A. 在 Python 字符串中，可以混合使用正整数和负整数进行索引和切片

B. Python 字符串采用［N：M］格式进行切片，获取字符串从索引 N 到 M 的子字符串（包含 N 和 M）

C. 正索引默认从 0 开始，负索引从-1 开始

D. Python 字符串采用［N：M］格式进行切片，省略 N 和 M 则表示获取整个字符串

7. 以下有关代码的描述中错误的是（　　）。

```
def func (a,b) :
    c=a ** 2+b
    a=b * 0.5
return c
a=10
b=100
c=func (a,b)+b
print (a,b,c)
```

A. 该函数名称为 func

B. 执行该函数后，变量 c 的值为 200

C. 执行该函数后，变量 b 的值为 100

D. 执行该函数后，变量 a 的值为 10

项目二答案

8. s='account'，能够输出 account 的选项是（　　）。

A. print(s[:])　　　　B. print(s[1:6])

C. print(s[:5])　　　　D. print(s[:-1])

9. 下列代码运行的结果是（　　）。

```
s='account amount money'
def split (s):
    return s.split ()
print (s.split ())
```

A. ['account','amount','money']　　　　B. 在最后一行报错

C. 'account','amount','money'　　　　D. account amount money

10. 用键盘输入数字 5，则以下代码的输出结果是（　　）。

```
n= eval (input ("请输入一个整数："))
s= 0
if n<6:
    n+=1
    s=8
if n>=6:
    n+=1
    s=9
print (s)
```

A. 8　　　　B. 6　　　　C. 9　　　　D. 0

二、判断题

1. Python 代码的注释只有一种方式，那就是使用#符号。（　　）

2. 使用 Python 列表的方法 insert（）为列表插入元素时会改变列表中插入位置之后元素的索引。（　　）

3. 定义 Python 函数时，如果函数中没有 return 语句，则默认返回空值 None。（　　）

4. 函数中必须包含 return 语句。（　　）

5. Python 列表中所有元素必须为相同类型的数据。（　　）

6. Python 支持使用字典的"键"作为下标来访问字典中的值。（　　）

学习笔记

7. Python 字典中的“值”不允许重复。(　　)

8. Python 使用缩进来体现代码之间的逻辑关系。(　　)

9. Python 变量名不能用数字开头但可以用字母或下划线开头。(　　)

实践训练

某高校数智学院学生李××的本学期期末各科成绩汇总如下，李同学现打算向学校申请奖学金。

课程名称	会计	Python	高等数学	英语
科目成绩	93	96	90	91

根据学校奖学金发放政策规定，期末成绩中有任何一科为不及格，则无法申请奖学金；若 4 科成绩总分超过 380 分，可以获得“一等奖学金” 5 000 元；若 4 科成绩总分超过 360 分，可以获得“二等奖学金” 3 000 元；若 4 科成绩总分超过 340 分，可以获得“三等奖学金” 1 000 元。

要求：交互输入各科成绩，并判断该学生是否有资格申请奖学金，若有资格，请输出可以申请奖学金的等次及金额。

```
# 请在________处补充相关代码
# 注意:请不要修改其他已经给出的代码
# 请输入各科成绩并计算总分
accounting=________(________('请输入会计科目成绩'))
python=________(________('请输入 Python 成绩'))
math=________(________('请输入高等数学成绩'))
english=________(________('请输入英语成绩'))
total_score=____________
# 判断是否具备申请奖学金资格
if ____________:
    print('很抱歉,您不满足申请奖学金条件!')
________:
    print('恭喜您获得申请奖学金资格!')
    # 判断获得奖学金的等级及奖励金额
    if ____________>= 380:
        scholarship=____________
        reward=____________
    ____________>=360:
        scholarship=____________
        reward=____________
    ____________:
        scholarship=____________
        reward=____________
    # 输出奖学金等级及金额
    print(f'您可以获得{____________},奖金为:{____________}元')
```

【项目评价】

<table>
<tr><th rowspan="3">评价目
（占比）</th><th rowspan="3" colspan="2">评价标准</th><th rowspan="3">分值</th><th colspan="8">得分</th></tr>
<tr><th rowspan="2">学生自评</th><th colspan="6">小组互评</th><th rowspan="2">教师评价</th></tr>
<tr><th>第1组</th><th>第2组</th><th>第3组</th><th>第4组</th><th>第5组</th><th>第6组</th></tr>
<tr><td rowspan="2">考勤
（10%）</td><td colspan="2">无故旷课、迟到、早退（一次扣 10 分）</td><td rowspan="2">10</td><td rowspan="2"></td><td rowspan="2"></td><td rowspan="2"></td><td rowspan="2"></td><td rowspan="2"></td><td rowspan="2"></td><td rowspan="2"></td><td rowspan="2"></td></tr>
<tr><td colspan="2">请假（一次扣 2 分）</td></tr>
<tr><td rowspan="2">学习能力
（10%）</td><td>团队合作</td><td>小组合作参与度（优 6 分，良 4 分，一般 2 分，未参与 0 分）</td><td>6</td><td></td><td></td><td></td><td></td><td></td><td></td><td></td><td></td></tr>
<tr><td>个人学习</td><td>个人自主探究参与度（优 4 分，良 2 分，未参与 0 分）</td><td>4</td><td></td><td></td><td></td><td></td><td></td><td></td><td></td><td></td></tr>
<tr><td rowspan="6">工作过程
（40%）</td><td>配置 AI
学习设备</td><td>能够了解人工智能设备的软硬件配置（每错一处扣 2 分）</td><td>5</td><td></td><td></td><td></td><td></td><td></td><td></td><td></td><td></td></tr>
<tr><td rowspan="3">AI 学习
编程基础</td><td>能够了解和区分主流编程语言及其特点（每错一处扣 1 分）</td><td>5</td><td></td><td></td><td></td><td></td><td></td><td></td><td></td><td></td></tr>
<tr><td>能够理解 Python 的语言特点（每错一处扣 1 分）</td><td>5</td><td></td><td></td><td></td><td></td><td></td><td></td><td></td><td></td></tr>
<tr><td>能够搭建 Spyder 的编译环境（每错一处扣 1 分）</td><td>5</td><td></td><td></td><td></td><td></td><td></td><td></td><td></td><td></td></tr>
<tr><td rowspan="2">Python
语言基础</td><td>能够理解 Python 基础语法并应用（每错一处扣 1 分）</td><td>10</td><td></td><td></td><td></td><td></td><td></td><td></td><td></td><td></td></tr>
<tr><td>能综合应用 Python 知识编写代码解答综合案例（每错一处扣 1 分）</td><td>10</td><td></td><td></td><td></td><td></td><td></td><td></td><td></td><td></td></tr>
<tr><td rowspan="2">工作成果
（40%）</td><td>环节达标度</td><td>能够按要求完成每个环节的任务（未完成一处扣 4 分）</td><td>20</td><td></td><td></td><td></td><td></td><td></td><td></td><td></td><td></td></tr>
<tr><td>整体完成度</td><td>能够准确展示完成成果（失误一次扣 5 分）</td><td>20</td><td></td><td></td><td></td><td></td><td></td><td></td><td></td><td></td></tr>
<tr><td colspan="4">得分小计</td><td></td><td></td><td></td><td></td><td></td><td></td><td></td><td></td></tr>
<tr><td colspan="12">教师评语：</td></tr>
<tr><td colspan="4">综合得分（学生自评得分×20%+小组互评得分×20%+教师评价得分×60%）</td><td colspan="8"></td></tr>
</table>

学习笔记

项目三 使用 AI 辅助数据分析

学习目标 

素养目标	1. 增强数据安全意识：让学生了解数据要素的重要性，学习数据安全法与保密法； 2. 培养灵活创新精神：鼓励学生对数据进行处理分析，整合创造出新的内容
知识目标	1. 了解 AI 辅助数据分析的基本流程； 2. 掌握使用 AI 平台对商务数据进行分析的方法； 3. 掌握使用 AI 平台生成 Python 代码的方法
技能目标	1. 能够利用 AI 平台对商务数据特征进行分析； 2. 能够利用 AI 平台对数据进行可视化； 3. 能够利用 AI 生成代码预测销售数据走势

知识结构 

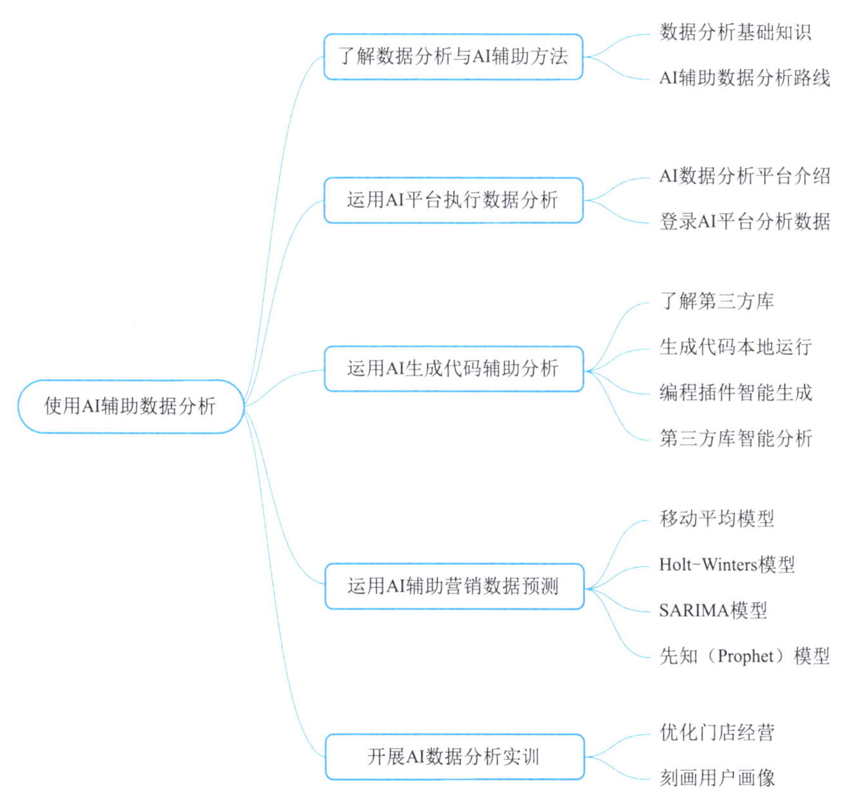

任务一 了解数据分析与 AI 辅助方法

案例导入

讯能集思成立于 2016 年，专注于人工智能决策。该企业开发了一款 AI 决策系统 JarviX，名字源于电影《钢铁侠》中的智能管家 Jarvis（贾维斯）。JarviX 能够帮助解决需求预测、客户行为分析、库存采购管理、生产排程与产能分配及良率分析等问题。

随着生成式人工智能的发展，类似于 JarviX 的软件或系统将不断出现。未来，人工智能将与多个产业领域实现高度交互，“AI 赋能一切”的时代即将到来。数据分析是可以通过 AI 赋能获得提升的一个重要领域。

讯能集思的创始人张宗尧认为，企业只有大规模应用数据分析才能算数字化转型成功。制造企业生产环节大约涉及 120 种流程，加上财务、经管大概 150 个流程，每个流程有 2~3 个点需要进行数据优化，共需要几百种数据。然而，即使是大型企业一般也只配置 100 名左右的数据科学家，一天只能解决 5 个问题且需要耗费大量时间，这让大规模应用数据分析显得并不现实。但是，如果让每个员工都能做数据分析，这个问题就能够得到有效解决。

在企业数字化的进程中，AI 将发挥巨大的作用。使用 AI 进行数据分析并不是要取代传统的老师傅，而是让老师傅变成可以进行数据分析的“超人”，使企业能够实现降本增效。

知识准备 

一、数据分析基础知识

在学习如何使用人工智能辅助数据分析之前，需要对数据分析的流程加以了解，这样才能更好地把握 AI 在数据分析中可能的切入点。一般来说，数据分析的过程可以被划分为以下几个模块。

需求提出：在数据分析流程的开始阶段，需要明确业务场景并提出问题，以确定分析的方向和目标。这一步骤是整个数据分析过程的基础，能确保分析的准确性和有效性。

数据收集：从不同的数据源中收集数据，数据可能源自公司内部数据库、外部数据源，也可能通过网络爬虫获得。在选择数据源和获取数据的方法时，必须考虑数据的完整性和可靠性，并遵守相关的法律和伦理规范。

数据清洗：数据收集完成后，需要对数据进行清洗和预处理，包括处理缺失值、异常值、重复值等。这一步骤有助于提高数据质量，为后续的分析做好准备，确保分析结果的准确性和可靠性。

统计分析：进行统计分析是理解数据特征和相关性的关键步骤，包括描述性统计和探索性数据分析。通过统计分析，可以揭示数据中的模式和趋势，为后续的特征提取和模型构建提供基础。

特征提取：从原始数据中提取有意义的特征，以便构建模型和进行进一步的分析。特征提取是一个关键步骤，需要选择合适的特征工程技术，确保提取的特征能够准确反映问题的本质。

评估预测：使用获得的数据评估业务的现状，并预测未来的走势。通过对数据的分析和趋势的观察，可以为业务发展和决策指令提供支撑。

学习笔记

结果汇报： 数据分析的最后阶段是将分析结果呈现给相关人员。该流程涉及结果的可视化和报告撰写，有效的汇报能使数据分析成果被正确理解并应用到实际业务中。

反馈改进： 数据分析不是一次性的，而是一个循环的过程。分析结果应用于实际业务之后，需要收集反馈信息，并根据反馈信息对分析过程进行改进和优化。

从上述流程可以看到，生成式人工智能在所有数据分析模块均可发挥一定的辅助性作用，帮助企业更好地开展相关工作，而非仅限于统计分析等内容。例如，在需求提出方面，可以通过告知 AI 业务场景的大体方向，要求它提出细化的分析目标；在数据清洗方面，一些 AI 平台已具备较为优秀的提高数据质量的操作能力；在结果汇报方面，可以让 AI 将个人零星的想法总结整理成逻辑严密的展示内容等。

二、AI 辅助数据分析路线

使用 AI 进行数据分析有多种实现路径，若不考虑数据泄露的问题，则最优的实现路线是将数据提供给 AI，由 AI 直接提供分析结果。但是，现实情况中数据泄露的风险和 AI 的性能不足使该路径可能难以实现，这时就需要采取其他方法。总体而言，使用 AI 辅助数据分析至少有以下三条实现路线。

（1）AI 平台全过程执行： 用户将数据上传到 AI 平台，如 ChatGLM、Kimi、JuliusAI 等，然后使用平台提供的功能进行数据分析。过程中，用户需要准备好数据并确保其格式符合平台的要求，准备妥当后可利用 AI 平台进行分析。AI 平台将根据用户指令对上传的数据执行具体的分析任务，如生成报告、可视化结果等。

（2）AI 生成执行代码： 用户向 AI 模型提出特定分析需求，如要求生成趋势图等，让 AI 生成具体的执行代码。过程中，用户需要将数据格式告知 AI 并描述具体需求。随后，AI 生成相应的代码或提供相应指导，以帮助用户实现分析目标。

（3）AI 与第三方库结合： 用户使用现有的第三方库，如 MetaGPT、PandasAI，调用主要 AI 平台（如 Kimi）的接口，实现在本地 Python 运行器中进行数据分析。使用这些工具，用户可以快速、有效地分析数据。

任务二 运用 AI 平台执行数据分析

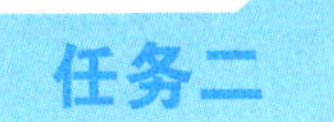

2024 年 5 月，在发布新模型 GPT-4o 后，OpenAI 又上线了与表格和图表进行智能交互的新功能，只要上传 Excel 表格，折线图、柱状图、饼图等分析起来都毫无压力。

凯雷集团副总裁表示："ChatGPT 已成为我分析客户数据时所使用工具的一部分，由于客户数据过于庞大和复杂，以至于 Excel 难以处理。ChatGPT 可以帮助我筛选庞大的数据集，让我能够进行更多的数据探索，并极大地缩短了时间。"

一、AI 数据分析平台介绍

AI 平台执行分析是将待分析数据上传到相关 AI 平台，让平台全过程执行数据分析。目前很多平台均可实现该功能，OpenAI 研发的 ChatGPT 是其中的代表之一。除模型自身可以实现数据分析外，该模型提供的第三方插件，如 Noteable 结合 ChatGPT，可衍生出十分强大的分析功能。目前该插件提供了丰富的图表类型，如折线图、柱状图、散点图等，同时支持交互式分析功能，用户可以通过点击、拖曳等方式对图表进行操作，深入挖掘数据的潜在价值。

此外，一些在线平台也通过接入 ChatGPT 等大语言模型获得了数据在线分析能力，如 Julius AI。该平台可以向企业和个人提供对数据进行自动化处理、模型分析、建立预测模型、数据可视化呈现和数据对话聊天等功能，无论是分析销售数据、市场趋势，还是处理客户反馈，该平台均可便捷地进行处理。Julius AI 可视化内容非常全面，从简单的条形图到复杂的热力图，甚至交互式动画都可生成。一些复杂度高的高级分析，如线性回归、建模、预测等，只需用户下达简单指令就能完成。使用 Julius AI 生成的相关矩阵热力图如图 3-1 所示。

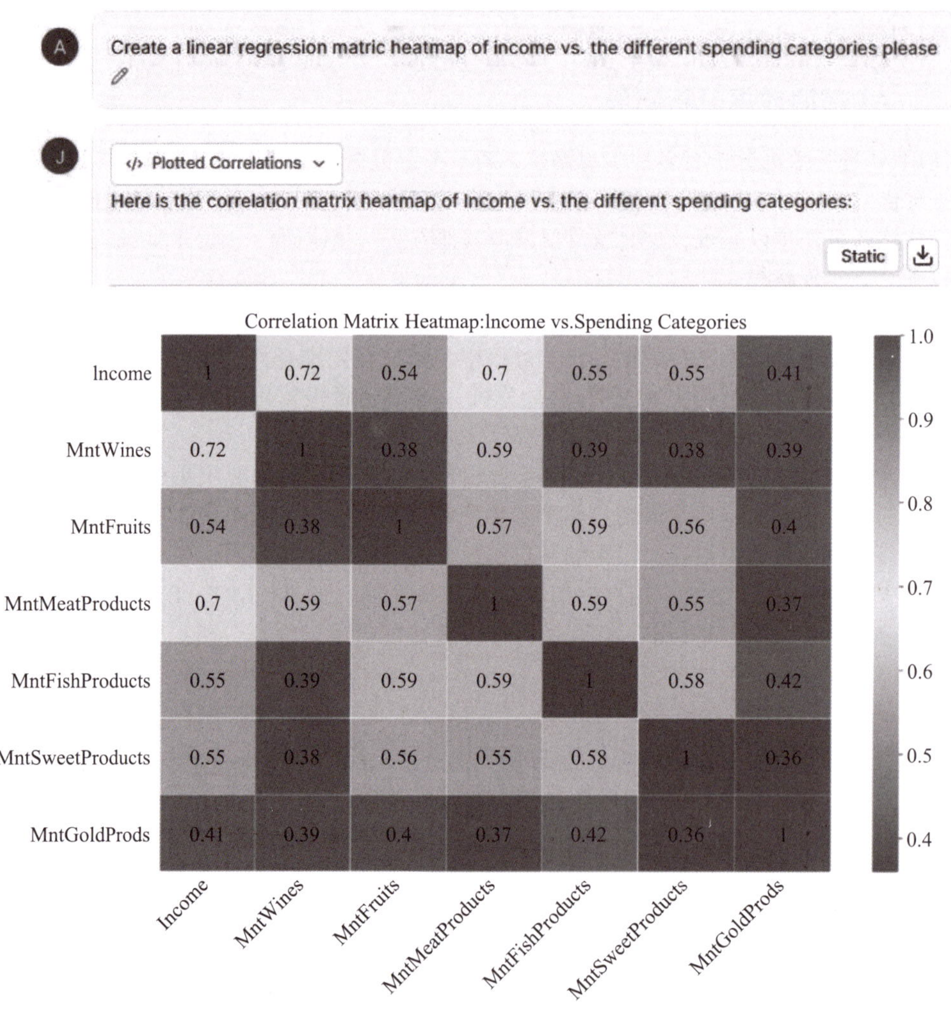

图 3-1　使用 Julius AI 生成的相关矩阵热力图

除了上述工具，国内一些 AI 平台网站也整合了数据分析的模块，例如智谱清言的 ChatGLM（网址：https://chatglm.cn）。在 ChatGPT 正式上线分析 Excel 文件的功能前，智谱清言的 ChatGLM 等平台早已对此进行了实现。从原理上来说，这些平台对用户上传的数据结构进行分析后，根据用户需求生成相应的编程语言代码（一般是 Python 代码）并进一步执行分析。

总体来看，目前主流 AI 平台已具备一定的数据分析能力，但是仍然存在很多改进的空间。随着 AI 的发展，这些技术将越来越成熟，非专业数据分析师也能专业地分析数据的时代终将到来。

二、登录 AI 平台分析数据

使用 AI 平台分析数据的操作相对简单，目前国内主流 AI 平台均可免费登录使用。只需要在这些平台上注册登录，注册后找到数据分析模块，上传数据到 AI 平台指定模块，就可指示大语言模型对数据进行分析。以教学模拟数据“2021 年门店饮品销量”为例（扫描二维码查看），可以将文件分别上传至 ChatGLM、Kimi 或其他类似的平台，然后通过对 AI 进行简单提问来体验数据分析效果。

例如，将该文件上传至 Kimi 平台后，Kimi 立即对数据结果和内容进行如下简单分析。

这份文件记录了 2021 年全年一家饮品公司在不同门店销售的各种饮品的数据。数据包括年份、月份、饮品类型、门店编号、销量和单价。以下是对这些数据的简要整理。

1. 饮品种类：包括奶茶、乌龙茶、咖啡、果茶和茉莉花茶。

2. 门店编号：从 1 号店到 7 号店，共 7 个门店。

3. 销量：每个月每个门店每种饮品的销量，单位为杯。

4. 单价：每种饮品的单价，单位为元。

2021 年门店饮品销量模拟数据

通过对这些数据的分析，可以得到以下核心信息。

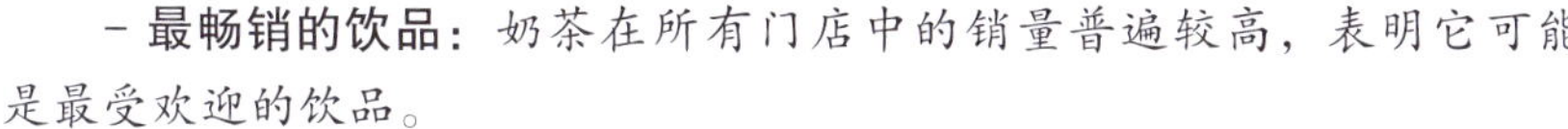

- **最畅销的饮品**：奶茶在所有门店中的销量普遍较高，表明它可能是最受欢迎的饮品。
- **销售表现最好的门店**：7 号店和 4 号店的销量在多数月份中位于前列，表现出较强的销售能力。
- **季节性变化**：从数据中可以看出，某些饮品在特定月份的销量有显著增加或减少，可能与季节性因素有关。
- **价格策略**：不同饮品的单价不同，这可能反映了成本、消费者偏好和市场定位等因素的影响。

这些数据对饮品公司来说非常有价值，可以用来分析销售趋势、优化库存管理、调整营销策略和提高盈利能力。通过对这些数据的深入分析，公司可以更好地了解消费者需求，制定更有效的业务决策。

将该文件上传至 ChatGLM 平台后，ChatGLM 同样会对模型进行简单解读，不过其解读重点是数据包含哪些变量和数据的整体结构。需要注意的是，不同平台对数据的初始反馈情况均会有所差异，这一方面是由于不同平台使用的模型不同，另一方面是不同平台初始的提示词（Prompt）不同。Kimi 模型可能在隐藏的初始提示词中就已经要求对数据进行评估分析，因此不能由此断定不同平台、模型的优劣。

除了直接让 AI 平台对数据进行简单的统计分析，遇到复杂的可视化任务时，还可以要求平台对表格数据进行一定操作处理后再生成。以某高端大型零售企业的葡萄酒销售用户画像数据为例，将数据文件上传到 ChatGLM“数据分析”模块后，可以提出如下需求。

用户：在表格中新增一列，列名为“年龄组”，根据年龄数据每 10 年一组。完成后显示表格前三行。

ChatGLM：这是表格的前三行内容：

ID	出生年份	年龄	教育程度	婚姻状态	家庭收入/元	葡萄酒/瓶	网站访问数	性别	消费超200元	年龄组
9617	1960	63	本科	单身	45 099.0	0	3	女性	0	[60, 70)
10364	1968	55	本科	离婚	69 885.0	0	8	女性	0	[50, 60)
2686	1978	45	NaN	恋爱中	67 170.0	0	7	男性	0	[40, 50)

用户：剔除教育程度为空的数据行后显示前三行数据，并导出修改后的表格。

ChatGLM：剔除教育程度为空的数据行后，这是前三行数据：

ID	出生年份	年龄	教育程度	婚姻状态	家庭收入/元	葡萄酒/瓶	网站访问数	性别	消费超200元	年龄组
9617	1960	63	本科	单身	45 099.0	0	3	女性	0	[60, 70)
10364	1968	55	本科	离婚	69 885.0	0	8	女性	0	[50, 60)
9553	1996	27	本科	已婚	22 500.0	0	6	女性	0	[20, 30)

修改后的表格已经导出，您可以通过以下链接下载：

下载修改后的Excel文件（编者注：在网站上单击该选项即可下载文件）。

【素质提升】

Tableau成立于2003年，是斯坦福大学一个计算机科学项目的成果，该项目旨在改善分析流程并让人们能够通过可视化呈现更轻松地使用数据。Tableau访问了超过10 000名分析师、IT工作者、企业领导人有关数据和人工智能的问题并产出了一份报告。以下内容是该报告的摘录。

强大数据底层基础才能助燃AI

目前最引人注目的是生成式人工智能。不同于以往的预测型人工智能、搜索式人工智能、问答式人工智能，生成式人工智能集成了所有的功能，并具有更高的智能水平与自由度。这无疑是计算机相关技术的一大跨越。因此，有超过90%的企业领导者都认为生成式人工智能的部署会带来实际的好处。不过，不同部门的认知有所差异。市场部普遍认为，生成式人工智能带来的影响是比较有限的。这也符合实际情况，市场营销通常对人为参与和主观能动性的要求比较高，AI能帮上忙的地方的确不多。

但是，生成式人工智能在数据系统上部署不是简单的加法而已。领导者们和技术人员最担心的便是数据适配性和数据合乎规范。超过一半的IT管理人员认为统一标准的、准确的、整合好的数据架构是部署AI的必需条件。已经有调查研究发现，接近60%的公司在部署生成式人工智能的时候遇到了现有技术栈架构不适配的问题。此外，一些人对AI的偏见性及其是否符合道德方面的使用规范表达了担忧，因此有明确的指南必须成为一个重要条件。

从有关生成式人工智能究竟带来了哪些“好处”的调查结果来看，排名第一的是“更快的商务决策”，第二和第三分别是营运效率和节省时间。另一项研究则显示，不令人意外地，超过九成的IT人员认为AI的出现让数据管理工作的优先级变得非常高。

事实上，就目前来看，许多企业的数据系统本身就存在诸多问题，阻碍了其全部潜力的发挥。很多企业的数据战略都还有很大的提升空间。举例来说，数据的利用很大一部分是为了业务部门更好地决策与运营。但是研究显示，有四成的业务人员认为企业的数据战略和商业目标是部分吻合的，只有一半多一点的人认为完全吻合。从分析师和IT管理员们对指标的追踪中我们也能看到，只有少于四成的被调查者会关心数据利用情况、数据变现能力以及回报率等方面。这种认知的差异总会导致数据管理中的遗漏和缺失，导致企业无法填补业务部门和IT部门之间的鸿沟。

学习笔记

任务三 运用AI生成代码辅助分析

案例导入

数字化时代，数据是重要的生产要素，是国家基础性战略资源，数据安全不仅关乎企业的经营利益，还与国家的主权、安全、发展等利益息息相关。2021年6月10日《中华人民共和国数据安全法》出台，2024年5月1日《中华人民共和国保守国家秘密法》发布，表明我国对数据安全的重视已经上升到一个新的高度。

在AI平台进行数据分析需要将数据上传至在线平台，而该行为存在数据泄露的风险。对于企业和国家机密性数据而言，不能直接将之上传到AI平台进行分析处理。但是，这并不意味着人工智能不能对这些数据进行分析。我们可以转换一下分析思路：把不涉及机密性内容的数据样本上传到AI平台，让AI了解需要进行分析的数据的结构后，再向AI提出具体分析需求，让AI生成本地执行代码。本任务主要介绍利用AI平台生成数据分析代码本地执行的操作方法。

知识准备

从任务一的介绍可知，利用AI平台生成数据分析代码，需要将代码复制到本地执行。该过程需要使用到编程语言知识，相比AI平台直接分析其操作复杂度更高，但是不必为自身编程水平不足而担心，只需掌握基础的编程语言知识，就能实现上述操作。

项目二中已对Python语言的基础性知识进行了介绍，使用Python语言进行数据分析前，还需了解一些常用的第三方库，如NumPy、Pandas、Matplotlib等。

一、了解第三方库

本部分将会具体介绍在数据分析中经常使用的三个第三方库，即NumPy、Pandas和Matplotlib。

中华人民共和国数据安全法

（一）NumPy

NumPy（Numerical Python的简称）是Python用于科学计算的核心库之一，拥有丰富的与数值运算相关的函数，其核心功能是提供了一个多维的数组对象，称为“ndarray”。“ndarray”提供了高效的内存管理，使大规模数组的存储和操作成为可能。在处理大规模数据时NumPy十分高效，此外，还可以利用多核处理器和GPU加速计算。

NumPy库为科学计算领域打下坚实基础，之后的很多高级科学计算库，包括但不限于SciPy、Pandas、Scikit-learn，都是在NumPy的基础上进行构建开发的。NumPy是一个重要的第三方工具库，其不包含在Python的基础语法中，在使用时需要进行导入。

导入语句：

```
import numpy as np
```

导入 NumPy 并令其简称 np，在语法结构中简称可以是任何符合 Python 命名规则的名称，但在约定俗成下，为了方便其他使用者理解程序，默认将 NumPy 的简称命名为 np。

（二）Pandas

Pandas（Python data analysis 的简称）衍生自面板数据（Panel data），已成为最受欢迎的 Python 数据分析工具库之一，其最初诞生是人们为了分析金融财务数据而开发，由于功能强大，目前已广泛应用于各种行业及领域。Pandas 是以 NumPy 为基础扩展开发而来，克服、弥补了 NumPy 库中的不足。Pandas 的核心功能之一是支持两种数据结构：Series（一维数组）和 DataFrame（二维表结构）。支持对数据进行分析的多种操作功能，包括数据清洗、数据整合、数据分组聚合及时间序列分析等。Pandas 强大的数据分析功能经常被与 NumPy 的数组计算功能以及 Matplotlib 提供的绘图功能结合使用，共同构成了数据分析的强大工具链。

与 NumPy 类似的是，使用 Pandas 也需要进行导入，常用的导入语句有两种形式，第一种形式如下所示：

导入语句：

```
import pandas as pd
from pandas import Series,DataFrame
```

第二种形式是导入 Pandas 模块中的 Series 和 DataFrame 功能。第一行导入语句是导入 Pandas 库并将简称命名为 pd。这种语法结构与之前所讲的 NumPy 语句一致。

（三）Matplotlib

Matplotlib 是 Python 中一个广泛使用的创建高质量图表的绘图库。数据可视化是在数据分析过程和结果中必不可少的环节，通过各种类型图像直观地展现数据特征，提高数据分析的效率和可读性。Matplotlib 是 Python 数据可视化领域中最重要的库之一。它通常被用于绘制各种静态、动态、交互式的二维图表。支持多种类型图表的生成，包括但不限于条形图、散点图、线图、饼图、柱状图、直方图等。数据使用者可以根据自身需求选择合适的图表来展示数据，从而分析发现隐藏在数据背后的规律和特征。Matplotlib 强大之处还在于可以与 Pandas、NumPy 等其他科学计算库无缝集成，使得数据处理和可视化更加便捷。

在使用 Matplotlib 时，不可避免的是首先需要导入才可使用，其常用的导入语句为以下这种形式：

导入语句：

```
import matplotlib.pyplot as plt
```

二、生成代码本地运行

案例背景

畅饮为一家连锁饮品企业，主要销售饮品包括奶茶、咖啡、乌龙茶、茉莉花茶以及果茶，总共有 7 家不同的门店。现畅饮公司想对 2021 年及 2022 年各门店每月各种饮品的销售数据

学习笔记

进行分析研究，进一步了解各饮品的具体销售情况，各饮品的受欢迎程度，以及各门店的销售数量及排名等分析内容。

实训要求

由于数据的保密性要求，不能上传到平台使用。在智谱清言的 ChatGLM 平台辅助下完成对 2021 年和 2022 年销售数据的分析。

2022 年畅饮门店销售数据

实训过程

1. 上传样本数据，要求 AI 生成分析代码

登录 ChatGLM 网站，提出生成 Python 环境中读取 xlsx 格式 Excel 文件代码的要求。

用户：编写读取指定路径 xlsx 文件的 Python 代码。

ChatGLM：以下是读取指定路径下的 xlsx 文件的 Python 代码示例：

```
import pandas as pd
# 指定文件路径
file_path='path_to_your_excel_file.xlsx'
# 读取 xlsx 文件
df=pd.read_excel(file_path)
# 输出数据框的前几行,以检查内容
print(df.head())
```

将 path_to_your_excel_file.xlsx 替换为实际的文件路径。这段代码将加载 xlsx 文件并将其存储在名为 df 的 pandas 数据框（DataFrame）中。使用 head（）函数可以打印出数据框的前几行，以验证文件是否已被正确读取。

用鼠标右键单击具体文件，选择“属性”选项，进入“安全”标签栏，选择“对象”选项，其中的“对象名称”显示具体路径为“file_path=r"C:\Users\2021 年门店饮品销量.xlsx”，将所在路径进行复制替换范例代码的 file path 变量的内容。

```
file_path='D:\Spyder\Project1\2021 年门店饮品销量.xlsx'
```

2. 向大语言模型反馈错误信息，要求进一步修改

将修改后的代码复制到 Spyder 运行，发现执行错误。如果缺乏应如何修改该错误的知识，可以将错误信息发送至 AI 工具请求解决。注意需要在原对话的基础上进一步进行询问，而不要新建对话，否则 ChatGLM 不能基于上下文信息给予准确的解决方案。

用户：修改 file_path='D:\Spyder\Project1\2021 年门店饮品销量.xlsx'后报错，具体错误为"(unicode error) 'unicodeescape' codec can't decode bytes in position 2-3: truncated \UXXXXXXXX escape"。

ChatGLM 回复指出，错误源于 Python 对字符串中的反斜杠 \ 理解为转义字符而导致错误，它提供了两种解决方式，一种方法是使用原始字符串（raw string）来定义文件路径，即在字符串前加上 r：

file_path=r"C:\Users\2021 年门店饮品销量.xlsx"

另一种方法是使用双反斜杠 \\ 来避免转义字符的问题：

file_ path = "C:\\Users \\2021 年门店饮品销量. xlsx"

类似的，如果生成代码运行出现错误，均可以通过这种方式与 AI 平台交互进行修改调整。将修改完善的结果再次运行，控制台区域将会显示相应的文件读取结果。使用 Spyder 执行文件读取的结果如图 3-2 所示。

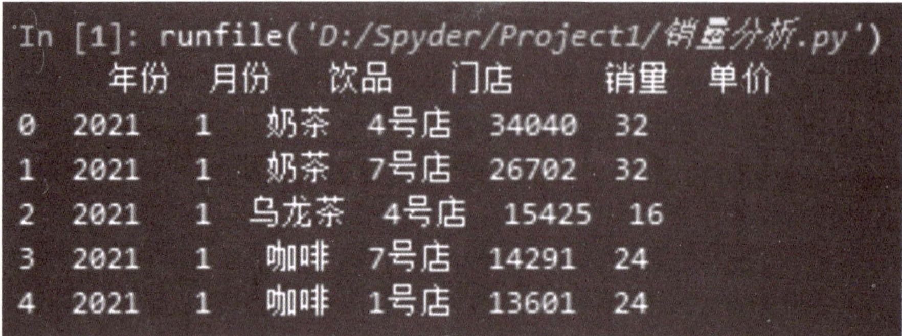

```
In [1]: runfile('D:/Spyder/Project1/销量分析.py')
     年份   月份    饮品    门店     销量   单价
0  2021    1    奶茶   4号店   34040   32
1  2021    1    奶茶   7号店   26702   32
2  2021    1   乌龙茶   4号店   15425   16
3  2021    1    咖啡   7号店   14291   24
4  2021    1    咖啡   1号店   13601   24
```

图 3-2　使用 Spyder 执行文件读取的结果

同时，Spyder 的变量浏览区增加了两个变量“data”和“file_path”，单击“data”选项，在弹出的 data 窗口中能够进一步了解导入的“2021 年门店饮品销量”表格中包含的数据内容。Spyder 变量浏览区查看数据如图 3-3 所示。

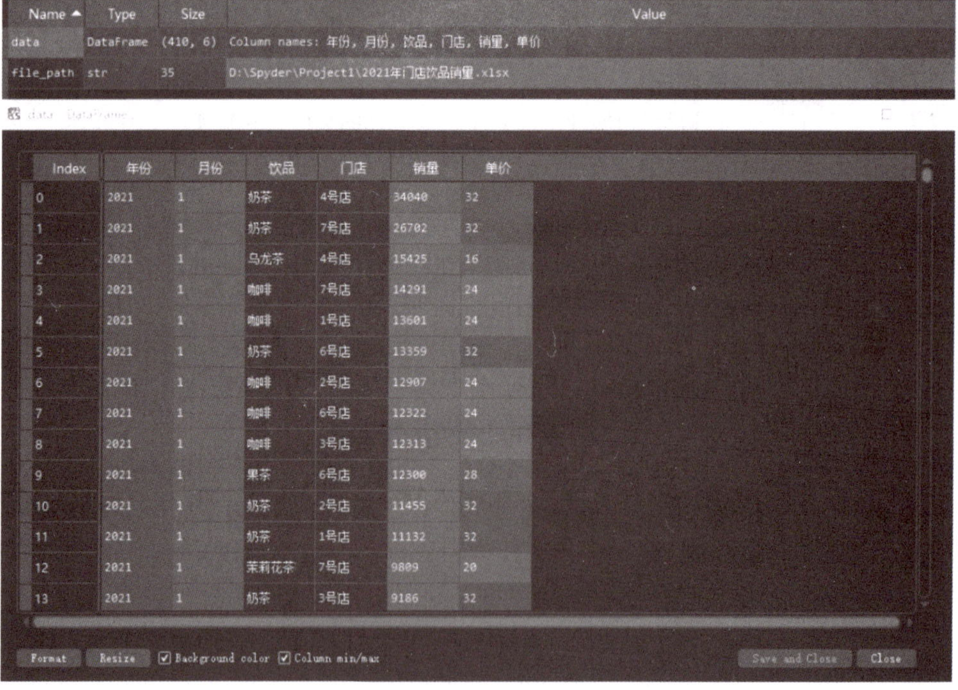

Name	Type	Size	Value
data	DataFrame	(410, 6)	Column names: 年份, 月份, 饮品, 门店, 销量, 单价
file_path	str	35	D:\Spyder\Project1\2021年门店饮品销量.xlsx

Index	年份	月份	饮品	门店	销量	单价
0	2021	1	奶茶	4号店	34040	32
1	2021	1	奶茶	7号店	26702	32
2	2021	1	乌龙茶	4号店	15425	16
3	2021	1	咖啡	7号店	14291	24
4	2021	1	咖啡	1号店	13601	24
5	2021	1	奶茶	6号店	13359	32
6	2021	1	咖啡	2号店	12907	24
7	2021	1	咖啡	6号店	12322	24
8	2021	1	咖啡	3号店	12313	24
9	2021	1	果茶	6号店	12300	28
10	2021	1	奶茶	2号店	11455	32
11	2021	1	奶茶	1号店	11132	32
12	2021	1	茉莉花茶	7号店	9809	20
13	2021	1	奶茶	3号店	9186	32

图 3-3　Spyder 变量浏览区查看数据

3. 提出需求，要求生成分析代码

文件读取完成后，用户需要向 AI 平台发送待分析数据的样本。

学习笔记

用户：以下是读取数据的形式，请提供生成不同饮品向量的柱状图代码。

年份	月份	饮品	门店	销量/杯	单价/元
2021	1	奶茶	4 号店	34 040	32
2021	1	奶茶	7 号店	26 702	32
2021	1	乌龙茶	4 号店	15 425	16
2021	1	咖啡	7 号店	14 291	24

ChatGLM：为了绘制不同饮品的销量柱状图，我们首先需要根据饮品类型对数据进行分组，并计算每个饮品类型的总销量。以下是如何使用 Pandas 和 Matplotlib 来完成这个任务的步骤。

1. 使用 Pandas 读取数据并按照饮品类型分组。
2. 计算每个饮品类型的总销量。
3. 使用 Matplotlib 绘制柱状图。

然后，使用以下代码来绘制不同饮品的销量柱状图：

```
1.import pandas as pd
2.import matplotlib.pyplot as plt
3.# 使用原始字符串指定文件路径
4.file_path=r"C:\Users\2021 年门店饮品销量.xlsx"
5.# 读取 xlsx 文件
6.df=pd.read_excel(file_path)
7.# 按照饮品类型分组并计算总销量
8.drinks_sales=df.groupby('饮品')['销量'].sum().sort_values(ascending=False)
9.# 绘制柱状图
10.drinks_sales.plot(kind='bar',color='skyblue')
11.# 设置图表标题和标签
12.plt.title.('不同饮品的销量柱状图')
13.plt.xlabel('饮品')
14.plt.ylabel('销量')
15.# 显示图例
16.plt.legend(['销量'])
17.# 显示图表
18.plt.show()
```

将上述代码复制到 Spyder 再次运行，过程中可能会出现图表中文字符不能正常显示等问题。类似的，可以将问题复制到 AI 平台询问解决方法，例如，AI 提供的中文字符乱码的解决方案是在上述代码第 3 行处插入下面两行代码：

```
plt.rcParams['font.sans-serif']=['SimHei']  # 设置默认字体
plt.rcParams['axes.unicode_minus']=False    # 解决保存图像时负号'-'显示为方块的问题
```

代码执行完毕后生成的图片如图 3-4 所示，具体的图表形式还可以根据实际情况要求 ChatGLM 修改。

操作结束后，保存能正确执行的分析代码，以备后期再次使用。例如，可以用同样的代码分析具有同样数据结构的 2022 年数据，只需将代码中的文件地址修改为 2022 年数据的文件地址即可，这样就提高了后续数据分析的效率。

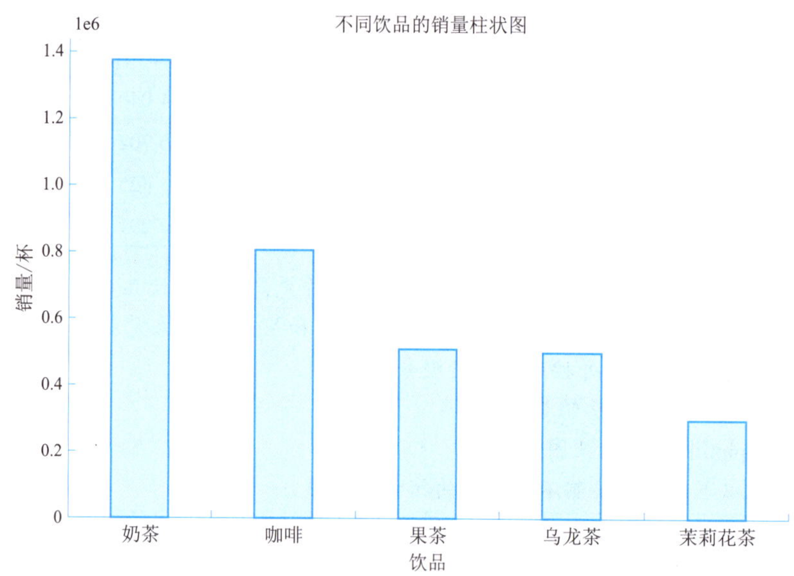

图 3-4 代码执行完毕后生成的图片

三、编程插件智能生成

除通过与 AI 平台反复交互生成分析代码，还可以使用智能编程插件生成分析代码，两者的效果基本一致，主要差别在于智能编程插件专精于代码编写服务。目前较为流行的智能编程插件是 GitHub Copilot，而国内也有类似的插件如 CodeGeeX。

1. GitHub Copilot

GitHub Copilot 是 GitHub 和 OpenAI 联手打造的人工智能编程助手，强强联合的两大团队为代码编程领域带来了翻天覆地的变化。GitHub 作为全球最大的代码托管平台，公开存储库中丰富的开源代码资源为训练人工智能提供了宝贵的数据，让人工智能可以理解不同类型编程语言的代码逻辑。目前 GitHub Copilot 支持编写大多数常见编程语言代码，如 Python、JavaScript、TypeScript、Ruby 和 C++等，可以为开发者提供智能的代码补全和生成建议服务。

代码补全：根据当前编写的代码上下文，自动补全代码；根据注释所描述的内容，生成相应代码。

生成建议：对于不熟悉的代码，可以要求 GitHub Copilot 进行解释以帮助更好地理解，或者要求 GitHub Copilot 进行代码调试，修改错误代码。

在 Visual Studio Code 中安装 GitHub Copilot 插件后即可免费使用 30 天，但是中国大陆用户暂时无法使用。

2. CodeGeeX

目前，国内也研发出类似 GitHub Copilot 的人工智能编程助手 CodeGeeX。该工具与智谱清言的 ChatGLM 同属北京智谱华章科技有限公司（简称“智谱 AI”）旗下产品。

CodeGeeX 同样可以提供依据当前内容进行单行或多行代码的续写，根据自然语言的注释生成所需代码，自动添加注释，多种编程语言之间互译和智能问答等服务。

CodeGeeX 支持 Python、Java、C++、JavaScript 和 Go 等数十种常见编程语言，适配主流的 IDE 平台，包括 Visual Studio Code、PyCharm、IntelliJ IDEA、JetBrains IDE 等。

目前，CodeGeeX 插件对个人用户完全免费，在 Visual Studio Code 中安装插件的方法也较为简单。打开软件后单击左侧“Extensions（扩展）”按钮，在搜索框中输入“CodeGeeX”并搜索，CodeGeeX 安装界面如图 3-5 所示。最后，在对应的搜索结果中单击“Install”按钮。

学习笔记

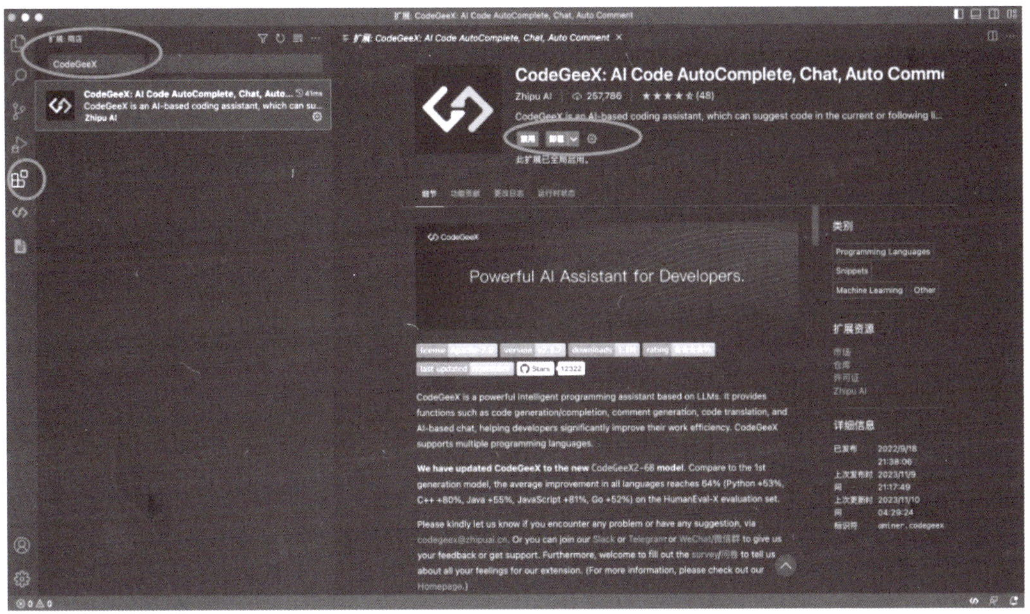

图 3-5　CodeGeeX 安装界面

图 3-6 是 CodeGeex 的代码补全示意图，用户输入“#”和文字注释提出要求，图中绿色字体部分，输入结束后按回车键换到下一行，CodeGeeX 插件就会自动补全需要的代码内容。

```
import pandas as pd
import matplotlib.pyplot as plt

# 读取位于C:\Users\hexio\Desktop\AI项目\2021年门店饮品销量.xlsx的Excel文件，并将其存储在变量df中。
df = pd.read_excel(r'C:\Users\hexio\Desktop\AI项目\2021年门店饮品销量
```

图 3-6　CodeGeeX 代码补全示意图

总的来说，初学者适合使用通过在人工智能平台提出需求的方式生成代码，而对于已经具备一些代码编写知识的人来说，使用 CodeGeex 等插件效率可能更高。

四、第三方库智能分析

一些 Python 第三方库通过加入人工智能接口，实现了用户通过在 Python 代码中使用自然语言提出需求，代码运行后自动实现数据分析的功能。该类型第三方库有 PandasAI 和 MetaGPT 等，目前该类型第三方库已能实现一些基础性的智能分析，但效果仍不够稳定。总体来看，使用第三方库进行数据分析对用户的编程语言水平要求较高。本部分以 PandasAI 为例，仅对操作效果进行展示。

第一步，加载 Python 库和加载 PandasAI 的 API（应用程序编程接口）密钥，该密钥连接 Pandas 的人工智能模型，以实现智能分析功能。若不使用 Pandas 提供的人工智能模型，也可以接入 Kimi 等模型使用。

```
import os
import pandas as pd
from pandasai import Agent
# 在 Pandas 官网获取 API
os.environ["PANDASAI_API_KEY"]="******"  #*部分内容填入获得的 API
```

第二步，加载需要分析的数据，本处以官方演示数据为例，该数据包括 5 名员工的工资信息.

```
employees_data={'EmployeeID':[1,2,3,4,5],'Name':['John','Emma','Liam','Olivia','William'],'Department':['HR','Sales','IT','Marketing','Finance']}
salaries_data={'EmployeeID':[1,2,3,4,5],'Salary':[5000,6000,4500,7000,5500]}
employees_df=pd.DataFrame(employees_data)
salaries_df=pd.DataFrame(salaries_data)
```

第三步，将数据录入 PandasAI 的 Agent 函数，提出制作员工工资条形图的要求。

```
agent=Agent([employees_df,salaries_df])
agent.chat("画出每人工资的条形图,按收入高低排序")
```

运行结束后，使用 PandasAI 生成工资排序柱状图（见图 3-7）。

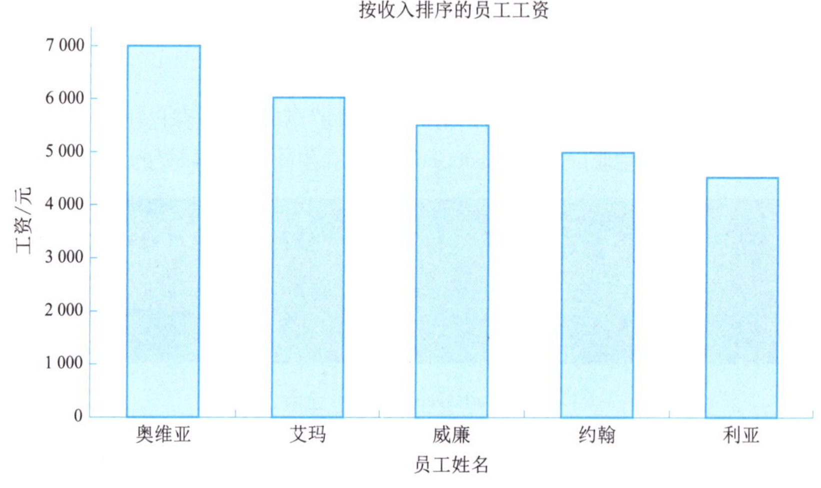

图 3-7　使用 PandasAI 生成工资排序柱状图

进一步，可以结合数据咨询 AI 与工资相关的问题，如“分析数据，从员工心理学的角度出发，说一下这种工资结构会产生什么问题，讲明具体理由，请用中文回答”。代码运行结束后分析结果如下：

> 这种工资结构可能会导致员工之间的不公平感和动机下降。由于工资差距较大，高收入员工可能会感到自豪和满足，而低收入员工可能会感到不公平和沮丧。这种不平等的工资分配可能导致团队内部的紧张关系和不和谐氛围，影响整体工作效率和员工士气。另外，低收入员工可能会缺乏动力和积极性，因为他们觉得无论付出多少努力都无法获得与高收入员工相同的回报。这种情况可能导致员工流失率增加，员工投诉增加，以及整体团队的合作性和凝聚力下降。

【素质提升】

学习笔记

数据安全对数据基础设施提出新要求①

数据安全已经成为全球性问题，当前数据安全问题主要表现在以下方面。

一是数据泄露。各种网络威胁可能会从网络端渗透蔓延至企业内网系统，使企业内网系统大范围存在恶意软件、高危木马等安全隐患。例如，2023 年 7 月，IBM Security 发布的《2023 年数据泄露成本报告》，是对全球 553 家企业组织自 2022 年 3 月至 2023 年 3 月经历的真实数据泄露事件的深入调研分析。该报告显示，2020 年数据泄露的全球平均总成本为 386 万美元，2023 年这一数据达到 445 万美元，比 2020 年增加了 15.3%。2023 年，平均数据泄露成本最高的行业分别是：医疗（1 093 万美元）、金融（590 万美元）、制药（482 万美元）、能源（478 万美元）和工业（473 万美元）。造成数据泄露损失/成本最高的三种攻击方式是：网络钓鱼、被盗或被泄露以及恶意内部人员行为。

二是数据勒索。近几年，频繁曝出的针对大型企业的数据勒索攻击事件，对全球范围内的各行各业都构成了较大的风险。比如，2023 年 5 月，勒索软件 Clop 组织利用 Progress 的 MOVEit 文件传输工具中的一个严重漏洞，开展了大规模的勒索软件攻击活动。网络安全事件响应公司 Coveware 估计，截至 2023 年年底，受 MOVEit 活动影响的组织总数或许已经接近 3 000 家，已知受影响的个人总数接近 8 400 万人。网络安全公司 Crowdstrike Holdings 数据显示，2023 年针对大公司、银行、医院或政府机构的勒索攻击大幅增加。全球数据勒索攻击呈现新特点，由单纯经济牟利转向实施数据破坏、窃取战略机密、谋取政治诉求等多重企图，勒索意图愈加复杂化，勒索行为日益专业化，勒索手段趋于多样化。

三是窃取数据。在利益的驱动下，犯罪团伙和黑灰产团伙大肆窃取组织数据，外部攻击呈现出高频、高危害的特点，攻击手法日益复杂、多变，专业化、定制化程度不断上升。例如，2022 年 2 月，北京奇安盘古实验室发现，隶属于美国国家安全局（NSA）的超一流黑客组织“方程式”“制造”了顶级后门“电幕行动”（Bvp47），用于窥视和入侵控制受害组织网络，已侵害全球 45 个国家和地区，涉及 287 个重要机构目标，被攻击的机构包括知名高校、科研机构、通信行业企业、政府部门等。

四是 App 违规收集信息。2023 年 1 月，奇安信病毒响应中心发布的《2022 年度 App 收集个人信息检测报告》披露，检测到存在违规收集个人信息风险的 App 类型分布中，生活休闲类型的 App 违规占比最高，为 43.5%，其次是网上购物类型的 App，占比为 9.2%，最后是办公商务类型的 App，占比为 8.4%。2022 年年度检测中，违规收集个人信息的 App 中有 24.7%还存在高频次收集个人信息的现象，其中频次最高的一款 App 在短短一百秒内对个人信息 IMEI 收集了 715 次。

五是数据非法交易。近年来，非法数据交易事件发生频率呈现上升趋势，出现了从之前小规模、低频次向大规模、高频次转变，从线下交易的上万条记录级别向网上交易的上亿条记录级别转变。非法交易的数据逐渐从之前的联系电话、邮箱等联系方式信息逐步向个人网上购物、购房购车、教育医疗、卫生保健、金融资产、交通运输等高价值的个人重要信息拓展。网络黑产平台流转的数据主要来源于部分公司或信息拥有者的内部人员与不法分子勾结泄露数据和黑客攻击或渗透窃取数据两大方式。非法数据交易呈现出产业链作案特征，已经形成一条分工明确、网络协作、隐蔽性较强的从数据窃取、数据贩卖到数据挖掘使用的全黑色产业链，作案呈现团伙化趋势。

① 欧阳日辉．数据基础设施保障数据安全及高效流通［J］．人民论坛，2024（7）：70-75.

学习笔记

任务四　运用 AI 辅助营销数据预测

案例导入 

在现代商业社会中，销售预测对于企业的成功至关重要。销售预测不仅影响日常运营，还将对公司的战略决策和企业价值产生深远影响。有效的数据预测，可以帮助企业高效地管理和配置业务资源。数据预测对降低库存、协调生产、采购物料以及评估销售团队的表现都至关重要。

数据预测是商务数据分析的重要环节，但是数据预测对理论和模型知识要求高且操作难度大。因此，对于非专业数据分析师而言，营销数据预测多使用移动平均法。这类方法操作和执行较为简单，在 Excel 中通过编写简单的公式就能计算得出。但是与 Holt-Winters 和 SARIMA 等模型相比，移动平均法预测存在一定滞后性，且准确性不高。

生成式人工智能的出现，使得非专业数据分析人士也可以用复杂性模型进行预测，使用者只需要具备简单的模型和编程知识。本任务以某家具企业销售数据为例，通过预测未来 12 个月的销售数据来对比不同预测方式的区别，同时展示各种预测模型的使用方法。

一、移动平均模型

移动平均（MA）模型的核心思想是当前数据与过去一段时间的数据存在一定的相关性。可以想象一下预测咖啡销量的情形，虽然消费者不知道下一杯咖啡的真实销量，但只要有最近一段时间的销量数据，如前几个月的销量，进一步把这些销量加总，然后除以总期数就可以得到平均销量。使用该平均销量预测下期咖啡销量就具有一定的可靠性。

由于移动平均模型计算方法简单，我们可以使用 Excel 公式快速计算，也可以利用 ChatGLM 的“数据分析”模块实现，可参考使用如下提示词。

用户指令：使用移动平均模型中的简单移动平均法预测未来 12 期数据，原数据和预测数据合并制作折线图，原数据用蓝色实线表示，预测数据用红色虚线表示。

图 3-8 是移动平均模型预测图，是对过去 12 个月的数据平均后得出的下一期预测数据。这种方法在数据波动较大，或数据存在季节性趋势的时候效果不一定理想，如示例中一月份预测的数据就偏高。就零售和电商营销数据而言，由于它们具有明确的四季变化规律，这种预测方法可能产生较大的误差。

对于季节性数据，应使用能考虑季节性因素的模型进行预测。但是考虑季节性因素的模型较为复杂，对没有接受过统计学训练的人来说，模型的构建和使用可能比较困难。然而，借助人工智能工具，即便是那些在统计建模方面缺乏经验的人也能够轻松地使用这些模型，如下文提到的 Holt-Winters 模型。

二、Holt-Winters 模型

Holt-Winters 模型不仅能考虑数据的平均值，还能预测未来的趋势和季节性。以上文预测咖啡销量为例，一般冬天的咖啡销量会比夏天高，那么在预测时就应该考虑季节的因素，如果是冬天，那么预测销量要高一些，如果是夏天，预测销量可以低一些。使用 Holt-Winters 模型就可以实现这种思路。

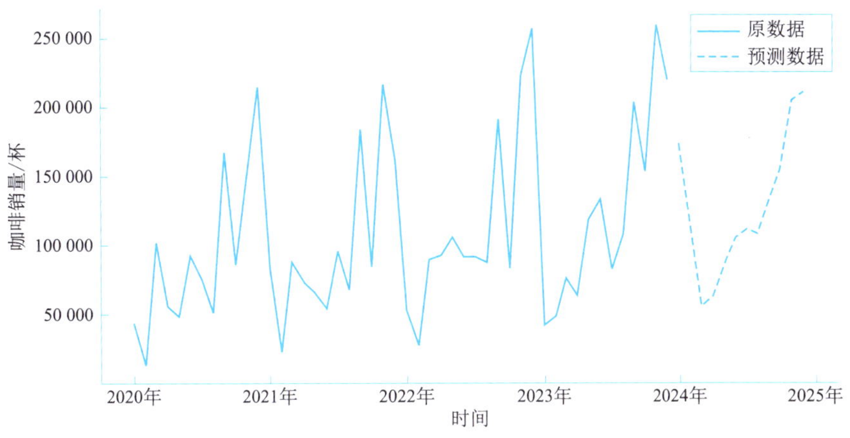

图 3-8　移动平均模型预测图

用户指令：使用 Holt-winter 模型预测未来 12 期数据，原数据和预测数据合并制作折线图，原数据用蓝色实线表示，预测数据用红色虚线表示。

图 3-9 是 Holt-Winter 模型预测图。该模型的缺点是如果数据波动较大，那么数据规律性就不够明显，预测结果相对一般，同时该模型需要选择合适的平滑参数，对一般使用者来说也存在一定难度。

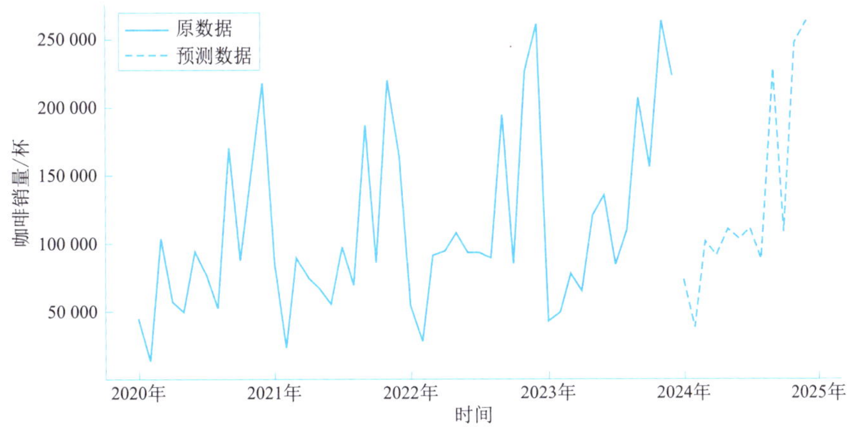

图 3-9　Holt-Winter 模型预测图

三、SARIMA 模型

SARIMA 模型是一种结合自回归（AR）、移动平均（MA）和季节性（SA）模型的时间序列预测方法。该模型的优点是可以处理非平稳时间序列，能够捕捉季节性变化，缺点是模型参数较多，需要通过统计检验来确定。SARIMA 模型计算复杂，一般情况下使用该模型预测难度较大。但是，在生成式人工智能的帮助下，用户只需要简单了解该模型的基础知识，就能指示 AI 使用该模型进行分析，输入接下来的提示词就能得到如图 3-10 的结果。

用户指令：使用 SARIMA 模型预测未来 12 期数据，原数据和预测数据合并制作折线图，同时要求加上预测数据 95% 的置信区间。

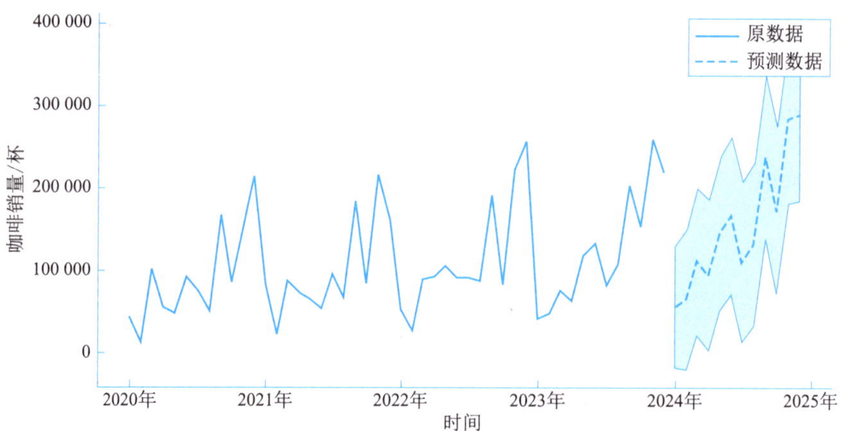

图 3-10　SARIMA 模型预测图

四、先知（Prophet）模型

Prophet 是由 Meta 开发的开源第三方库，用于时间序列数据的分析和预测，可以预测具有季节性、节假日效应和趋势变化的时间序列数据。

Prophet 能够自动识别并处理时间序列数据中的季节性特征和节假日效应，用户无须手动输入这些参数。相比之下，SARIMA 需要用户手动调整模型参数来处理季节性特征，而 Holt-Winters 方法则对节假日效应的处理不够灵活。总体上，Prophet 模型的应用场景更为广泛。

需要注意的是，由于 ChatGLM 平台生成工具未安装 Prophet 库，在该平台上不能直接运行代码生成结果，不过可以通过指示平台生成代码后再复制到 Spyder 中执行。输入接下来的提示词就能得到结果，Prophet 模型预测图如图 3-11 所示。

用户指令：提供 Prophet 模型实现代码，分析文件位置“C:\Users\monthly_sales_cny. xlsx”。包含两列数据 Date、Sales。数据为月度数据，需要预测未来 12 期数据并画图。

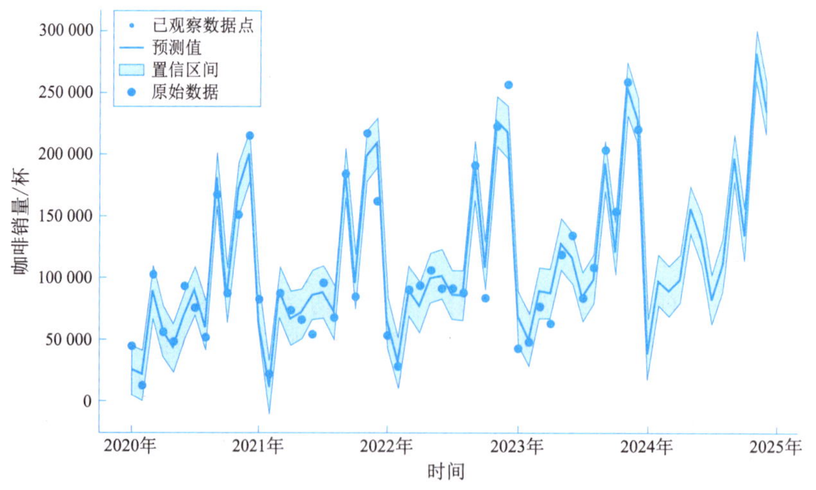

图 3-11　Prophet 模型预测图

由于训练数据的问题，AI 平台可能会加载已经废弃的库 fbprophet，此时需将之修改为 Prophet。代码生成后，可以复制到 Spyder 中运行，运行前还应打开 Anaconda Prompt 安装 Prophet 库。

安装指令：pip install prophet

```
import pandas as pd
from prophet import Prophet
import matplotlib.pyplot as plt
# 读取数据
data=pd.read_excel(r"C:\Users\monthly_sales_cny.xlsx")
data=data.rename(columns={"Date":"ds","Sales":"y"})
data['ds']=pd.to_datetime(data['ds'])
# 初始化 Prophet model
model=Prophet(seasonality_mode='additive')
# 拟合模型
model.fit(data)
# 预测未来 12 期数据
future=model.make_future_dataframe(periods=12,freq='M')
forecast=model.predict(future)
# 画出原始数据与预测数据
fig=model.plot(forecast)
plt.plot(data['ds'],data['y'],'ko',label='Original Data')  #画出原始数据点
plt.legend()
plt.show()
```

学习笔记

【素质提升】

AI 助力无资料区径流区洪水预报①

全球 95%以上的中小流域没有任何监测数据，这些无资料地区径流和洪水预测是水文领域长期面临的科学难题。近日，中国科学院成都山地灾害与环境研究所研究员欧阳朝军团队提出了基于 AI 的径流洪水预测模型 ED-DLSTM，通过编码流域静态属性和气象驱动，利用全球 2 000 多个水文站数据进行模型训练，以解决全球范围内有资料流域和无资料流域径流预测问题。

ED-DLSTM 模型针对流域径流预测目标，设计了空间属性编码模块，利用卷积层和空间金字塔池化层，将所有流域的静态属性映射到规模相同的隐空间，使得模型能够抽象地“意识”到不同流域的水文响应特征。

该研究采用的训练数据集来自美国、英国、中欧、加拿大等地，共计 2 089 个流域。这些流域分布差异性显著，确保了数据的多样性。研究人员利用这些流域的历史资料训练模型，并测试模型在未来时段的预测准确性和可靠性；利用纳什效率系数 NSE 对实验结果进行评估，发现 81.8%的流域平均 NSE 高于 0.6，预测精度比传统水文模型和其他人工智能模型更好。

基于上述预训练模型（北半球），研究人员对智利（南半球）的 160 个全新流域进行预测，以检验模型在无监测数据流域的预测能力。不同预训练模型的预测结果显现出了较强的空间分布一致性。在最好情况下，所有未计量流域中 76.9%的流域 NSE>0，展现了 AI 在未计量流域进行水径流及洪水预测方面的潜力。

相关成果以 *Deep Learning for Cross-Region Streamflow and Flood Forecasting at a Global Scale*（《全国范围内跨区域流量和洪水预报的深度学习研究》）为题，在线发表在《创新》（*The Innovation*）上。

---

① 中国科学院．成都山地所在无资料区径流与洪水预报研究方面获进展［EB/OL］. 2024-04-30［2024-05-24］. https://www.cas.cn/syky/202404/t20240430_5013300.shtml.

学习笔记

任务五 开展 AI 数据分析实训

案例导入 

19 世纪 50 年代，英国伦敦暴发霍乱疫情。当时主要观点认为霍乱蔓延是瘴气所致，但一位名叫约翰·斯诺的医生对瘴气引发的观点持怀疑态度。于是他收集病例数据并画出散点分布图，图上清晰地显示许多病例与某个水井的距离比附近其他任何一个水井都更近，最终研究人员确定该水井是传染源，并进一步研究发现霍乱是水源性传染病，而非以往所认为的瘴气所致。①

这是数据分析产生价值的一个真实案例。企业经营管理过程中也会产生大量的数据，特别是在大数据时代，随着企业数字化转型，数据量将越来越大。数据作为一种新型的生产要素，企业要使其产生价值就必须进行有效而充分的分析。在数据分析的过程中，可视化分析是重要的工具。《让大脑自由》② 一书指出，视觉是人类最重要的感觉器官，占据了一半左右的大脑资源。相对于文字，图像能在人类大脑中留下更为深刻的记忆。学会使用人工智能帮助数据分析，帮助实现数据可视化，能让企业在海量的私有数据中挖掘出更多的价值。

运用标点地图法寻找霍乱流行真相：约翰·斯诺

一、优化门店经营

在任务二中，我们分析了畅饮公司 7 家不同门店在 2021 年和 2022 年的销售情况，产品涉及奶茶、咖啡、乌龙茶、茉莉花茶和果茶。然而，单独的数值形式可能无法为管理层或潜在投资者直观展示公司近两年的发展趋势。通过利用数据可视化技术，可以更清楚地传达信息，使公司管理层和投资者能够一目了然地了解数据变化的趋势。

（一）实训要求

对各门店 2021—2022 年的销售数据进行可视化处理，直观展现各饮品的销量对比、各门店总收入对比以及每月销售趋势的变化情况，为企业下阶段选品和门店经营策略调整提供支撑。

本任务要求借助在线 AI 平台智谱清言提供的 ChatGlM 模型，在 Spyder 中编写代码对数据进行可视化处理。

（二）实训过程

1. 通过分析不同门店的销售占比，研究营销重点方向

用户指令：生成不同门店销售额占比的饼图。

图 3-12 是具体运行结果，即不同门店销售额占比。AI 生成图表后，企业就可以更直观地对销售情况进行分析，得出初步结论。数据显示，不同门店的销售额较为均衡，只有 5 号店相对偏弱，可进一步分析 5 号店销售占比偏低的原因。

---

① 王晓雨，徐文婧，吴俊，等. 运用标点地图法寻找霍乱流行真相：约翰·斯诺［J］. 中华疾病控制杂志，2020，24（12）：1475-1478.

② 约翰·梅迪纳. 让大脑自由［M］. 北京：中国人民大学出版社，2009.

学习笔记

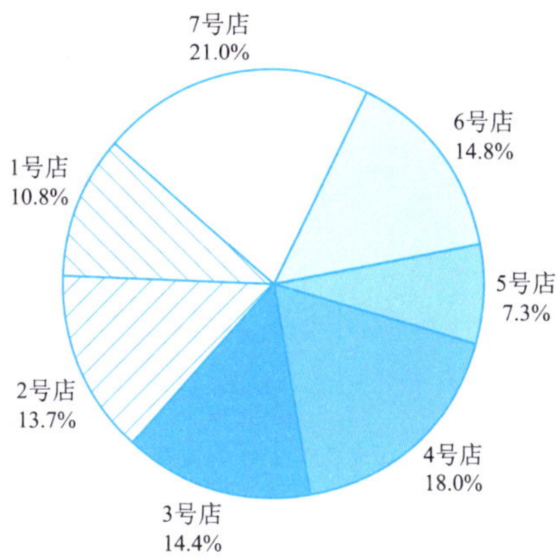

图 3-12　不同门店销售额占比

2. 了解不同门店对企业销售总额的影响情况

数据生成后发现，该企业一共拥有 7 家不同的门店，从数据可以看到不同门店所在地的客户对饮品的偏好不同，应根据不同偏好特点进行对应的营销推广。图 3-13 是输入提示词后的运行结果，即不同门店不同饮料种类销售额占比图。

用户指令：分别画出各门店不同饮品销售额占比的饼图，合并在一张图中，分两行紧凑显示。

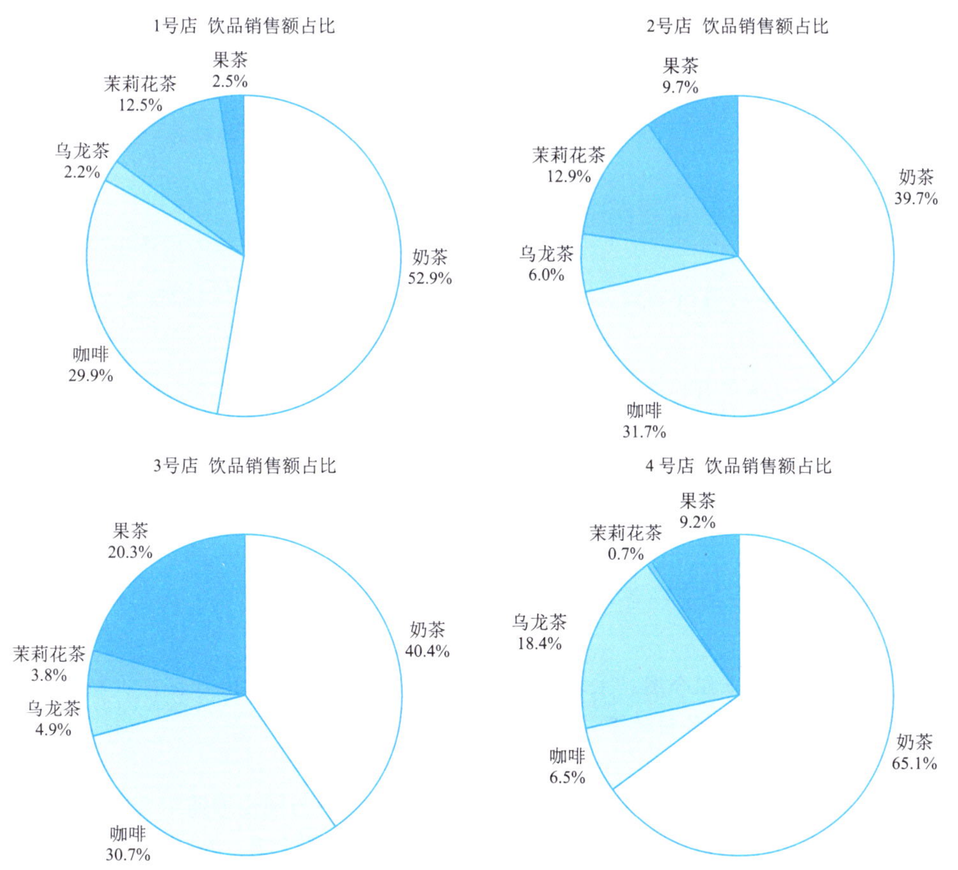

5号店 饮品销售额占比

奶茶 14.1%
咖啡 3.0%
乌龙茶 35.9%
茉莉花茶 3.6%
果茶 43.4%

6号店 饮品销售额占比

奶茶 36.1%
咖啡 26.3%
乌龙茶 7.6%
茉莉花茶 0.7%
果茶 29.2%

7号店 饮品销售额占比

奶茶 63.6%
咖啡 16.2%
乌龙茶 1.7%
茉莉花茶 9.1%
果茶 9.6%

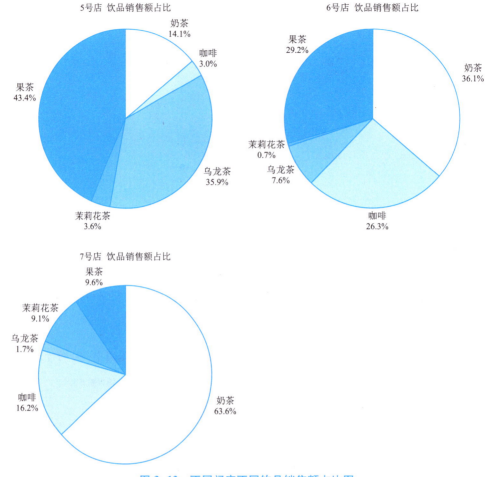

图 3-13　不同门店不同饮品销售额占比图

3. 了解企业在不同月份的饮品销售情况，了解是否存在季节性特征

用户指令：生成不同月份饮品销售额的柱状图。

图 3-14 是输入提示词后的运行结果，即不同月份饮品销售额柱状图。数据显示，2 月份该企业销售额较低，可进一步探讨原因以调整具体的营销手段。初步判断是春节假期对产品销售有较大影响。

4. 了解不同饮品对企业销售额的影响，以及不同饮品市场需求的变化情况

用户指令：生成一张组合图：主轴以折线形式表示不同饮品同比数据，次轴以柱状形式表示不同饮品 2022 年的销售额数据。

图 3-15 是输入提示词后的运行结果，即不同饮品销售额与同步增速组合图。从不同饮品同比销售额变化看到，茉莉花茶销售额大幅下降，乌龙茶大幅上升，应进一步调查数据变化的具体原因。奶茶是主力产品，其稳定的销售额使企业销售总额保持稳定，但要预防后期由

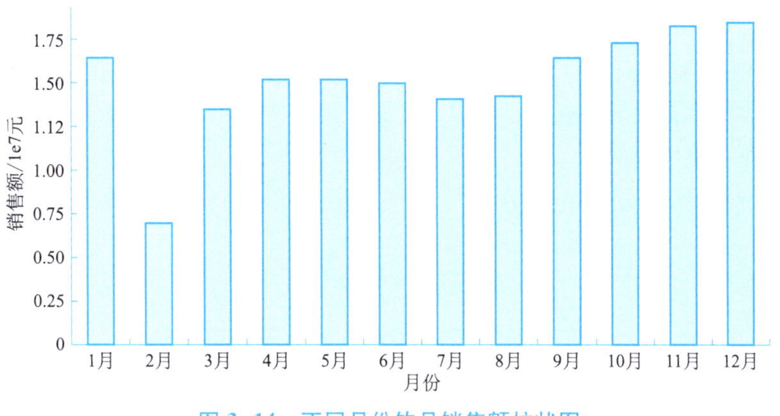

图 3-14　不同月份饮品销售额柱状图

于顾客偏好变化导致销售额下降的冲击。

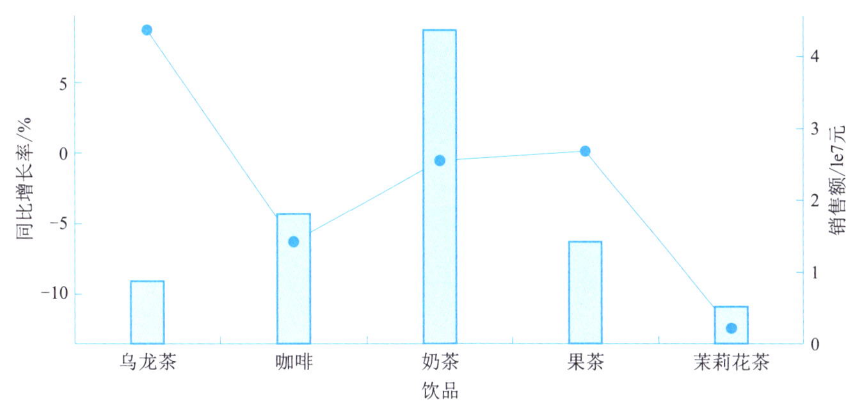

图 3-15　不同饮品销售额与同步增速组合图

用户指令中应先指示“生成组合图”，随后按照具体要求在不同坐标轴放置相关数据。

二、刻画用户画像

某高端大型零售企业主要销售红酒类产品，同时也销售部分肉类、水果、金饰等商品。此前该企业主要布局线下商店，但是随着在线办公的逐渐普及，为了更好地服务顾客，企业在某平台上开通了旗舰店，受到大量消费者的欢迎。为了更好地研究用户特点、满足用户需求，该企业决定对用户画像进行分析。

用户画像
练习数据

（一）实训要求

利用教学素材中的用户画像练习数据（见二维码），运用人工智能平台的数据分析功能，制作包括年龄、性别、消费金额等特点的用户画像。

（二）实训过程

1. 企业希望了解线上消费者群体的年龄层次分布

用户指令：制作两张条形图，要求：按性别分类，年龄每 10 年分一组，女性消费者条形图为红色且位于右侧，男性消费者条形图为蓝色且横轴坐标反转。两图形水平合并，紧凑排

学习笔记

列显示。

图 3-16 是输入提示词后的运行结果，即某零售企业不同性别消费群体年龄层次分布图。需要注意的是，平台在生成图表的过程中，可能不能一次性生成符合要求的图表，需要根据实际生成情况提出修改需求。

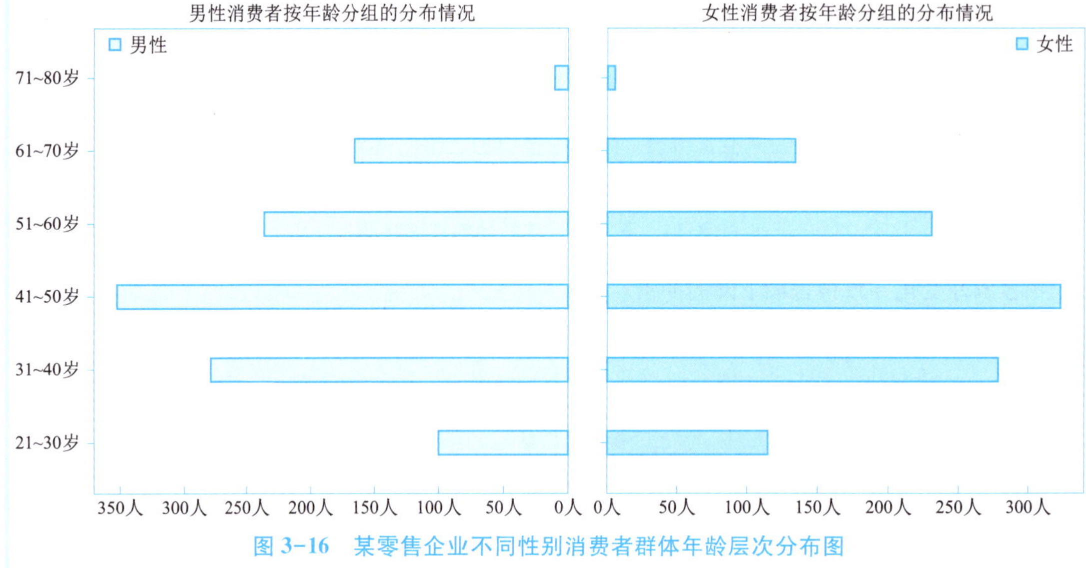

图 3-16　某零售企业不同性别消费者群体年龄层次分布图

2. 企业希望了解营销的重点方向是已婚人士还是单身人士

用户指令：画出不同婚姻/恋爱状态的消费者群体的消费量占葡萄酒消费总量的圆环图。

图 3-17 是输入提示词后的运行结果，即某零售企业不同婚姻/恋爱状态的消费者群体的消费量占葡萄酒消费总量的圆环图。通过该图可以清晰地看到不同婚姻/恋爱状态的消费者群体对该企业销售的葡萄酒的偏好。

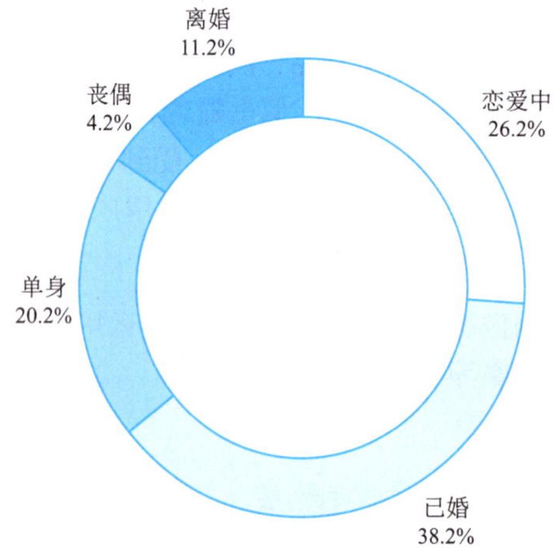

图 3-17　某零售企业不同婚姻/恋爱状态的消费者群体的消费量占葡萄酒消费总量的圆环图

学习笔记

3. 为了更好地制订营销计划，需要了解用户消费金额的区间分布情况

用户指令：制作葡萄酒销售对象消费金额的区间分布图，以 50 元为组距进行分组。

图 3-18 是输入提示词后的运行结果，即某零售企业葡萄酒销售对象的消费额直方图。从该图中企业可以发现总体消费的分布情况，有助于制订更准确的营销计划。

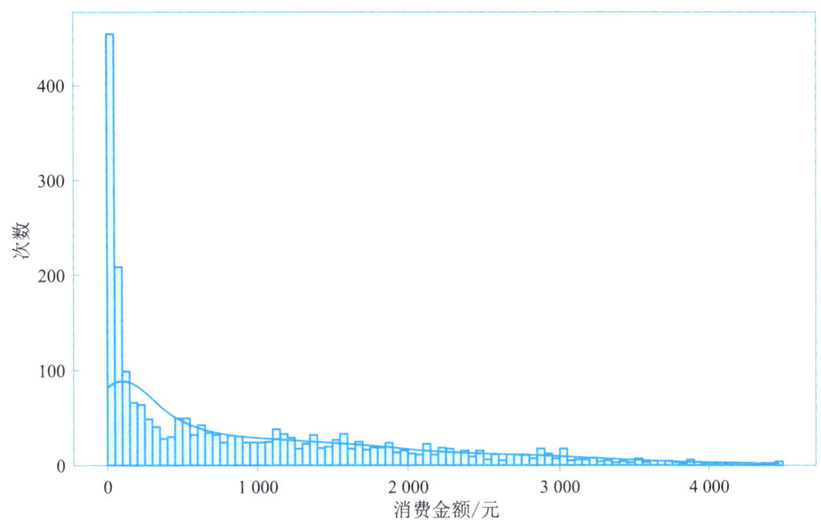

图 3-18 某零售企业葡萄酒销售对象的消费额直方图

4. 经过分析，发现大部分顾客消费金额低于 1 000 元，该企业计划通过增加高消费占比驱动业绩增长，故需要了解高消费人群特征

该问题可以通过构建逻辑回归（Logistic Regression）模型解决，逻辑回归是一种广泛使用的统计方法，用于估计一个事件的发生概率。它是分类任务中常用的一种方法，尤其是在二分类问题中。利用 AI 模型能便捷地构建该模型并进行计算。

第一步，用户指令：如果以一个人已婚、家庭收入 40 000 元、年龄 50 岁为例，用逻辑回归的方法，计算该客户葡萄酒单笔消费金额超过 200 元的概率有多大。

ChatGLM：根据模型计算，这个客户葡萄酒单笔消费金额超过 200 元的概率大约为 6.33%。请注意，这个概率是基于模型和现有数据的一个估计，实际情况可能会有所不同。

进一步，可以测算不同年龄阶段和收入水平消费者单笔消费超过 200 元的概率，并用图表更为直观地显示出来。

第二步，用户指令：生成用户特征矩阵，行数据为年收入（分别是 20 000 元、30 000 元、40 000 元、50 000 元、60 000 元），列数据为年龄（分别是 20 岁、30 岁、40 岁、50 岁、60 岁）。请使用逻辑回归模型计算矩阵内不同点单笔消费葡萄酒金额超过 200 元的概率。计算得出的矩阵制作图，用单元格的颜色深浅表示消费葡萄酒金额超过 200 元的概率大小。

ChatGLM：某零售企业葡萄酒单笔消费额超 200 元概率矩阵如图 3-19 所示，其展示了在不同年收入和年龄组合下，单笔消费葡萄酒超过 200 元的概率的热力图。在这个图表中，每

个单元格的颜色深浅表示在该特定年收入和年龄组合下的消费概率。颜色越深，表示单笔消费超过 200 元的概率越大。

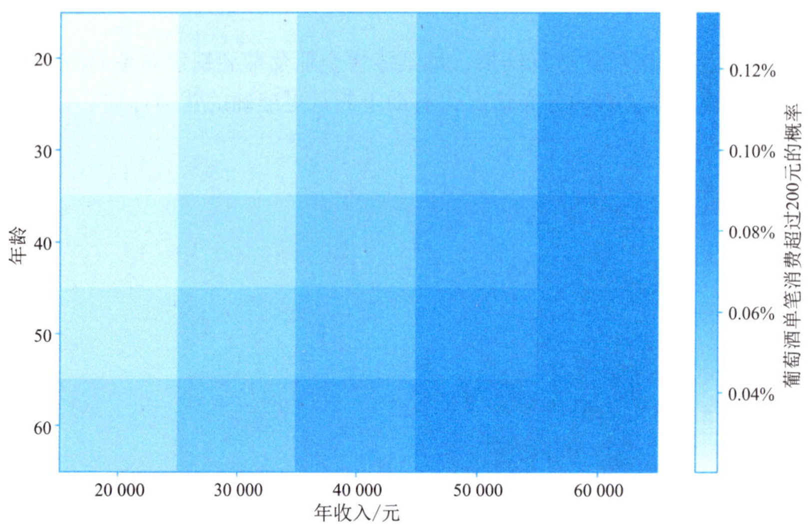

图 3-19　某零售企业葡萄酒单笔消费额超 200 元概率矩阵图

输入提示词后得到如图 3-19 的结果，从该图可以清晰地看到，消费者年龄越大、收入越高，单笔消费超过 200 元的概率就越大。

5. 该企业希望更为直观地了解产品在不同省份的消费情况

该类需求可以通过制作分级统计地图实现，但是截至本教材编制完成时，智谱清言未将 pyecharts 库整合至其在线平台数据分析模块，因此需要把 AI 生成代码复制到本地运行。上传用户画像数据后，可参考如下内容在平台中输入提示词。生成的结果即某零售企业用户数量居前五位的省份柱状图（见图 3-20）。

用户指令：按照不同省份汇总葡萄酒的消费额，并制作消费额排在前五位的省份的柱状图。

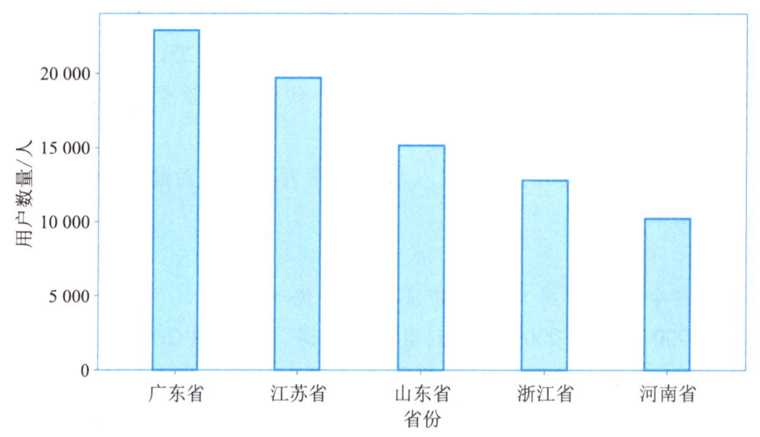

图 3-20　某零售企业用户数量居前五位的省份柱状图

学习笔记

进一步要求 ChatGLM 在上面汇总数据的基础上生成 Python 代码。

用户指令：根据分省用户数量的相关数据，使用 pyecharts 库生成分级统计地图的 Python 代码，代码中需要附上数据，以便在本地环境使用。图像宽度设置为 1 600 像素，高度设置为 900 像素。

ChatGLM 会生成类似如下的代码：

```
from pyecharts.charts import Map
from pyecharts import options as opts
# 分省葡萄酒消费数据
data=[("上海市",72693),("云南省",44847),("内蒙古自治区",47103),("北京市",84306),("吉林省",13494),("四川省",75072),("天津市",35316),("宁夏回族自治区",16677),("安徽省",77619),("山东省",151527),("山西省",35139),("广东省",228867),("广西壮族自治区",56292),("新疆维吾尔自治区",24264),("江苏省",197079),("江西省",47472),("河北省",61638),("河南省",101913),("浙江省",127728),("海南省",13479),("湖北省",96771),("湖南省",61137),("甘肃省",15420),("福建省",74826),("西藏自治区",414),("贵州省",32556),("辽宁省",47793),("重庆市",55956),("陕西省",100809),("青海省",9303),("黑龙江省",28332)]
# 设置图像的宽度和高度
init_opts=opts.InitOpts(width="1600px",height="900px")
# 创建地图
map_chart=Map(init_opts=init_opts)
map_chart.add("葡萄酒消费额",data,"China")
map_chart.set_global_opts(title_opts=opts.TitleOpts(title="中国分省葡萄酒消费额分级统计地图"),visualmap_opts=opts.VisualMapOpts(max_=max(consumption for_,consumption in data),split_number=5))
# 渲染地图到文件
map_chart.render('wine_consumption_map.html')
```

执行完毕后，Spyder 会在项目所在文件夹生成 html 文件，打开文件即可看到制作完成的分级统计地图。

本处使用的 pyecharts 是一个优秀的 Python 库，其不仅可以制作上述分级统计地图，还可以制作多种交互式数据图表，方便用户更好地发现数据特征。例如，可制作分省用户数量柱状图，鼠标移到数据上就能显示数据标签，读者可根据自身需要进一步探索使用。某零售企业各省份用户数量降序排列柱状图如图 3-21 所示。

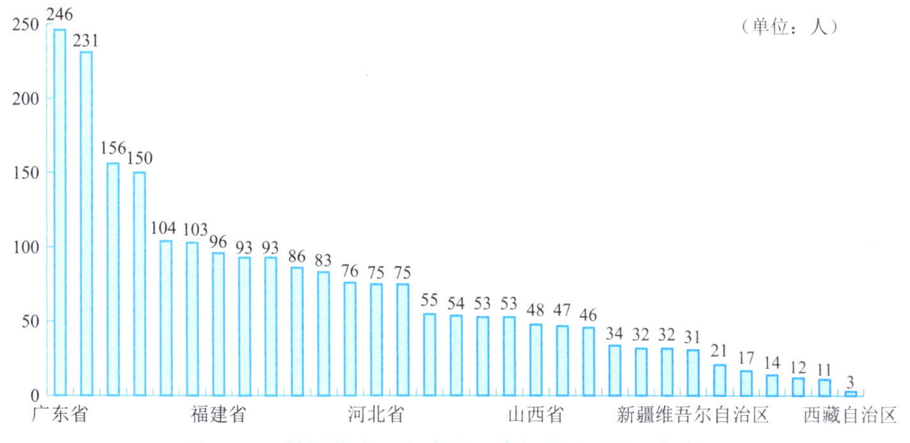

图 3-21　某零售企业各省份用户数量降序排列柱状图

【素质提升】

超市装上“智慧之眼”人工智能赋能实体经济①

在浙江省宁波市三江超市，视觉大模型为门店装上了“智慧之眼”。如果有货物从货架脱落或者货物需要补货，理货员将马上通过手机App收到通知。同时，“智慧之眼”会把每天的店内卫生情况、店员服务情况、货品情况等写成分析报告，大幅提升三江购物200多家超市的经营效率。

“以前是互联网+AI，现在是AI+，过去是业务流程的改善，现在是AI改变整个业务流程。”中国移动（浙江）创新研究院人工智能专家严昱超说，视觉大模型产品让大模型训练收敛速度提升2.5倍，实现小时级训练交付能力，模型mAP（平均精度）对比业内优秀开源方案平均领先5%。

除了被应用于超市，视觉大模型还可以被应用在工厂、学校等场景中。“视觉大模型可以检测视频流里面的一些异常对象，你看，它可以监测到这个窗户没有关，但是我们肉眼就看不太出来。”宁波移动政企部副经理潘宇虹边向记者演示视觉大模型系统，边介绍道。

知识巩固 

一、单选题

1. 商务数据分析过程不包括（　　）模块。

A. 需求提出　　B. 数据收集

C. 数据清洗　　D. 财务分析

2. AI辅助数据分析路线中，（　　）将数据上传到AI平台，如ChatGLM、Kimi、JuliusAI等，然后使用平台提供的工具和功能进行数据分析。

A. AI平台全过程执行　　B. AI生成执行代码

C. AI与第三方库结合　　D. Anaconda Navigator

3. （　　）是Python数据可视化领域中最重要的库之一。它通常被用于绘制各种静态、动态、交互式的二维图表。

A. Matplotlib　　B. Pandas

C. NumPy　　D. ChatGLM

4. （　　）是Python中用于科学计算的核心库之一，拥有丰富的与数值运算相关的函数，其核心功能是提供了一个多维的数组对象，称之为“ndarray”。“ndarray”提供了高效的内存管理，使大规模数组的存储和操作成为可能。

A. PandasAI　　B. NumPy

C. Holt-Winters　　D. SARIMA

5. （　　）是由Meta开发的开源预测工具，用于时间序列数据的分析和预测，可以用于预测具有季节性特征、节假日效应和趋势变化的数据。

A. NumPy　　B. Prophet

C. SARIMA　　D. ChatGLM

---

① 央广网. 超市、工厂装上“智慧之眼”人工智能赋能实体经济［EB/OL］. 2024-05-18［2024-05-24］. https://zj.cnr.cn/zjyw/20240518/t20240518_526708808.shtml.

学习笔记

二、多选题

1. AI 辅助数据分析的路线中，（　　）属于使用 AI 辅助数据分析的方法。

A. AI 平台全过程执行　　B. AI 生成执行代码

C. AI 与第三方库结合　　D. Anaconda Navigator

2. 数据预测是商务数据分析的重要环节之一，但是数据预测对理论和模型知识要求高且操作难度大。我们可以选用 AI 辅助数据预测的模型有（　　）。

A. 移动平均（MA）模型　　B. Holt-Winters 模型

C. SARIMA 模型　　D. 先知（Prophet）模型

3. 目前较为流行的智能编程插件是（　　），而国内也有类似的插件如（　　）。

A. NumPy　　B. Pandas

C. GitHub Copilot　　D. CodeGeeX

4. 一些 Python 第三方库整合了人工智能大语言模型，使之能实现自然语言提出数据分析需求后，代码运行自动实现的功能。本教材中提及的该类型第三方库有（　　）和（　　）等。

A. NumPy　　B. Pandas

C. PandasAI　　D. MetaGPT

5. SARIMA 模型是一种结合了（　　）、（　　）和（　　）模型的时间序列预测方法。优点是能够处理非平稳时间序列，能够捕捉季节性特征。

A. 自回归（AR）　　B. 移动平均（MA）

C. 季节性（SA）　　D. 空间分布

三、判断题

1. AI 平台执行分析是指将待分析数据上传到相关 AI 平台，让平台全过程执行数据分析。OpenAI 研发的 ChatGPT 是其中的代表之一。（　　）

2. 除直接让 AI 平台协助分析数据外，还可以上传表格，让平台进行表格的简单处理工作。（　　）

3. 在 AI 平台进行数据分析需要将数据上传，该行为不可能存在数据泄露的问题，因此如果需要分析的数据是企业机密数据可以上传到 AI 平台进行分析。（　　）

4. 编程语言基础新手适合用通过向人工智能平台提出需求的方式生成代码，对已经具备一些代码编写能力的人来说，使用 CodeGeeX 等插件效率更高。（　　）

5. NumPy 库为科学计算领域打下坚实基础，也是最高级科学计算库。（　　）

6. Pandas 是以 NumPy 为基础扩展开发而来，克服、弥补了 NumPy 库中的不足。（　　）

7. Matplotlib 的强大之处在于可以与 Pandas、NumPy 等其他科学计算库无缝集成，使得数据处理和可视化更加便捷。（　　）

8. 数据清洗是指收集数据之后，需要对数据进行清洗和预处理，包括处理缺失值、异常值、重复值等。这一步骤有助于提高数据质量，为后续的分析做好准备，并确保分析结果的准确性和可靠性。（　　）

9. Prophet 是由 Meta 开发的开源预测工具，用于空间序列数据的分析和预测，不可以用于预测具有季节性特征、节假日效应和趋势变化的数据。（　　）

项目三答案

实践训练

AI 辅助零售业销售数据分析

你是某零售公司的数据分析师，公司在全国有多个分店，主要销售各种家居用品。近期，公司希望你能够利用 AI 技术分析销售数据，以便更好地了解销售趋势、优化库存和销售策略。

任务 1：数据导入与预处理。需要从公司的数据库中导入过去一年的销售数据，该数据包含了各个分店的销售额、顾客数量、促销活动等信息。主要任务是清洗数据，确保数据的质量和完整性。

任务 2：特征工程。通过对销售数据的分析，你需要确定哪些特征对销售有显著影响，如季节性特征、促销活动、节假日等。需要使用 AI 平台进行特征选择和特征提取。

任务 3：数据可视化。利用 AI 平台的数据可视化工具，你将对销售数据进行可视化分析，绘制销售额随时间变化的趋势图、各分店销售对比图等，以便直观地了解销售情况。

任务 4：销售数据走势预测。利用建立的模型，你将对未来一个月的销售数据进行预测，并提供给管理层作为决策依据。你还需要评估模型的准确性，并提出可能的改进措施。

操作过程中，可参考如下步骤执行。

步骤 1：数据导入与预处理。

导入 Python 库（如 Pandas、Numpy 等）；

读取销售数据文件（如 CSV、Excel 等）；

数据清洗（如去除缺失值、异常值等）；

数据类型转换与格式化。

步骤 2：特征工程。

使用 AI 平台对销售数据特征进行分析；

探索性数据分析（如描述性统计、可视化等）；

特征选择与特征提取。

步骤 3：数据可视化。

使用 AI 平台对销售数据进行可视化分析；

绘制柱状图、折线图、散点图等常见图表；

分析可视化结果，提取关键信息。

步骤 4：销售数据走势预测。

使用 AI 平台进行销售数据走势预测；

利用 Python 编写预测模型；

评估模型预测结果，优化模型。

思考：

1. 如何确定哪些特征对销售有显著影响？思考并讨论可能影响销售的特征，如季节性特征、促销活动、节假日、地区经济状况等。

2. 在进行销售数据走势预测时，有哪些因素需要考虑以确保预测模型的准确性？

【项目评价】

评价项目（占比）	评价标准		分值	得分							
				学生自评	小组互评						教师评价
					第1组	第2组	第3组	第4组	第5组	第6组	
考勤（10%）	无故旷课、迟到、早退（一次扣 10 分）		10								
	请假（一次扣 2 分）										
学习能力（10%）	团队合作	小组合作参与度（优 6 分，良 4 分，一般 2 分，未参与 0 分）	6								
	个人学习	个人自主探究参与度（优 4 分，良 2 分，未参与 0 分）	4								
工作过程（40%）	能够准确把握 AI 数据分析的流程	能够掌握运用 AI 进行数据分析的基础知识（每错一处扣 2 分）	5								
		能够把握一般 AI 数据分析的流程（每错一处扣 1 分）	5								
	能够掌握使用 AI 平台执行数据分析的操作	能够了解使用 AI 执行数据分析的平台（每错一处扣 1 分）	5								
		能够借助 AI 平台执行数据分析（每错一处扣 1 分）	5								
	能够有效使用 AI 进行数据预测	能理解数据预测模型（每错一处扣 1 分）	10								
		能用 AI 进行数据分析及预测（每错一处扣 1 分）	10								
工作成果（40%）	环节达标度	能够按要求完成每个环节的任务（未完成一处扣 4 分）	20								
	整体完成度	能够准确展示完成成果（失误一次扣 5 分）	20								
得分小计											
教师评语：											
综合得分（学生自评得分×20%+小组互评得分×20%+教师评价得分×60%）											

学习笔记

项目四　学会生成商务文本

学习目标

素养目标	1. 培养新时代社会主义建设者和接班人的文化自信； 2. 培养科技创新精神； 3. 培养诚信、守法的道德品质
知识目标	1. 掌握提示词编写的规则和技巧； 2. 了解 AI 智能体在大语言模型中的应用； 3. 知晓商务文本的分类和编写要求
技能目标	1. 能够编写提示词、利用大语言模型生成各类商务文本； 2. 能够使用智能体生成复杂的商务文本； 3. 能够不断优化商务文本内容

知识结构

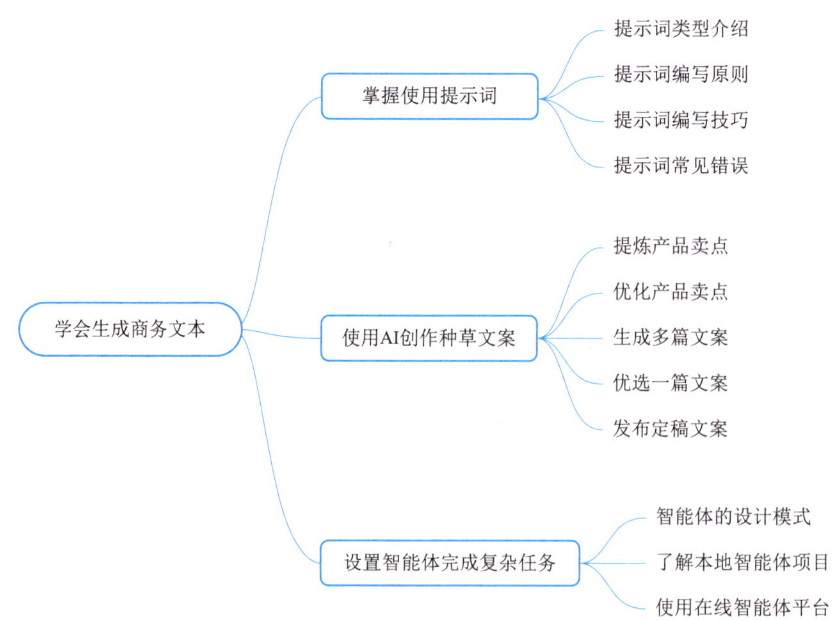

学习笔记

任务一　掌握使用提示词

案例导入 

随着人工智能技术的不断进步和应用场景的日益丰富，AI 大模型在中国得到了越来越多的关注和应用。据 2023 年数据显示，我国 AI 大模型行业市场规模为 147 亿元，预计 2024 年将增长至 216 亿元。随着技术的不断进步和应用场景的拓展，相信 AI 大模型将在未来发挥更加重要的作用，推动中国人工智能产业持续发展和创新。

中国 AI 大模型行业的竞争态势日趋激烈，众多企业纷纷加大研发投入，力求在这个新兴市场中占据一席之地。目前，该行业已经初步形成了多元化的竞争格局，既有科技巨头凭借强大的技术实力和丰富的数据资源稳占鳌头，也有创新型中小企业凭借独特的技术路线和应用场景异军突起。科技巨头如百度、腾讯、阿里巴巴等凭借其在人工智能领域的深厚积累和强大的技术实力，占据了市场的主导地位。

随着生成式人工智能的发展，其应用的范围越来越广，涵盖了传媒、咨询、消费、金融、新能源、互联网、智能办公等多个细分场景。正确使用生成式人工智能，可以帮助企业有效制定营销策略、生成广告文案、撰写公众号文章。对广大企业员工而言，生成式人工智能可以进行工作汇总、简历优化、完成项目 PPT 框架搭建，可以说 AI 大语言模型已经走入了人们的日常工作和生活。

知识准备 

一、提示词类型介绍

提示词（Prompt）是指一段描述或指令，用于引导模型生成特定的内容。提示词可以成为触发大语言模型生成特定内容的信号或线索。接收到这些提示后，大语言模型会根据其训练所学到的知识和模式，生成相应的文本进行回应或补充。

提示词工程（Prompt Engineering）则是一门发挥想象力的艺术，它涉及创造性地设计和优化这些提示词，以便从大语言模型中获得最佳的输出结果。提示词根据其提出形式的不同，主要有如下类型。

大语言模型接收提示词生成结果过程

零样本提示（Zero-Shot Prompt）：在提示词中不加任何与任务相关的示例。由于大型语言模型是经过大量数据训练得出的，一些简单的问题或任务不需要对其进行指示大语言模型就能较好地完成。零样本提示是最简单的提示类型，它不提供任何示例给模型，只提供指令，例如：

> 请列出一些适合初次到访北京的游客的博客文章创意。

少样本提示（Few-Shot Prompt）：在 Prompt 中加入少数与任务推理类似的示例。虽然当前大语言模型的参数量越来越大，在不提供示例时直接生成的效果已经不错，但是，当任务趋于复杂时大语言模型的表现则不尽如人意，此时给予大语言模型一些示例进行提示，模

型的回答效果将有所提升。例如，如果直接询问大语言模型“请列举三种常见的室内植物”，在零样本提示的情况下，模型因没有得到任何示例或上下文信息，可能无法给出具体和准确的答案。但如果询问该问题前给出少样本提示，模型通过前面提供的示例学习了室内植物的相关信息，在面对目标问题时就能够给出具体且准确的答案。

示例 1：
问：什么植物适合放在办公室？
答：适合放在办公室的植物有蜘蛛植物、吊兰和仙人掌。
示例 2：
问：哪些植物可以净化空气？
答：可以净化空气的植物包括黄金葛、常春藤和芦荟。
示例 3：
问：家庭中常见的观赏植物有哪些？
答：家庭中常见的观赏植物有玫瑰、君子兰和多肉植物。
目标问题：请列举三种常见的室内植物。

答：常见的室内植物有蜘蛛植物、吊兰和仙人掌。

读一读：

少样本提示与中国文化的类比思维

少样本提示激发了大语言模型的类比思维，一些研究发现少样本提示的生成效果要好于零样本提示。

侯道仁（道格拉斯·理查德·侯世达，中文名侯道仁）教授认为，类比是人类思维的天赋，也是人类创新的源泉，更是人类智慧最重要的体现之一。他的理论不仅对心理学、语言学、艺术、绘画等学科有着重要的影响，对人工智能、数理逻辑、可计算理论等前沿学科也有着重要的启迪作用。①

《表象与本质：类比，思考之原和思维之火》② 一书中指出：“做类比不是偶尔才做的智能游戏，而是认知的生命之源”“通过类比进行范畴化，是人类不同层次思维的原动力。”

类比思维恰恰是中国传统的推理方式之一。周山在《中国传统类比推理系统研究》中提到“西方人注重演绎，中国人注重类比”。由此看来，即使 AI 蓬勃发展，也大可不必否定传统的思维和推理方式。

生成知识提示：为了改进零样本提示效果不佳的问题，除在提示中加入案例外，还可以加入与问题相关的背景知识，而这些背景知识可以通过大语言模型生成。例如，向大语言模型询问“高尔夫球是试图获得比其他人更高得分的活动。是或否？”如果模型缺乏相关背景知识，可能做出错误的回答。可以先利用大语言模型生成关于高尔夫球比赛规则的背景知识，然后在下一步提示词中加入相关内容：

---

① 清华大学．美国著名认知科学家侯道仁教授造访清华大学，畅谈类比在思维中的作用［EB/OL］.（2020-02-06）［2024-05-22］. https://www. psych. tsinghua. edu. cn/info/1198/1136. htm.

② 侯世达．表象与本质：类比，思考之源和思维之火［M］. 浙江：浙江人民出版社，2018.

“高尔夫球的目标是以最少的杆数打完一组洞。一轮高尔夫球比赛通常包括18个洞。每个洞在标准高尔夫球场上一轮只打一次。每个杆计为一分，总杆数用于确定比赛的获胜者。根据上述知识，高尔夫球是试图获得比其他人更高得分的活动。是或否?”

学习笔记

此时大语言模型回答的准确性将有所提高。

思维链提示（Chain-of-Thought Prompt）：给予大语言模型逐步思考的提示，使之生成正确的结果。例如，如果给大语言模型提示：

问：一个杂耍者可以同时抛接16个球。其中一半是高尔夫球，同时一半的高尔夫球是蓝色的。请问有多少蓝色的高尔夫球?

由于大语言模型计算能力较弱，可能会给出错误答复。不过，可以在提示词中加入逐步思考的要求：

问：一个杂耍者可以同时抛接16个球。其中一半是高尔夫球，同时一半的高尔夫球是蓝色的。请问有多少蓝色的高尔夫球?

让我们逐步思考。

在提示词中要求模型逐步思考，大语言模型就会分步回答，进而可能得出正确的结果：

答：总共有16个球。其中一半是高尔夫球，这意味着有8个高尔夫球。这些高尔夫球中有一半是蓝色的，这意味着有4个蓝色的高尔夫球。

以上思维链提示属于零样本思维链提示，仅要求大语言模型逐步思考。还可以在提示词中加入样本，形成少样本思维链提示，以下是一个示例。

问：小明有5个网球。他又买了2罐网球，每罐有3个网球。现在他有多少个网球?

答：小明开始时有5个网球。2罐每罐3个网球，共有6个网球。5 + 6=11。答案是11。

问：一个杂耍者可以同时抛接16个球。其中一半是高尔夫球，同时一半的高尔夫球是蓝色的。请问有多少蓝色的高尔夫球?

在对大模型进行少样本示例引导后，大语言模型同样会逐步思考得出更为准确的答案：

答：16个球的一半是高尔夫球，即8个。这8个高尔夫球中一半是蓝色的，即4个。所以有4个蓝色的高尔夫球。

链式提示（Prompt Chaining）：即通过将任务分解为多个子任务，并根据每个子任务生成一系列操作提示，一旦确定了子任务，就可以将每个子任务的提示词提供给语言模型，然后将生成的结果作为新的提示词的一部分，以此逐步执行并完成任务。使用链式提示的原因在于一些任务复杂程度高，仅靠一次提示无法有效指导模型准确完成任务。以下是使用链式提示的一个案例。

提示词 1：

这是一个概念：跨境电商。我希望你写一篇关于这个概念的新闻稿的三句话大纲，适合这个级别的读者：大专学生。

将上述提示词输入 ChatGLM 中，得到以下回答：

ChatGLM：

Ⅰ. 引言：跨境电商作为一种新型的国际贸易形式，正在逐渐改变全球经济的格局，为我国经济发展注入新的活力。

Ⅱ. 主体：跨境电商平台通过提供便捷的在线交易服务，打破传统贸易的地域和国界限制，使中小企业也能够参与到全球贸易中来，促进国内外市场的深度融合。

Ⅲ. 结尾：跨境电商的发展将有助于推动我国经济的转型升级，提升我国在全球经济中的地位，同时也为消费者提供了更加丰富和多样化的商品选择。

可以进一步给予大语言模型新的提示。

提示词 2：

这是一篇新闻的大纲：

Ⅰ. 引言：跨境电商作为一种新型的国际贸易形式，正在逐渐改变全球经济的格局，为我国经济发展注入新的活力。

Ⅱ. 主体：跨境电商平台通过提供便捷的在线交易服务，打破传统贸易的地域和国界限制，使中小企业也能够参与到全球贸易中来，促进国内外市场的深度融合。

Ⅲ. 结尾：跨境电商的发展将有助于推动我国经济的转型升级，提升我国在全球经济中的地位，同时也为消费者提供了更加丰富和多样化的商品选择。

请将大纲中的每个句子扩展为一个段落。逐字逐句地使用每个句子作为其相应段落中的第一句话。确保适合此类读者的书写水平：大专学生。

在链式提示的引导下，同样是生成新闻稿件的任务，生成的效果与单次提示相比将会更加理想。

以上是常用的提示词技术，除此以外还有一些高级提示技术，例如，**思维树**①（**Tree of Thoughts**）、ReAct 框架、自我反思等内容，能引导大语言模型更好地完成复杂任务。

读一读：

李彦宏：10 年后全世界 50%的工作将是提示词工程

2023 中关村论坛全体会议上，百度董事长兼首席执行官李彦宏做了题为《大模型改变世界》的演讲。他在演讲中预测：10 年后，全世界有 50%的工作将是提示词工程，即通过输入一些提示词，让人工智能大模型生成满足用户需求的文字、图片等内容产品。“所以我们的

① Yao, S., Yu, D., Zhao, J., et al.(2023). Tree of Thoughts: Deliberate Problem Solving with Large Language Models [arXiv: 2305.10601]. arXiv. Retrieved May 28, 2024, from https://arxiv.org/abs/2305.10601.

教育首先要教会学生提出问题，而不是解决问题。”

他为此在演讲中呼吁：提出问题比解决问题更重要，国内教育界要加强对学生提问能力的培养，这样才能让青少年今后更适应提示词工程这种工作。

学习笔记

二、提示词编写原则

提示词的质量会对会话的成功产生重大影响，在编写提示词的过程中，需要遵循以下原则。

（1）明确目的：在编写提示词时，首先要明确告知大语言模型你的目的和需求。目的和需求清晰的提示词有助于确保大语言模型理解主题或任务，并能够生成适当的内容。

（2）简洁明了：尽量使用简洁、明了的语言来编写提示词。避免冗长和复杂的句子结构，以减少出现误解的可能性，同时避免引入不相关的话题。

（3）重点突出：重点明确有助于大语言模型理解的核心问题，并始终紧扣主题。避免使用过于宽泛或开放式的提示，这可能会导致对话脱节。

（4）具体详细：尽量提供具体的信息和细节。例如，如果你希望 AI 生成一篇关于某个主题的报告，你可以在提示词中明确指出该报告的主题、长度、所需的格式等。

通过遵循这些原则，可以制作有效的大语言模型的提示词，与大语言模型实现更有效的交互。

三、提示词编写技巧

在实际操作过程中可以从以下角度思考和编写提示词。

（1）区分任务类型：明确告知大语言模型要做什么事情，要生成什么类型的文本，是进行公文写作，还是生成营销文本、翻译一段文字，抑或是草拟一项法律合同。

（2）细化任务要求：对具体的应用场景和文本内必须包含的关键信息进行说明。例如，需要大语言模型帮助生成一篇广告文本，则需要：①确定产品品类；②明确商品名称；③挖掘商品卖点；④锁定目标受众；⑤选定投放平台；⑥找准语言风格。这 6 项内容中，前 3 项是与产品相关的，需要准确、无误地加以概括，特别是对产品卖点的提炼，需要差异化地提炼产品的卖点，让产品在同质产品中脱颖而出。

（3）使用特殊标记：使用特殊标记的作用在于让大语言模型知道提示词的不同部分是分隔的，从而更清晰地理解指示。具体使用哪种符号并无要求，只需要让大语言模型知道这是分隔符而非正常的标点符号即可。例如，可以使用“###”或“===”等形式。进一步，可以使用 XML 的一些标签作为分隔符，原因在于大语言模型使用了许多 Web 数据，而 XML 是网页常用的语言之一。

（4）使用具体示例：提供一些示例来帮助大语言模型更好地理解你的意图。例如，如果你希望生成一篇具有特定风格的文章，可以提供一些与该风格相似的文章作为示例。

（5）指定角色扮演：通过指定模型扮演的角色或身份，可以使模型更专注于特定领域或任务类型，并更好地匹配用户的期望。这种方式可以提高生成内容的准确性和相关性，从而增强用户体验。使用该技巧可以为模型提供更具体的上下文和指导，帮助模型更好地理解任务需求并生成相关内容。下面是角色扮演的一些示例。

“坏”提示：写一篇关于健康饮食的文章。

“好”提示：你是一位健康生活博主，为我的网站写一篇关于健康饮食的文章。

“坏”提示：设计一个新的游戏关卡，让它充满挑战性但不至于太难。

“好”提示：你是一位资深游戏关卡设计师，设计一个新的游戏关卡，让它既充满挑战性又不至于太难。

（6）模型辅助生成：当任务需求较为模糊、难以明确具体细节要求时，可以针对该任务向大语言模型询问合适的 Prompt 提出方式，获得提出提示词的思路。下面是示例之一。

用户：提供一个 Prompt，可以指示大语言模型更好地完成健康生活博客内容的生成工作。

大语言模型：“为了帮助读者过上更健康的生活，创建一篇博客文章，内容应包括营养均衡的饮食建议、有效的锻炼计划以及促进心理健康的建议。文章应包括最新的科学研究成果和专家建议，同时注重实用性和可行性，以激发读者积极行动。”

（7）确保真实内容：大语言模型有时会生成听起来连贯、令人信服却与实际情况不相符的回答。对此，可参考以下解决方案。

在上下文中提供基本事实，例如相关文章段落，可以帮助模型更好地理解问题并提供准确的答案。

明确告诉模型，如果它不知道答案，应该直接承认不知道，而不是试图生成一个看似合理但可能不真实的答案。

提供问题和答案的组合示例，这样模型可以学习如何根据给定的信息生成准确的回答。例如：

问：“主要色彩给人什么感觉？”

正确答案：“这幅画以蓝色和灰色为主，给人一种平静和沉思的感觉。”

错误答案：“这幅画的主要色彩是70%的红色和30%的绿色。”

读一读：

提示词编写的 CO-STAR 框架

1. 上下文（Context）：提供背景知识帮助大语言模型理解任务场景。
2. 目标（Objective）：明确定义目标，确保大语言模型聚焦于任务内容生成。
3. 风格（Style）：制定大语言模型的写作风格，引导生成符合要求的内容。
4. 语气（Tone）：设定语气可以让大语言模型的回复更为符合任务所需的场景。
5. 受众（Audience）：指定任务内容面向哪些对象展示，可以保证生成内容更符合受众的思维模式。
6. 响应（R）：指定输出内容的格式，以便后续进一步修改、使用。

以下是使用 CO-STAR 框架编写提示词的一个案例。

#上下文：

我的企业是小型家纺企业，主要生产床上四件套。目前该类产品市场竞争激烈，属于典型的垄断竞争市场。

学习笔记

#目标：
在小红书等新媒体上发布广告，扩大产品知名度，吸引潜在顾客购买产品。
#风格：
扮演小红书热门博主，写作风格热情、轻松。
#语气：
以口语化的表达方式，拉近与读者的距离。
#受众：
20~30岁的女性。
#响应：
使用具有吸引力的标题，要充分利用emoji表情符号增加活力。

四、提示词常见错误

制作有效的提示词需要仔细考虑并注意细节，以下是在制作提示词时要避免的一些常见错误。

（1）信息过多： 向大语言模型提供足够的信息以理解对话的上下文和目的很重要，但过多的信息可能会让大语言模型不知所措。提示词一定要简明扼要，避免包含不必要的内容或细节说明。

（2）概念不清： 使用清晰易懂的语言很重要，尤其是在与大语言模型对话时，避免使用模型不熟悉或模棱两可的专业术语或语言。

（3）开放问题： 过于模糊或开放式的提示词可能会令大语言模型感到困惑和难以理解。使用具体的、有针对性的问题，而不是开放式的问题，不要问“你对这个话题有什么看法”，试着问一个更具体的问题，关注这个话题的特定方面，可以问：“这种方法的主要好处是什么？”或“你认为这种方法有什么挑战？”

【素质提升】

提示词工程师：让AI更懂人话①

“这是人工智能领域最热门的工作，不需要编程经验就能赚到6位数的年薪。”这是彭博社对AI“提示词工程师”的描述。《福布斯》杂志同样强调了这一工种的前景：这是一个热门的新角色，年入30万美元，并且它的地位只会越来越突出。那么，AI提示词工程师到底是怎样一种职业？

清华大学新闻与传播学院教授沈阳及其团队一直在研发大模型相关内容，他向《环球时报》的记者介绍，提示词工程师是专门针对人工智能系统（尤其是生成型人工智能软件）的职位，负责设计和优化指令，以帮助这些系统更好地理解和响应用户的需求。他们的主要职责包括创建和完善人们向人工智能输入的文本提示，以期从中获得最佳结果。与一般程序员不同的是，提示词工程师的工作是在充分理解AI的前提下，对自然语言的巧妙使用，而程序员则是对代码语言的运用。

通俗地说，提示词工程师是通过与大模型“对话”，提示、引导其输出正确且符合用户

① 陈子帅．“不需编程经验能赚到6位数年薪”！提示词工程师：让AI更懂人话［EB/OL］．环球网 2023-10-21［2024-05-25］．http://paper.people.com.cn/rmrb/html/2023-11/03/nw.D110000renmrb_20231103_3-09.htm.

需求的信息。据沈阳介绍，其团队近期使用人工智能生成内容写作了一篇科幻小说，小说的创作过程就是通过不断给出关键提示词，引导大模型生成完整的篇章。

今年33岁的高级分析师张洵是硕士毕业，在北京一家AI科创企业工作。她目前正在担任提示词工程师的角色，她与公司其他200位提示词工程师为航天、医疗等不同领域的400多家企业提供服务。

“我到目前也只做了7个多月，但我认为提示词工程师的工作比程序员更难，因为前者的项目需求一直在变化，并且也没有可以固定套用的模板。”张洵说。

什么样的知识储备才能够做这份工作？张洵介绍，在专业上，信息管理、统计学、金融学和新闻学比较符合岗位需求，因为提示词工程师每天大量的工作是数据分析和处理。目前来看，国内的提示词工程师许多都是从其他岗位转型而来。

在被问及对该职业的前景看法时，张洵表示，自己和身边同事并没有担忧过这个岗位会被取代，“一方面，伦理上不会允许AI对人类替代太多；另一方面，人类思维比AI更加敏感，一些专业的AI使用需求还是要借助人工来拆解”。

“只有真正地热爱大模型，愿意每天从早到晚使用它、钻研它的人才适合做提示词工程师。”张洵说，转型提示词工程师，是对自己职业能力的一次提升，但也是AI迅猛迭代背景下的一种选择。“如果不跟上行业发展的脚步，就会被淘汰。”

任务实施

1. 提示词是什么？编写提示词的技巧有哪些？

2. 结合案例分析：提示词工程师需要具备什么样的技能？

【教师评语】

【反思总结】

学习笔记

任务二 使用 AI 创作种草文案

案例导入

在新媒体时代，广告不再是单向传播，更多的是双向互动。近年来企业在新媒体平台投放广告的数量越来越多，收益明显。新媒体广告的特点是传播速度快、覆盖面广、互动性强、定位精准，新媒体平台能够根据用户的兴趣和行为数据进行个性化推送，从而提高广告的效率和效果。随着互联网技术的不断发展，新媒体广告已成为广告行业的重要支柱之一。

以小红书为例，它是年轻人的生活方式平台，由毛文超和瞿芳于 2013 年在上海创立。小红书以“Inspire Lives 分享和发现世界的精彩”为使命，用户可以通过短视频、图文等形式记录生活点滴、分享生活方式，并基于兴趣形成互动。截至 2019 年 10 月，小红书月活跃用户数已经过亿，其中 70%的用户是“90 后”，且平台使用人数仍在持续快速增长。

通过 AI 大语言模型自动生成商务文本，可以实现社交媒体平台（如小红书、微信公众号）高频次、个性化的文本类广告生成和投放。通过掌握提示词技术、掌握新媒体广告文案写作原则，让 AI 自动生成商务文本，由员工评估和修改后进行媒体投放，将大大提升工作效率。

当前，A 公司研发了一款栀子花香的国风香水，希望借助小红书进行“种草”，请利用 ChatGLM 等人工智能模型创作小红书种草文案。

实训目标

A 公司研发了一款符合市场需求的栀子花香国风香水，定价为 188 元/30mL。这是该产品首次进入市场，目标是进行深入的宣传推广。利用 ChatGLM 模型，让我们结合目标客户的特点和产品的独特卖点，创作并优化多篇小红书上的种草文案，从中挑选并整合出最优的一则种草文案。

实训过程

一、提炼产品卖点

使用 ChatGLM 模型，让大语言模型协助进行产品卖点提炼。

用户：现在我公司研发了一款栀子花香的香水，定价为 188 元/30mL，即将推向市场，请以产品经理的角色帮我提炼出产品卖点。

ChatGLM：作为产品经理，针对您公司即将推出的栀子花香香水，以下是可能的产品卖点。

1. 纯正栀子花香：强调香水的花香来源于天然栀子花，无化学添加，还原最真实的栀子花香味，为消费者带来清新自然的体验。

2. 优雅定位：188 元的定价体现了产品中高端的市场定位，适合追求生活品质的消费者，是其优雅生活方式的一部分。

3. 精致包装：设计精美的包装，不仅能提升产品档次，也适合作为礼品，满足节日、纪念日等特殊场合的需求。

4. 持久留香：突出香水的留香效果，让消费者在一天中的任何时刻都能享受到栀子花的芬芳。

5. 适合多种场合：无论是日常办公、约会聚会，还是晚宴派对，栀子花香都能为消费者增添魅力。

6. 品牌故事：如果公司有相应的品牌故事，可以将产品与品牌的历史、文化或理念相结合，增加产品的附加值。

7. 环保理念：若产品在生产和包装过程中采用了环保材料和技术，这也是一个重要的卖点，符合当下可持续发展的消费趋势。

8. 限定版/季节性：如果产品是限定版或季节性推出，可以强调其稀有性和时效性，吸引消费者关注和购买。

9. 用户评价：在产品初期推广时，可以收集用户评价，将真实的正面评价作为卖点之一。

10. 完善的售后服务：提供满意的退换货服务，增加消费者购买的信心。

综上所述，产品的卖点需要结合产品自身特点、目标消费群体以及市场趋势来综合考量。希望以上建议对您有所帮助。

二、优化产品卖点

结合市场营销中产品策略的相关知识，对卖点进行优化和整合。

分析大语言模型生成的卖点并进行优化：在 10 个卖点中，1. 纯正栀子花香、4. 持久留香、8. 限定版/季节性，都是与产品本身相关的，属于核心产品层的利益；2. 优雅定位、3. 精致包装、5. 适合多种场合、6. 品牌故事、7. 环保理念，属于形式产品层的利益；10. 完善的售后服务属于延伸产品层的利益；9. 用户评价，一般不在社交媒体上作为宣传卖点，故不使用。最后结合产品设计和研发的定位，梳理出卖点：纯正栀子花香、持久留香、100%还原、夏天、国风、优雅、清新、淡雅、环保、礼物。

三、生成多篇文案

在明确产品卖点和目标客户群体后，让大语言模型生成多篇小红书种草文案。

提示词：帮我做一篇栀子花香的国风香水的小红书种草文案，要求包含持久留香、100%还原、夏天、国风、优雅、清新、淡雅、环保、礼物这些关键词，可以加入一些诗意的联想，要求语言简洁生动，种草的对象是 18~35 岁的浪漫女性。

ChatGLM：方案一

❀夏日国风，栀子飘香❀

🌿 清新脱俗，淡雅宜人，这个夏天，邂逅栀子花香的国风香水，为浪漫而生！

🌷 100%还原栀子花的纯净与柔美，犹如漫步古诗中的花径，诗意盎然。

🎁 赠予自己，或是心爱的她，一份独特的礼物，诉说着国风韵味的故事。

✨ 持久留香，伴随一整日的美好心情，让浪漫女性在花样年华，尽显优雅气质。

🌸 栀子花香，夏日国风，等你来寻。种草此刻，开启诗意生活！#栀子花香 #国风香水

#清新淡雅 #夏天礼物 #100%还原

ChatGLM：方案二

栀子花语，夏日国风雅韵

持久留香，100%还原栀子花的清新淡雅，这个夏天，让浪漫随行。

精致国风设计，环保理念，献给18~35岁优雅女性的礼物。

“疏影横斜水清浅，暗香浮动月黄昏。”漫步在夏日黄昏，栀子花香随风飘散，清新淡雅，宛如画中仙子。

优雅与清新交织，感受栀子花国风香水的淡雅之美，为你的浪漫夏日增添一抹诗意。

赋予肌肤持久芬芳，让你成为炎炎夏日里最闪耀的存在。环保礼盒包装，传递爱与美好。

这个夏天，与栀子花共舞，感受国风香水的魅力，让浪漫绽放！

#栀子花香 #国风香水 #持久留香 #100%还原 #夏天 #优雅 #清新 #淡雅 #环保 #礼物

ChatGLM：方案三

夏日国风，栀子花语

持久留香，100%还原栀子花的清新淡雅，是这个夏天最优雅的礼物。

穿梭于古典与现代，国风香水演绎着独特的东方韵味。一款环保、清新的栀子花香香水，诉说着淡雅的浪漫。

“清风徐来，水波不兴。”夏日的炎热，被栀子花的芬芳一扫而空，清新、优雅，宛如画中仙子。

送给追求品质生活的你，这款香水不仅是对夏天的礼赞，更是对环保理念的践行。淡雅而不失风情，清新中透露着国风的韵味。

这个夏天，让栀子花香陪伴你度过每一个浪漫时刻，成为你独特的国风印记。

#栀子花香 #国风香水 #持久留香 #100%还原 #夏天 #优雅 #清新 #淡雅 #环保 #礼物

四、优选一篇文案

比较三个方案后，筛选出最优质的内容——方案一，加以润色修改。

夏日国风，栀子飘香：你不能错过的国风栀子香水。

清新脱俗，淡雅宜人，这个夏天，邂逅栀子花香的国风香水，为浪漫而生！

100%还原栀子花的纯净与柔美，犹如漫步古诗中的花径，诗意盎然。

持久留香，伴随一整日的美好心情，让浪漫女性在花样年华，尽显优雅气质。

赠予自己，或是心爱的她，一份独特的礼物，诉说着国风韵味的故事。

香水香调

前调：栀子

中调：中国白玉兰

后调：甜橙

香水性格

绿叶、青绿、栀子花、水汽、温暖、干净

学习笔记

扩散性

前调扩散强，缓慢转中

今生戴花，今生漂亮。栀子花香，等你来寻。

#栀子花香 #国风香水 #持久留香 #夏天 #优雅 #清新 #淡雅 #环保 #礼物 #高级感 #大学生 #年度爱用 #小众

主要修改点：

①将产品名称“栀子花香香水”加入标题，将标题修改到合适长度。

②内容顺序调整。为了让读者聚焦产品的核心卖点，同时契合逻辑顺序，先说核心产品层的卖点，然后扩展到形式产品层、期望产品层、延伸产品层和潜在产品层。产品系统的五个层级如图 4-1 所示。

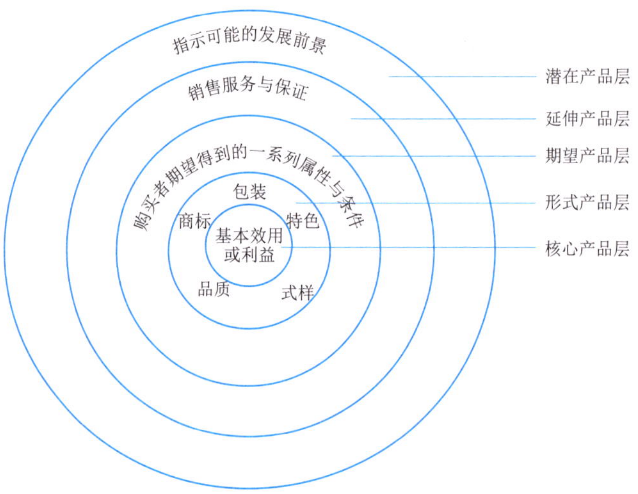

图 4-1　产品系统的五个层级

③加入香水香调、香水性格和扩散性的说明，让消费者一看就明白，将抽象的气味进行具象化描述。

④文案结尾再次点题，将社交媒体热点泉州蟳埔簪花“今生戴花，来世漂亮”的理念，创造性地改编为“今生戴花，今生漂亮”，加深消费者的印象，并且激发其购买欲。

⑤文字排版，以空行或者分隔符来进行段落分割，方便阅读。

⑥删去无用话题#100%还原，增加与本篇种草文案相关的热点话题#高级感 #大学生 #年度爱用 #小众 等。

五、发布定稿文案

在小红书官方号中发布笔记，并在店铺中上架产品。在笔记中关联产品链接，让消费者可一键购买。

人工智能治理
媒体行动倡议

【素质提升】

新媒体广告文案的写作原则

一、语言要简洁生动。目前，网上可供选择的广告位置有限，各网站均对广告尺寸有一定限制，而且网络媒体也不适合长时间阅读，因而简洁、生动的网络广告文案才会有较高的

学习笔记

注意率。

二、注意语言与图片、动画效果的配合。图片和动画技术的运用为网络广告增加了不少吸引力，所以在网络广告文案的写作过程中，应充分利用图片和动画技术所产生的视觉效果，运用字体大小、位移的快慢变化，来增加信息传播的趣味性和表现力。

三、语言风格的适应性。由于网络可以根据不同的兴趣爱好把受众高度细分，因而在针对目标受众诉求时，要注意运用他们所熟悉的语气、词语，可以增强受众的认同感。网络广告还可以利用热点信息作为广告文案的宣传素材。

四、语言形式由投放的网站决定。虽然网络无国界，但受众还是会受到语言的限制，因而，要根据企业的传播目标选择站点，决定运用何种语言。不同国籍的受众，其文化背景不尽相同，对广告文案的表现形式也会有不同的认知，所以应根据受众的文化背景、不同嗜好等来及时调整语言形式。

任务实施

1. 在生成小红书种草文案时，如何抓住读者的眼球，让文章脱颖而出？

2. AI 创作能完全替代人类创作吗？AI 创作与人类创作的各自优势是什么？

【教师评语】

【反思总结】

任务三 设置智能体完成复杂任务

案例导入

任务复杂度提升时，大语言模型的完成能力可能降低。可以采用拆解任务提示或促进模型链式思维的方式来提高其性能。这一策略引出了 AI 智能体的概念，即让模型在不同的角色

间变换，并运用思维风暴和协作来解决复杂任务。多重角色协作的方式，其效果通常超越单个角色或单个任务的工作模式。

通过将任务切换、让多个角色的智能体进行协作的方式进行工作，其效果要远超单个任务、单个角色工作的效果。2024 年 3 月，机器学习领域的先驱吴恩达表示，使用 ChatGPT 进行零样本提示的正确率是 48%。GPT-4 的正确率是 67%。但是在 ChatGPT 的基础上建立 AI 智能体工作流，其表现可能优于 GPT-4。

大模型发展的下一步是智能体

随着生成式人工智能的发展，AI 智能体的开发活动也在加速，例如，微软推出了 AutoGen，还有基于 Langchain 框架的 CrewAI，以及面壁智能与清华大学合作研发的 ChatDev 等产品都属此类。可以将 ChatDev 比作一个由多智能体协作运营的虚拟软件公司，其通过各种不同角色的智能体进行运营（见图 4-2）。通过这些工具，软件开发人员和无编程背景的普通用户能够以更低的成本和门槛参与到软件开发和创新活动中。

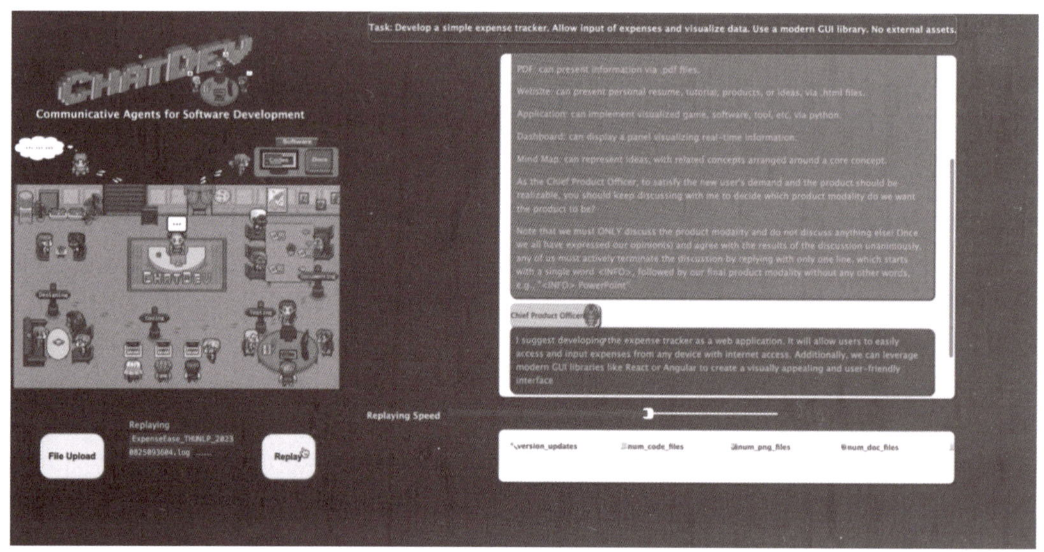

图 4-2　ChatDev 通过各种不同角色的智能体进行运营

一、智能体的设计模式

一般认为智能体有四种主要的设计模式，分别为自我反思（Reflection）、使用工具（Tool Use）、分解执行（Planning）和多智能体协作（Multi-Agent Collaboration）。

（一）自我反思

人工智能具有自我检查生成内容的正确性并进行改进的能力。尽管生成式人工智能有时可能会产生误导性的内容，但它通常也被用作内容审查的自动化工具。人类在审查自己生成的内容时可能会受到固有思维模式的影响，而大语言模型在输入内容不同的情况下，其产出的内容和形式可能会有根本的转变，因此可以借助该特点实现自我反思和改进。智能体自我反思的一般流程如图 4-3 所示。

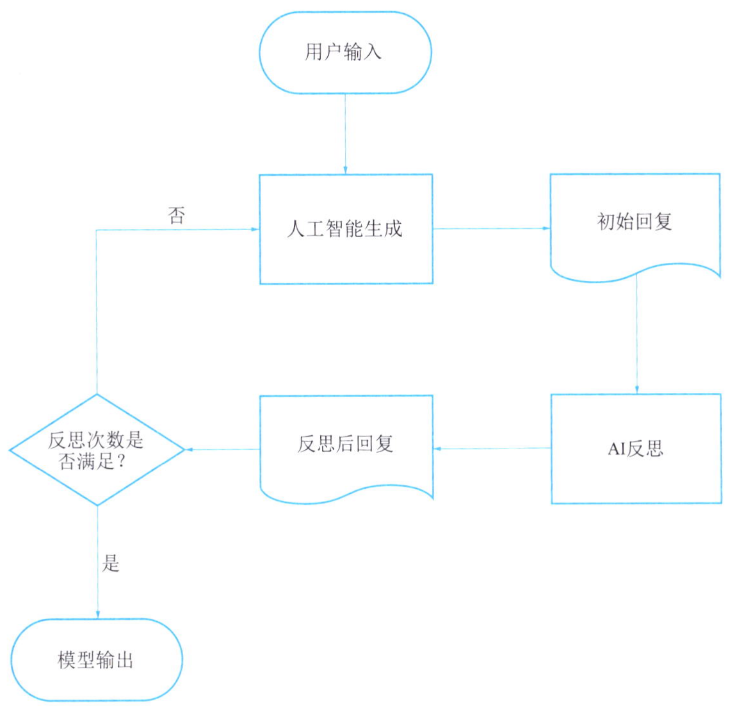

图 4-3　智能体自我反思的一般流程

（二）使用工具

让人工智能调用各类工具，以提升其生成能力和效果。生成式人工智能的生成效果会受到预训练数据的限制，就如同人一样，不学习知识和使用工具，则难以有效改变世界。该类型智能体的设计思路在于为生成式人工智能提供多种可调用的工具，使其在执行特定任务时，不是依赖自身的数据，而是通过寻找更有效的工具来执行任务，从而提高整体的生成效果。智能体工具使用的一般流程如图 4-4 所示。

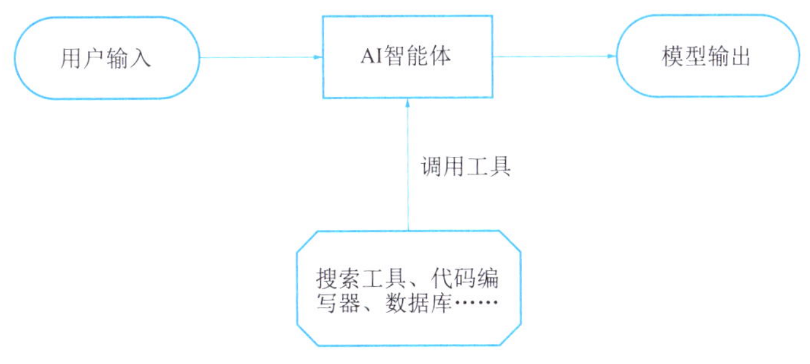

图 4-4　智能体工具使用一般流程

（三）分解执行

可将复杂任务分解为多个环节，让人工智能负责制订计划并逐一执行。这是因为，生成式人工智能在执行流程简单、明确的任务时生成效果较好，而任务越复杂，人工智能执行任务时受次要因素影响的可能性就越大。因此，智能体的设计思路是将一项复杂工作分解为多个工作环节，让人工智能分步执行以实现更好的生成效果。智能体分解执行的一般流程如图 4-5 所示。

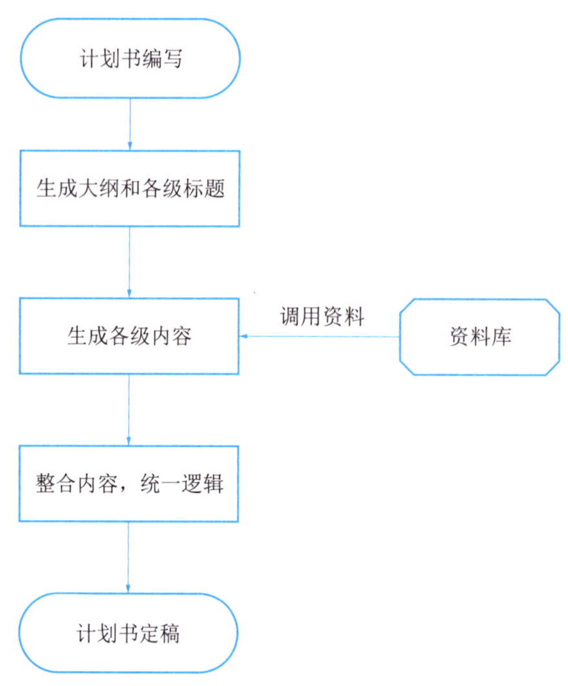

图 4-5　智能体分解执行的一般流程

（四）多智能体协作

设置多个不同功能的智能体，共同完成大型复杂性任务，这与一家企业为实现产品的最终销售而需要经过产品需求调研、产品设计、市场营销等一系列工作环节相类似。在不同阶段，生成式人工智能扮演不同角色，并在这些角色之间进行有效互动协调，可以显著提高最终的生成效果。多智能体协作执行的一般流程如图 4-6 所示。

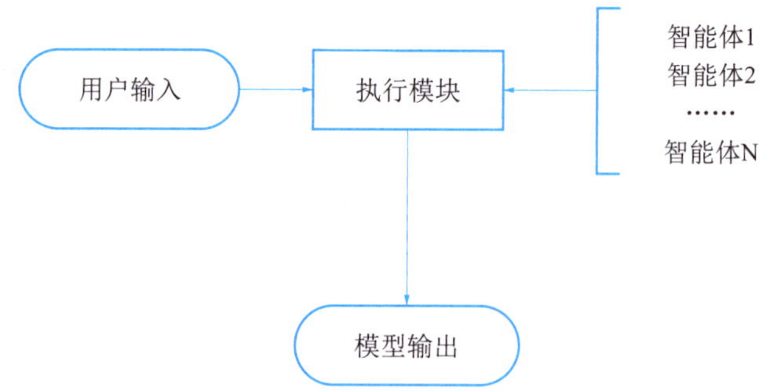

图 4-6　多智能体协作执行的一般流程

二、了解本地智能体项目

（一）CrewAI 项目的安装使用

当前，AI 智能体框架如雨后春笋般涌现，基于学习和演示的便捷性，本任务使用 CrewAI 进行演示。CrewAI 是 Github 上的一个开源项目，该项目可调用 OpenAI 等公司的基座大模型或者开源的大语言模型执行。项目通过角色安排让多个智能体无缝协作，共同处理复杂任务。

使用 CrewAI 前，需要在 Python 虚拟环境下安装 LangChain、CrewAI 和相关依赖库。安装介绍后，可在 Python 中输入以下指令导入：

```
import os
from crewai import Agent,Task,Process,Crew
from langchain.llms import Ollama
```

（二）角色与任务定义

为了更好地讲解 AI 智能体的作用，以下通过一个案例进行演示。

为某家纺企业进行商业策划（包括市场调研、确定目标用户、产品开发、价格制定、商业计划书撰写、确定阶段性发展目标等）。

基于上述任务需求，可以制定一个简单的工作框架。先分解为三个子任务：了解市场需求和用户特征、满足需求的技术要点、发展业务的总体计划。

完成三个子任务，要涉及三个角色：市场研究分析员、技术专家和业务发展顾问，因此可以在代码中定义三个角色。

1. 分析市场需求的专家

```
marketer=Agent(
    role="市场研究分析员",
    goal="了解产品的市场需求有多大,并提出如何触达尽可能广泛的客户群体的建议",
    backstory="""您是分析市场需求、目标受众和市场竞争方面的专家。这对于验证一个想法是否满足市场需求、是否有潜力吸引广泛的受众至关重要。您擅长想出如何吸引尽可能广泛的受众的方法。""",
    verbose=True,
    allow_delegation=True,
    expected_output='尽可能广泛的客户群体的建议')
```

2. 将需求转化为现实的专家

```
technologist=Agent(
    role="技术专家",
    goal="评估公司在技术上的可行性,以及公司需要采用什么类型的技术才能成功",
    backstory="""您在技术领域颇有远见,深谙当前市场态势和新兴技术趋势。您的专长不仅在于了解技术,还在于预见如何利用它解决现实问题并推动业务创新。您擅长确定哪种技术解决方案最适合不同的业务模式和需求,确保公司始终处于行业领先地位。您的见解对于将技术与业务战略保持一致至关重要,要确保技术的采用不仅提高了运营效率,还提供了市场竞争优势。""",
    verbose=True,
    allow_delegation=True,
    expected_output='公司取得成功的可行性建议')
```

3. 能有效营销产品的专家

```
business_consultant=Agent(
    role="业务发展顾问",
    goal="评估并就业务模式、可扩展性和潜在收入来源提供建议,以确保企业的可持续发展和盈利能力",
    backstory="""您是一位经验丰富的专业人士,具有制定业务策略的专业知识。您的洞察力对于将创新的想法转化为可行的业务模式至关重要。您对各种行业有着敏锐的理解,善于发现和开发潜在的收入来源。您在可扩展性方面的经验确保业务能够在不损害其价值或运营效率的前提下实现增长。您的建议不仅关乎即时收益,还关乎建立一个有弹性、适应性强的业务,并使其能够在不断变化的市场中蓬勃发展。""",
```

```
    verbose=True,
    allow_delegation=True,
    expected_output='评估并就业务模式、可扩展性和潜在收入来源提供建议,以确保企业的可持续发展和盈利能力')
```

角色定义完成后，需要对他们指派具体的任务，从之前的分析可知，需要了解市场需求和用户特征、满足需求的技术要点、制订发展业务的总体计划。可进一步在代码中对任务进行相应的定义。

1. 了解市场需求和用户特征

```
task1=Task(
    description="""分析床上四件套的市场需求,寻找在激烈竞争中的突破点。编写详细报告,描述理想客户的特征,以及如何触达尽可能广泛的受众。报告必须简明扼要,至少包括10条要点,并且必须涵盖营销此类业务时最重要的领域。""",
    agent=marketer,
    expected_output='编写详细报告,描述理想客户的特征,以及如何触达尽可能广泛的受众。报告必须简明扼要,至少包括10条要点,并且必须涵盖营销此类产品时最重要的领域。')
```

2. 满足需求的技术要点

```
task2=Task(
    description="""分析如何生产床上四件套，使得该产品能符合市场需求且别具特色。编写详细报告，描述业务需要使用哪些技术才能制造出高质量的产品。报告必须简明扼要，至少包括10条要点，并且必须涵盖制造此类产品时最重要的领域。""",
    agent=technologist,
    expected_output='编写详细报告，描述业务需要使用哪些技术才能制造高质量的床上四件套。报告必须简明扼要，至少包括10条要点，并且必须涵盖制造此类产品时最重要的领域。')
```

3. 制订发展业务的总体计划

```
task3=Task(
    description="""分析及总结营销和技术报告,并编写详细的业务计划,描述如何建立一个可持续且盈利的"床上四件套"业务架构,寻找在激烈竞争中能持续发展的方法。业务计划必须简明扼要,至少包括10条要点、5个目标,并且必须包含目标应该实现的时间表。""",
    agent=business_consultant,
    expected_output='编写详细的业务计划,业务计划必须简明扼要,至少包括10条要点、5个目标,并且必须包含目标应该实现的时间表。')
```

（三）案例运行结果

角色和任务设定完成后，还需要编写一些代码以推动分析的开始。

智能体 Python 代码

相关代码可扫描“智能体 Python 代码”二维码获得。其中，任务的推进需要使用智谱清言等平台提供的 API，或与开源项目 Ollama 相结合，让本地开源大模型担任分析的任务。以下是利用某大语言模型平台 API 执行上述任务得出的结果。

以下是关于床上四件套市场需求的报告以及如何吸引更广泛客户群体的建议。

1. 当前市场对床上四件套的需求非常大，尤其是年轻消费者群体。

学习笔记

2. 年轻消费者更倾向于购买有设计感和舒适度高的产品。

3. 年轻消费者对产品的品质有着极高的要求，但同时也关注价格。

4. 我们的主要竞争对手有宜家、宝洁和喜临门，他们的优势在于产品设计和质量，但价格较高。

5. 竞争对手的市场策略主要是通过社交媒体和电子商务平台进行推广，定期推出新品和促销活动。

6. 我们的突破点在于开发具有独特设计和高品质的产品，以满足年轻消费者的需求。

7. 可以通过合理定价，吸引那些对价格敏感但又追求品质的消费者。

8. 通过社交媒体和电子商务平台进行营销，定期推出新品和促销活动，以吸引和保持消费者的关注。

9. 可以考虑与知名设计师合作，推出限量版产品以提升品牌形象。

10. 建议进行市场调研，进一步了解消费者需求，以便更好地满足他们的需求，提高市场份额。

以下是我们的床上四件套业务计划。

A 要点。

1. 提供高质量的床上四件套产品，满足消费者对质量的需求。

2. 提供舒适的床上四件套产品，满足消费者对舒适度的需求。

3. 提供设计独特的床上四件套产品，满足消费者对设计的需求。

4. 价格适中，既能满足消费者的预算，又能保证我们的盈利。

5. 强调产品的环保和可持续性特点，吸引越来越多的关注这一特点的消费者。

6. 选择和应用高级生产和设计技术，保证产品的质量、舒适度和设计独特性。

7. 采用环保和可持续性技术，包括使用环保材料和高效能设备。

8. 采用循环经济的原则，实现资源的高效利用，降低生产成本。

9. 积极进行市场推广，提高我们的品牌知名度。

10. 提供良好的售后服务，建立和维护良好的客户关系。

B 目标。

1. 在未来一年内，实现产品的设计和生产，并开始市场销售。

2. 在未来两年内，实现销售收入的稳定增长。

3. 在未来三年内，实现市场份额的稳定增长。

4. 在未来四年内，实现盈利的稳定增长。

5. 在未来五年内，实现品牌知名度的稳定增长。

C 时间表。

1. 2022 年第一季度，完成产品的设计。

2. 2022 年第二季度，完成产品的生产，并开始市场销售。

3. 2022—2023 年，实现销售收入的稳定增长。

4. 2023—2024 年，实现市场份额的稳定增长。

5. 2024—2025 年，实现盈利的稳定增长。

6. 2025—2026 年，实现品牌知名度的稳定增长。

以上结果是不同角色围绕三项任务开展讨论后最终得出的，具体讨论过程和运行代码可以扫右侧二维码“CrewAI 运行流程一览”进行查看。本示例是通过调用 API 接口、使用月之暗面的大语言模型进行分析的。

CrewAI 运行流程一览

学习笔记

具体操作方面，首先到月之暗面官方网站 https://www.moonshot.cn/注册登录账号。

然后，进入“Moonshot 开放平台”，在“用户中心”中的“API Key 管理”中新建 API 密钥。把密钥填入下方代码中的相关位置运行即可。使用 API 接口需要付费，平台一般会赠送新注册用户一定的使用金额。需要注意的是，免费用户每分钟调用模型的次数有限制，超出限制时上述代码会运行报错，此时需要在代码中修改每分钟调用次数以避免出现错误。当然，以上操作流程及使用条款会随着平台政策的变化而改变，代码也需要相应地进行调整。

```
from langchain_openai import ChatOpenAI
# 加载月之暗面 API
llm=ChatOpenAI(
    openai_api_base="https://api.moonshot.cn/v1/",
    openai_api_key="sk-sngb4KgYxfE0Xr3eAx***** M1EiyZGx89rHi4dYNYmGW5LfG",# 填入申请的 API 密钥
    model_name="moonshot-v1-8k",
```

读一读：

生成式人工智能对员工能力的重塑①

生成式人工智能推动组织内部的人力要素发生显著变化，特别是在员工能力和素质模型方面，不仅仅是对现有技能的简单提升，更是彻底颠覆了对员工能力的传统需求。在以往的工作模式中，知识型员工将大约 30% 的时间用于思考和创新，其余时间则投入到想法的实现上——无论是撰写、策划，还是执行，都需要员工具备出色的表达能力和写作能力。随着生成式人工智能时代的到来，这一时间分配和能力需求正在发生深刻的变革。在 AI 的帮助下，员工能够在更短的时间内完成任务，这意味着他们可以将更多的时间和精力投入到思考和创新上。员工可以用 70% 的时间进行深度思考，探索新的想法和创新性解决方案，之后借助 AI 工具来执行和实现这些想法。这不仅提高了工作效率，而且极大地增加了创新的可能性。

在 AI 未普及之前，一个优秀的销售人员通常需要具备强大的沟通能力、理解力和文字表达能力，以便有效地与客户沟通，理解其需求并提供适当的解决方案。在生成式人工智能的辅助下，销售人员的核心能力从沟通转向了创意。销售人员可以通过 AI 来弥补表达或沟通短板，如使用 AI 生成客户报告、演示文稿或即时响应客户查询；将更多的时间和精力用于理解市场趋势、制定创新的销售策略或探索新的业务机会，如基于 AI 做出的客户数据分析和市场趋势预测来设计定制化的营销方案或开发新的客户细分市场。

三、使用在线智能体平台

当前，不少互联网企业开发了在线智能体平台，降低用户在智能体上的学习和使用成本，扣子（Coze）是其中之一。扣子是字节跳动旗下的新一代 AI 应用开发平台，其低代码应用环境使用户无论是否具有编程基础，都可以在上面快速搭建各类基于大模型的应用，并发布到各个社交平台、通信软件，甚至部署到自己的网站上。

① 李宁．大模型驱动的组织管理创新［EB/OL］．清华管理评论，2024-04-26［2024-05-24］．https://m.thepaper.cn/baijiahao_26750115.

学习笔记

同样的产品设计营销任务，在扣子上可以通过多智能体或工作流的形式进行编排。以CrewAI项目的案例为例，可以设置多个智能体，不同的智能体设置调用不同的工具，例如，设置市场分析专家、技术专家、产品营销专家等智能体，并赋予市场分析专家Bing（必应）搜索工具。当用户提出市场分析需求时就会调用市场分析专家，而市场分析专家将根据实际情况调用搜索工具了解市场需求现状。图4-7是一个简单的多智能体的编排方式——扣子智能体工作流示例。

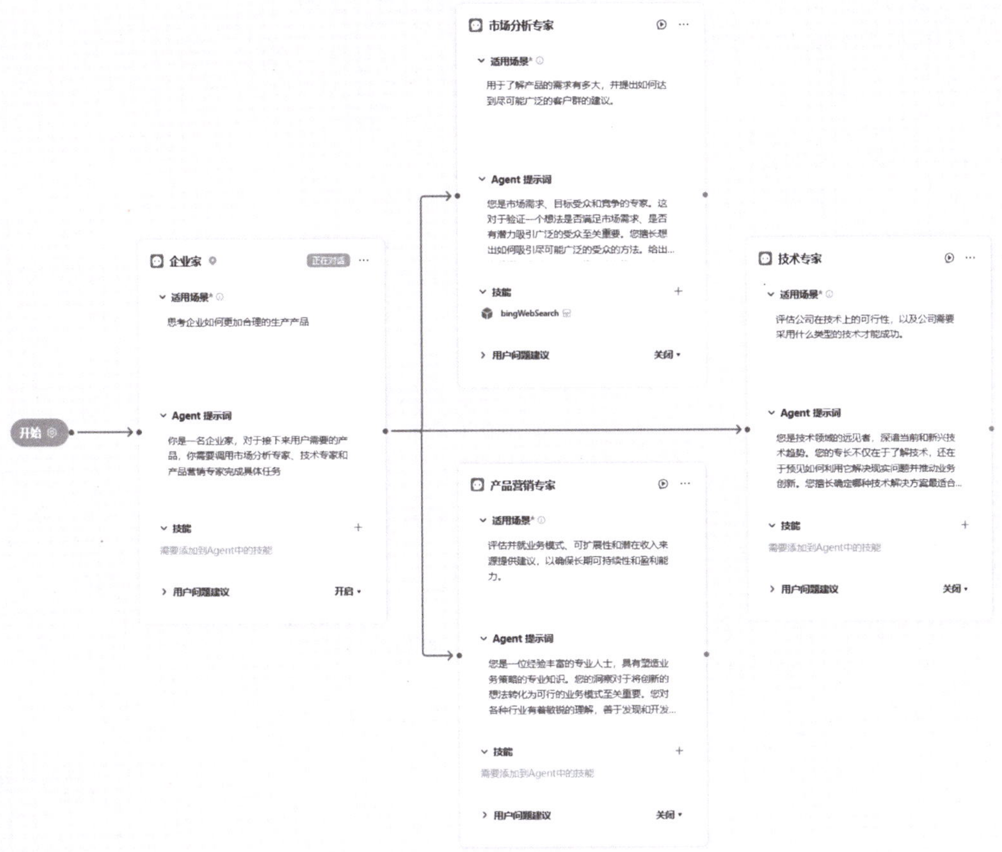

图4-7　扣子智能体工作流示例

知识巩固 

一、多项选择题

1. 以下属于大语言模型的是（　　）。

A. ChatGPT　　B. Gemini

C. 文心一言　　D. Kimi

2. 提示词根据其提出形式的不同，主要包含（　　）。

A. 零样本提示　　B. 少样本提示

C. 生成知识提示　　D. 链式思考提示

E. 链式提示　　F. 思维树

学习笔记

3. 大语言模型可以完成以下（　　）工作任务。

A. 制作简历　　B. 生成商业计划书

C. 创作广告文案　　D. 草拟合同

4. 大语言模型虽然方便快捷，但有些工作任务不能完全交给大语言模型，还需要人亲自参与。以下（　　）任务符合这一描述。

A. 制定法律法规　　B. 撰写科研论文

C. 撰写学位论文　　D. 做出医学诊断

5. 提示词编写的原则是（　　）。

A. 明确目的　　B. 简洁明了

C. 重点突出　　D. 具体详细

6. 提示词编写的技巧是（　　）。

A. 区分任务类型　　B. 细化任务要求

C. 使用特殊标记　　D. 使用具体示例

E. 模型辅助生成　　F. 确保内容真实

7. 提示词常见的错误有（　　）。

A. 信息过多　　B. 概念不清

C. 开放问题　　D. 封闭问题

8. 以下新媒体广告可借助大语言模型生成的是（　　）。

A. 小红书种草文案　　B. 微信公众号文案

C. 抖音短视频脚本　　D. 朋友圈宣传海报

9. 智能体的设计模式包含（　　）。

A. 自我反思　　B. 使用工具

C. 分解执行　　D. 多智能体协作

10. 引入智能体撰写某公司的商业计划书时，（　　）是可以考虑的角色。

A. 总经理　　B. 营销经理

C. 财务经理　　D. 技术专家

项目四答案

二、判断题

1. 在使用大语言模型时用不用提示词无所谓。（　　）

2. 在各种提示词类型中，零样本提示是最简单、直接的。（　　）

3. 链式思考提示可以极大地提升大语言模型的正确率并优化生成内容。（　　）

4. 提示词工程是指对提示词进行优化的工程，没有最好的提示词，只有更好的提示词，这需要在实践中不断探索和总结。（　　）

5. 借助大语言模型创作广告文案时，一次性只能生成一篇广告文案，不可以生成多篇。（　　）

6. 大语言模型可以生成会议纪要。（　　）

7. 大语言模型生成的内容不一定是正确的，需要加以甄别。（　　）

8. 任务的复杂度越高，大语言模型的完成效果越差。（　　）

9. 引入智能体，可以提升大语言模型的应答效果。（　　）

10. 只有专门的提示词工程师才可以掌握使用提示词和智能体的方法，普通人掌握不了。（　　）

学习笔记

商务文本智能生成与优化

你是一家国际商务咨询公司的内容策略师，公司服务的客户遍布全球，涉及多个行业。为了提高工作效率和内容质量，公司希望你能利用 AI 技术，特别是大语言模型，来自动生成和优化商务文本。

任务 1：提示词编写。需要编写一系列提示词，用于指导 AI 模型生成不同类型的商务文本，如商务报告、营销文案、产品描述等。这些提示词需要遵循一定的规则和技巧，以确保生成的文本符合要求。

任务 2：商务文本分类与编写。研究不同类型的商务文本，了解它们的分类和编写要求。包括了解不同文化和地区的商务沟通习惯，以及如何根据这些习惯来调整文本内容。

任务 3：商务文本生成与优化。利用 CrewAI 等 AI 工具，生成复杂的商务文本，并根据实际需求进行优化。

以下是可以参考的实践训练步骤。

步骤 1：提示词编写。

了解提示词编写的规则和技巧。

编写针对不同商务文本的提示词。

测试提示词的有效性，确保 AI 模型能够根据提示词生成相关文本。

步骤 2：商务文本分类与编写。

研究不同类型的商务文本及其编写要求。

了解不同文化和地区的商务沟通习惯。

编写指南，指导如何根据不同场景生成合适的商务文本。

步骤 3：商务文本生成与优化。

使用 CrewAI 等 AI 工具制定策略并生成复杂的文本内容。

评估生成的文本质量，提出优化建议。

实施优化措施，改进商务文本内容。

思考：

1. 如何将文化元素和价值观融入提示词中，以引导 AI 模型生成体现本土文化和价值观的商务文本？

2. 在生成和优化商务文本的过程中，如何遵守法律法规和商业道德，以确保文本的合法性？

学习笔记

【项目评价】

<table>
<tr><th rowspan="3">评价项目（占比）</th><th rowspan="3" colspan="2">评价标准</th><th rowspan="3">分值</th><th colspan="8">得分</th></tr>
<tr><th rowspan="2">学生自评</th><th colspan="6">小组互评</th><th rowspan="2">教师评价</th></tr>
<tr><th>第1组</th><th>第2组</th><th>第3组</th><th>第4组</th><th>第5组</th><th>第6组</th></tr>
<tr><td rowspan="2">考勤（10%）</td><td colspan="2">无故旷课、迟到、早退（一次扣 10 分）</td><td rowspan="2">10</td><td rowspan="2"></td><td rowspan="2"></td><td rowspan="2"></td><td rowspan="2"></td><td rowspan="2"></td><td rowspan="2"></td><td rowspan="2"></td><td rowspan="2"></td></tr>
<tr><td colspan="2">请假（一次扣 2 分）</td></tr>
<tr><td rowspan="2">学习能力（10%）</td><td>团队合作</td><td>小组合作参与度（优 6 分，良 4 分，一般 2 分，未参与 0 分）</td><td>6</td><td></td><td></td><td></td><td></td><td></td><td></td><td></td><td></td></tr>
<tr><td>个人学习</td><td>个人自主探究参与度（优 4 分，良 2 分，未参与 0 分）</td><td>4</td><td></td><td></td><td></td><td></td><td></td><td></td><td></td><td></td></tr>
<tr><td rowspan="6">工作过程（40%）</td><td rowspan="2">能够准确把握编写提示词的方法</td><td>能够理解提示词、提示词工程的概念（每错一处扣 2 分）</td><td>5</td><td></td><td></td><td></td><td></td><td></td><td></td><td></td><td></td></tr>
<tr><td>能够掌握提示词编写的原则和方法（每错一处扣 1 分）</td><td>5</td><td></td><td></td><td></td><td></td><td></td><td></td><td></td><td></td></tr>
<tr><td rowspan="2">能够使用 AI 创作一篇小红书文案</td><td>能够把握小红书文案的语言风格、提炼出产品卖点（每错一处扣 1 分）</td><td>5</td><td></td><td></td><td></td><td></td><td></td><td></td><td></td><td></td></tr>
<tr><td>能够结合任务要求生成一篇小红书文案（每错一处扣 1 分）</td><td>5</td><td></td><td></td><td></td><td></td><td></td><td></td><td></td><td></td></tr>
<tr><td rowspan="2">能够使用 CrewAI 生成复杂的商务文本</td><td>能够操作 CrewAI 等项目，进行角色与任务定义（每错一处扣 1 分）</td><td>10</td><td></td><td></td><td></td><td></td><td></td><td></td><td></td><td></td></tr>
<tr><td>能够高效地生成复杂的商务文本（每错一处扣 1 分）</td><td>10</td><td></td><td></td><td></td><td></td><td></td><td></td><td></td><td></td></tr>
<tr><td rowspan="2">工作成果（40%）</td><td>环节达标度</td><td>能够按要求完成每个环节的任务（未完成一处扣 4 分）</td><td>20</td><td></td><td></td><td></td><td></td><td></td><td></td><td></td><td></td></tr>
<tr><td>整体完成度</td><td>能够准确展示完成成果（失误一次扣 5 分）</td><td>20</td><td></td><td></td><td></td><td></td><td></td><td></td><td></td><td></td></tr>
<tr><td colspan="4">得分小计</td><td></td><td></td><td></td><td></td><td></td><td></td><td></td><td></td></tr>
<tr><td colspan="12">教师评语：</td></tr>
<tr><td colspan="4">综合得分（学生自评得分×20%+小组互评得分×20%+教师评价得分×60%）</td><td colspan="8"></td></tr>
</table>

学习笔记

项目五　掌握 AI 影像生成

学习目标

素养目标	1. 培养学生独立自主的精神； 2. 培养持续学习、不断创新的意识； 3. 树立文化自信，增强对中华优秀传统文化的自豪感
知识目标	1. 掌握 AI 影像的生成原理； 2. 掌握 Stable Diffusion 模型选择的知识； 3. 了解 ControlNet、ComfyUI 的基础知识
技能目标	1. 能根据需求运用 Stable Diffusion； 2. 能使用 ComfyUI 工作流定制化图像生成； 3. 能使用 Krita 软件实时生成图像

知识结构

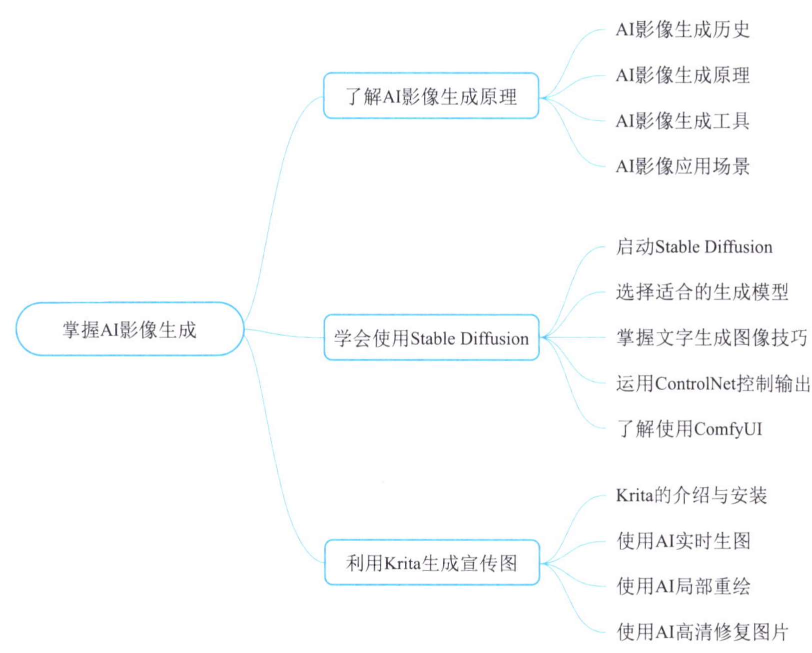

任务一　了解 AI 影像生成原理

案例导入

艺术家和 AI 合作了！在 2023 年举行的第二届成都国际摄影周上，主体展之一的“对它说：AI 影像的生产与生成”就是一次 AI 影像的集合，展出的作品都是由 AI 部分或完全产出，主题涉及新闻摄影、摄影史或静物装置。

央视：AI 与艺术

方政，将个人的手机摄影与 AI 生成的图像以拍立得的形式呈现，试图探讨摄影的多样性。

傅为新，让已灭绝的袋狼记忆和想象之物直接化身为“现实”，提出“AI 对人类传统艺术生产方式、艺术风格带来替代危机”。

黎晨驰，把现实中的相机型号，通过 AI 生成大量的虚拟照片，化技术焦虑为创作过程，致敬时代变化。

他们的新作品，视角不同、风格各异。无论艺术家的创作思路如何、呈现的作品外在形式怎样，它们都向观者展示了一种未来的可能性：今后你所见的所谓相片，不仅完全跟相机和现实无关，甚至也可能跟人类无关。下面两张图片分别为该摄影周的 AI 作品：图 5-1 是摄影师寇德卡的作品《野狗》，图 5-2 是根据《野狗》使用 AI 制作的袋狼图像。

图 5-1　摄影师寇德卡的作品《野狗》

图 5-2　根据《野狗》使用 AI 制作的袋狼图像

知识准备

一、AI 影像生成历史

在研究生成式人工智能的旅程中，影像生成无疑是最引人入胜的领域之一。正如以上案例所述，如今已有不少艺术家使用 AI 进行创作。事实上，AI 生成影像的能力并非凭空出现，而是在众多研究人员的共同努力下不断取得的突破。

2012 年，吴恩达团队使用 1.6 万个 CPU 训练了一个大型神经网络，通过 1 000 万个 YouTube 视频中的猫脸照片，生成一张模糊的猫脸图片，展示了深度学习在图片识别领域的潜力，吴恩达团队生成的猫脸图片如图 5-3 所示。

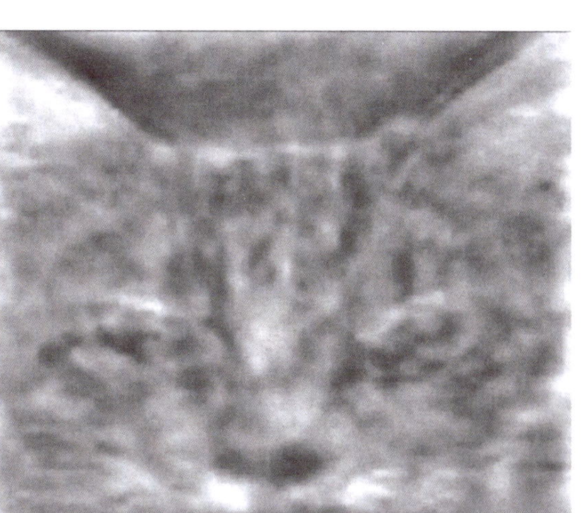

图 5-3　吴恩达团队生成的猫脸图片

2014 年，加拿大蒙特利尔大学的谷歌科学家 Ian Goodfellow（伊恩·古德费洛）提出了生成对抗网络 GAN 的算法，其原理是让生成器 Generator 和判别器 Discriminator 进行博弈：生成器试图欺骗判别器，而判别器则努力辨别真伪，二者相互对抗、相互协作，最终实现高质量的数据生成效果。

2017 年，谷歌提出了 Transformer 结构，在自然语言处理领域大放异彩。虽然 Transformer 是为了解决自然语言处理方面的问题而设计的，但它在图像生成领域也显示了巨大的潜力。

2020 年，加州大学伯克利分校提出了众所周知的去噪扩散概率模型 DDPM，极大降低了训练难度。

2021 年 1 月，OpenAI 发布了基于 VQVAE 模型的 DALL·E 和 CLIP 模型，分别用于从文本到图像生成和文本与图像之间的对比学习，这让 AI 似乎第一次真正“理解”了人类的描述并以此为基础进行创作。同年 10 月，谷歌发布的 Disco Diffusion 模型展现了扩展模型优秀的图像生成效果。Disco Diffusion 相比传统的 AI 模型更加易于使用，因而受到广泛关注。

2022 年 3 月，Disco Diffusion 核心开发人员参与开发的 AI 生成器 Midjourney 正式发布，只需向聊天窗口输入文字就可以生成图像。同年 9 月，由 Midjourney 创作的名为《太空歌剧院》（图 5-4）的画作在数字艺术类比赛中夺冠，引起巨大争议。

图 5-4　太空歌剧院

总的来说，AI 在影像生成领域的发展已经取得了令人瞩目的成就，从最初的模糊猫脸图片到如今能够创作出获奖的艺术作品，AI 的进步令人惊叹。尽管人们对 AI 生成影像存在一些争议，但是随着技术的不断发展，我们有理由相信，未来 AI 在影像生成领域将会有更多的突破和惊喜。

二、AI 影像生成原理

AI 影像生成是一种将文字描述转换成影像内容的技术，通过深度学习、网络学习、文字描述和影像内容之间的映射关系，生成具有视觉效果的图像或视频。其中，生成对抗网络（GAN）和变分自编码器（VAE）等深度学习技术发挥着关键作用。AI 影像生成原理如图 5-5 所示。

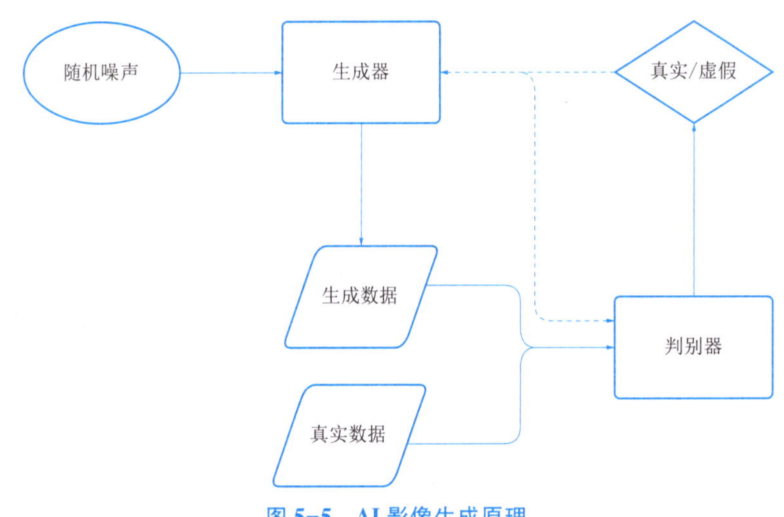

图 5-5　AI 影像生成原理

变分自编码器（VAE）：由编码器（Encoder）和解码器（Decoder）组成，编码器负责捕捉输入图像的主要特征，解码器负责将编码器输出的低维度向量解码回图像空间，从而实现数据的生成和重建。

生成对抗网络（GAN）：生成对抗网络是一种由生成器（Generator）和判别器（Discriminator）组成的框架。生成器负责生成逼真的图像，能“以假乱真”欺骗判别器，而判别器则负责区分生成的图像和真实的图像。这两个网络相互博弈，通过对抗训练的方式逐渐提高生成器生成逼真图像的能力。

训练过程：生成对抗网络需要用到大量的真实图像数据，这些数据用来训练判别器和生成器的初始参数，使其能够捕捉到这些图片的统计特征，生成器才能生成与真实图像相似的图像。

文本处理：用户输入文字描述，描述可以是一段文字，也可以是一个或多个关键词。输入的文字描述经过文本编码器转换成向量表示，这种向量是在高维空间中的数学表示，可以捕捉到文字描述的语义和语法信息。文本编码将处理后的文本转换为计算机可以理解和处理的数字表示。这一步通常使用循环神经网络（Recurrent Neural Network，RNN）或 Transformer 架构等深度学习技术。

AI 技术为走失孩子照亮回家路

影像生成：生成器接收文本编码器输出的向量表示，根据向量表示通过一系列的神经网络层进行处理，逐步生成图像。生成的过程中，生成器会不断优化自身参数，使生成的影像内容更贴近真实。优化过程通过生成器和判别器之间的不断博弈实现。

视频和图片生成的原理基本相似，但是生成视频需要更复杂的技术和处理步骤。生成视频需要考虑时序信息，即视频中每一帧图像之间的关联性。因此，在生成器模型中通常会引入循环神经网络（RNN）或者长短期记忆网络（LSTM）等结构，以捕捉视频中的时序信息。

学习笔记

读一读：

AI 的温度：修复八十多年前的照片

2024 年，河北肃宁县退役军人事务局在迁移雪村战斗中牺牲的烈士遗骸过程中，发现其中一名烈士双臂抱在胸前紧握一张年轻女性的照片，这张 82 年前的照片令无数人动容。

看到相关信息发布后，“TR 美术”工作室团队用了一周时间完成了修复工作，在社会上引起强烈的反响。烈士手中照片修复前后对比如图 5-6 所示。不过，照片的修复并非一帆风顺，期间也遇到了诸多难题。该团队成员居旭东表示：“因为经历了八十多年时间，照片风化已经比较严重了，表面破损较多，而且随着锈迹和污染增多，虽然原图的轮廓还在，但是细节已经看不清楚了。”

人工智能在修复过程中发挥了重要作用。居旭东介绍，这次修复前期的工作就是运用了最新的 AI 技术，比如，人脸识别、细节刻画等，但是其中人物特征的判断仍需要修复从业者具备比较深厚的美术基础，“毕竟 AI 只是一个工具，能用好工具的，肯定是人”。

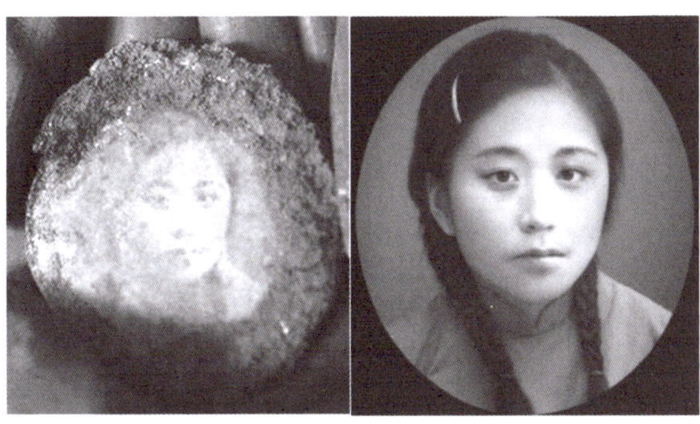

图 5-6　烈士手中照片修复前后对比

三、AI 影像生成工具

上一部分介绍了图像生成模型如何将文字描述转化为栩栩如生的图像。目前，市场上一些企业如 Midjourney、Stability AI 和 OpenAI 等在以上原理的指导下开发了许多文生图的工具和模型（图 5-7、图 5-8 为使用 Midjourney V4、OpenAI 平台的 DALL · E2 生成的图片）。这些工具的出现使普通人也能便捷地进行 AI 影像生成的学习。

图 5-7　Midjourney V4 生成的图片

图 5-8　DALL · E2 生成的图片

Midjourney 的模型目前已经从 V1 进化到 V6。在 V4 出现之前，Midjourney 主要通过整合其他开源模型来作为图像生成的算法，图像的生成效果也始终不尽如人意。直到 V4 发布，Midjourney 才开始正式自行训练模型，闭源的算法结合 Discord 上积累的庞大的用户反馈数据，Midjourney 不断针对用户需求做有针对性的训练来优化模型表现。如今，无论是创意行业设计者，还是普通设计爱好者，都能通过 Midjourney 轻松完成自身的绘画需求。从图 5-9 可以看到 Midjourney 各版本模型效果对比图，其生成效果随着版本的升级而不断地提高。

发布于2022.02

发布于2022.04.12

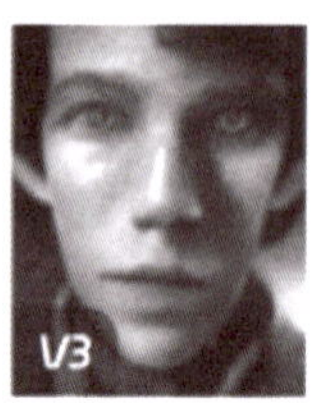

发布于2022.07.25

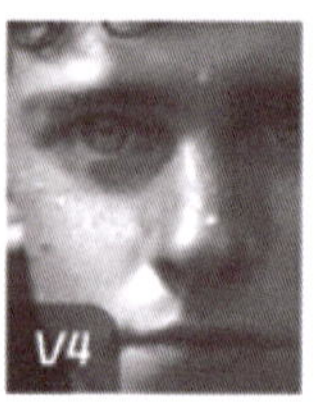

发布于2022.11.05

发布于2023.03.15

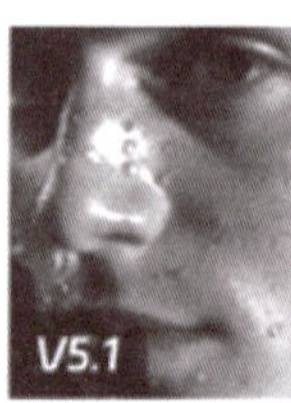

发布于2023.05.03

图 5-9 Midjourney 各版本模型效果对比图

OpenAI 图像生成模型名为 DALL · E，该名字由著名画家 Salvador Dalí（萨尔瓦多 · 达利）和 Pixar（皮克斯）动画电影 *WALL-E*《机器人总动员》中的机器人角色 Eve（伊娃）组合而成。DALL · E 是架构在 ChatGPT-3 的基础上开发的模型，共包含 120 亿个参数，基于最先进的生成对抗网络（GAN）技术，具有惊人的图像生成能力。

与上述闭源的 AI 平台不同的是，Stable Diffusion 走的是开源路线，目前有 1.5 和 XL 两个模型版本。Stable Diffusion 模型主要由 Runway、CompVis 和 Stability AI 共同开发。由于 Stable Diffusion 开源的优点，一些开发者基于它开发了 WebUI 和 ComfyUI 界面。其中，ComfyUI 通过在节点之间“连连看”的方式，实现了 Stable Diffusion 图像生成的“工作流（workflow）”。

随着技术的发展，图像生成模型进一步拓展到视频生成领域，视频生成的实现过程相对复杂，但基本原理类似。2023 年已有不少大模型实现了文本生成视频的功能，即向 AI 提供一段文字，AI 根据文字内容生成视频。其中知名度较高的有与 Stable Diffusion 同一阵营的 Stable Video Diffusion，以及 Pika、Runway 等。2024 年 2 月 16 日，OpenAI 发布首个文生视频模型 Sora。Sora 模型可以通过文本描述生成 60 秒长视频，还可以对视频色彩风格等要素做出精确理解，创造出人物表情丰富、情感生动的视频内容。2024 年 5 月 15 日，谷歌发布视频生成模型 Veo，能够根据文本、图像创建超过 60 秒的高质量 1080P 视频。从总体上看，虽然视频生成模型有了较大进展，但是与生成图像相比，生成视频的耗资巨大，相关技术仍有较大的进步空间。

Sora 生成视频“以假乱真”

四、AI 影像应用场景

目前，AI 图片生成已经广泛应用于设计、艺术领域。AI 影像制作工具 Sora 虽未开源，但未来在影视作品制作、视频类广告制作、游戏制作方面将拥有巨大前景。

在商业领域，AI 影像同样潜力无限，将成为新的生产力，助推商业领域的营销模式重塑，极大地降低企业在图片、视频及相关工作上的编辑难度，节约时间和金钱成本。例如，通过 Stable Diffusion 软件帮助企业批量生成产品图片，通过 Sora 模型帮助企业批量生成产品广告宣传片等。

学习笔记

【素质提升】

未来的甲骨文研究要站在人工智能平台上①

“习近平主席在二〇二四年新年贺词里提到‘殷墟甲骨的文字传承’，这对我们来说是鼓舞，更是鞭策。”刘永革说，甲骨文的传承包括两方面。一是研究传承，习近平总书记致甲骨文发现和研究120周年贺信强调，新形势下，要确保甲骨文等古文字研究有人做、有传承。我们开设了“甲骨文信息处理”特色课程，未来还将开设更多相关专业，培养更多人才，解决“有人做”的问题。二是活化利用，通过年轻人喜欢的方式让更多人爱上甲骨文，从而让更多的人愿意研究甲骨文。刘永革介绍，去年实验室创编了一套甲骨文广播体操，已经在部分省市的学校进行推广，今年计划在全国范围内推广。

刘永革说，2023年4月实验室和腾讯公司联合推出的“了不起的甲骨文”小程序，也一直在不断更新和丰富内容。“人工智能可以为破译甲骨文提供新助力。打开‘学习’模块中的‘未释字’，随便找一个字，点击‘AI’标志，就会在甲骨文字形中找到与其匹配的所有相似字形。”他解释，下一步还会把金文等字体录入小程序，利用汉字演变关系助推甲骨文破译。

“甲骨文还有很多字未被破译，殷商史还有未知需要探索，我们作为国内唯一的以甲骨文为研究对象的实验室，要继续努力，通过人工智能和大数据技术推动甲骨文的创造性转化和创新性发展。”成绩是新的起点，刘永革对自己和实验室提出了新的要求：“未来的甲骨文研究一定要站在人工智能的平台上。甲骨文的保护与传承，还有很多工作在等我们去做……”

任务实施 

1. AI在图像生成领域的应用有哪些？你认为未来的发展趋势和挑战有哪些？

2. 结合案例分析，AI绘画能否被称作艺术呢？

【教师评语】

① 谢建晓，杨之甜．了不起的甲骨文丨刘永革：数字技术赋能甲骨文保护传承［EB/OL］．大河网，2024-01-10［2024-05-24］．https://news.dahe.cn/2024/01-10/1358858.html.

【反思总结】

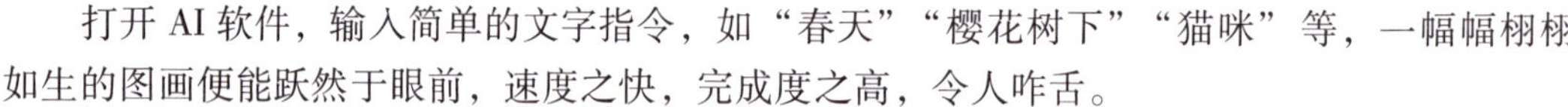

任务二 学会使用 Stable Diffusion

案例导入

打开 AI 软件，输入简单的文字指令，如“春天”“樱花树下”“猫咪”等，一幅幅栩栩如生的图画便能跃然于眼前，速度之快，完成度之高，令人咋舌。

国画专业毕业的马毅是行业内较早接触 AI 工具的一位漫画家，对 AI 画漫画一直抱有开放的态度。2020 年前后，在当时的 Midjourney 国外开发平台上，马毅第一次尝试输入一段文字后，平台几乎是即刻就按照他的要求生成了四幅图画。“感觉 AI 挺厉害的，速度快！一下子就出图了。”马毅现在还记得第一次运用 AI 创作的“震撼”，但冷静下来的马毅细看后发现，“好像也只有快，质量经不起推敲”。

AI“快速”的优势显而易见，然而，其创作的图画似乎缺少了“人情味”，毕竟 AI 归根结底还是机器，不具备情感分析能力，只是统计学大模型。这也使得目前 AI 在作图运用中，一些在人类眼中只是常识性的问题，一旦交给 AI 就成了啼笑皆非的“难题”。马毅说：“我们在用 AI 画图前，要先从做 AI 的老师开始，把一些漫画家的基础需求，一些习惯笔触等，都‘喂’给 AI，只有等到它学会了，才能为我们所用。”

现在，马毅的工具已经从 Midjourney 平台变成了 Stable Diffusion 软件，AI 生成图画的速度和质量与前几年相比，也有了长足进步，马毅说：“甚至可以用‘恐怖’来形容，但工具永远是工具，创意还是得由人来完成。”

最近，马毅回归最原始手绘创作的次数越来越多，马毅认为，这也是 AI 给他的一些启示：“AI 的出现和迅速升级迭代，会更紧迫地要求我们在版权保护、行业发展上做出回应，在制度建设上做出改变。”随着 AI 的发展，其可以替代人工完成很多漫画创作，漫画作者反而在作品打磨上做得少了，作品同质化严重这一问题的产生根源，就是被 AI 等工具束缚。要想成为顶尖的漫画师，还是离不开基本功。

知识准备

Midjourney、DALL · E 等绘图平台虽然生成效果出色，但使用这些平台进行反复修改并生成图片的费用相对较高，而且这些平台提供的可调选项相对较少。为了更深入地了解和运用人工智能生成图片的技术，本任务将以 Stable Diffusion 作为工具，详细介绍在本地平台上使用 AI 生成图像的方法，包括不同模型的选择，以及生成符合需求的图像的技巧等。

Stable Diffusion 具备强大的开源优势，这不仅预示着其巨大的潜力和未来的快速发展，而且使其吸引了众多的活跃用户。社区开发者为 Stable Diffusion 投入了众多免费的高质量预训练模型和插件，并不断地进行更新维护。借助第三方插件和模型的助力，Stable Diffusion 在个

学习笔记

性化功能方面超越了 Midjourney，用户可以经过调校实现更接近于自身需求的图像创作。此外，Stable Diffusion 在 AI 视频特效和 AI 音乐生成等其他领域也有涉猎。

Stable Diffusion 及其衍生产品对硬件设备要求较高。开始使用前，应根据需求配置可用的硬件。通常，CPU、GPU 和内存的性能越强，图像生成的速度越快，分辨率也越高，推荐使用 Nvidia 图形卡。

一、启动 Stable Diffusion

一些在 Github 上的开源项目开发者，如 AUTOMATIC1111，开发了 Stable Diffusion 的 Web 界面，这为用户使用大模型生成图像提供了极大的便利。一些国内开发者进一步对其进行了集成，制作了整合包，降低了初学者学习使用 Stable Diffusion 的难度。例如，bilibili 上的 UP 主“秋葉 aaaki”发布的 Stable Diffusion WebUI 绘世启动器便是其中一例，Stable Diffusion WebUI 绘世启动界面如图 5-10 所示。这样的工具有助于初学者降低本地部署 Stable Diffusion 的难度，从而迅速投身于 AI 绘画的世界。

图 5-10　Stable Diffusion WebUI 绘世启动界面

二、选择适合的生成模型

使用 Stable Diffusion 的关键之一在于正确选择模型。Stable Diffusion 模型的类别多种多样，包括 Checkpoint、LoRA、Embedding、VAE 等，而这些模型类别中又包含着众多不同的选择。可以说，能否挑选合适的模型，是图像生成能否满足需求的重要因素。

在学习、探索 AI 生成图像领域时，**用户可以访问诸如哩布哩布（https://www.liblib.art/）之类的平台，寻找和下载适合的模型**。然而，当模型用于商业目的时，必须严格遵循模型的商业执照条款要求，以免引起法律争端。

（一）Checkpoint 模型

Checkpoint 模型，又称主模型，是通过对各类图片信息特征进行机器学习而得到的模型。Stable DiffusionV1.5 版本官方模型的训练使用了 256 个 40G 的 A100 GPU（专用于深度学习的显卡，对

学习笔记

标3090以上显卡算力），合计耗时15万个GPU小时（约17年），总成本达到60万美元。

主模型是生成图像所必须的基础模型，其中包含了TextEncoder（文本编码器）、U-net（神经网络）和VAE（变分自编码器）。由于主模型包含了生成图像所需的必要组件，因此无须额外模型即可生成图像。主模型的文件后缀为ckpt或safetensors，大小为GB级别，一些模型甚至超过10GB，称为checkpoint（存档点），这是因为其机制类似游戏过程中的存档，存档点可以方便进一步调用和返回。官方主模型中的1.5版本就是在1.2版本的基础上进一步训练得出的。

虽然官方主模型是投入大量成本训练的成果，但是AI图像创作者一般不会直接使用官方主模型生成图像。其原因在于，创作图像往往包含特定方向或领域的需求，而官方主模型的图像特征信息"包罗万象"，生成图像时未必能按创作需求方向进行，出图效果总体较差。

但是，官方主模型为特定风格主模型的出现提供了坚实的基础。在官方主模型的基础上可以进一步训练特定风格的Checkpoint模型。目前较为流行Checkpoint模型如"Anything""ChilloutMix""Deliberate"和"国风系列"等均是在官方主模型的基础上使用不同的数据进一步训练形成的特定风格主模型。

主模型推荐：开始生成图像前，应根据创作要求挑选符合需求的主模型。目前来看，"Anything"系列适应性较广，真实感和细节还原能力比官方模型都有所提升；"ChilloutMix"系列对人像生成进行了优化，使生成的人像更为真实；"Deliberate"侧重于画面细节的生成。由于绘图模型发展迅速，使用者应及时到相关网站下载符合自己需要的最新模型类型和版本。

（二）LoRA模型

Checkpoint模型是在官方模型等现有模型的基础上重新训练所得。尽管有"存档"可以"回调"，但若对模型的风格不满意则只能重新进行训练，该过程耗时长、算力消耗大。LoRA模型在一定程度上缓解了以上成本与效果之间的矛盾。

LoRA（LoRow-Rank Adaptation，大语言模型低秩适配器）的核心思想是在原有主模型的基础上，加入数据对该模型进行轻量级调整。例如，要生成具备特定特征的人或物件，可加入相关数据快速训练，并将之作为附件加入原有主模型中。如果说不同的主模型是不同的"人"，那么LoRA模型类似于给"人"进行不同风格的"化妆"。

同样是进行调整，与重新训练主模型不一样的是LoRA模型调整的参数数量大幅下降，因此模型文件大小是MB级别。但由于它是一个"插件"，所以不能脱离主模型单独使用。在具体使用场景方面，无论是动作、表情还是画风、材质，都有可能通过LoRA模型实现调整。LoRA模型的广泛实用性使之在画风调整、场景设计、角色还原等方面受到欢迎。

此外，由于LoRA模型是附加到主模型的"插件"，其附加程度可以进行调节，一般可在0~1的范围内设定LoRA模型对原有主模型的影响。同时，同一个主模型可以按照不同程度叠加多个不同的LoRA模型，其配置的灵活性使得图片生成更具多样性。

LoRA模型推荐：Detail Tweaker LoRA，是一个用于增强/减少细节的LoRA，可同时保持整体风格/特征；它适用于各种基本模型（包括动漫和逼真的模型）/风格LoRA/角色LoRA等，降低权重值甚至可以减少原图中的细节。该模型适用于Stable Diffusion V1.5及以此为基础训练的主模型。图5-11是Detail Tweaker不同参数效果显示，随着参数设置的不同，该LoRA模型为图像加入了不同程度的细节。

Add More Details-Detail Enhancer/Tweaker，该LoRA模型能有效地管理图像细节的表现。如果需要图像展现更多的细节，可以通过增加LoRA模型的权重值来实现。相反，若希望图像呈现出较少的细节，可以相应减少LoRA模型的权重值，适用于Stable Diffusion V1.5及以此为基础训练的主模型。同样地，随着参数的调整，该模型也可以为图像增加不同程度的细

图 5-11　Detail Tweaker 的不同参数效果

节，Add More Details 不同参数效果如图 5-12 所示。

图 5-12　Add More Details 的不同参数效果

（三）Embeddings 模型

主模型包含数据信息多，经过特定训练的 Checkpoint 能更好地满足多样化的创作需求。如果对主模型总体生成特征较为满意，只需要优化其中的一些细节，Embeddings 模型是其中的选择之一。Embeddings 模型是对主模型的文本编码器模块进行调整，该模块的作用主要是将提示词转换为文本向量，而对该模块进行调整，则可使特定风格特征的文本在图像生成时得到强调，这样生成图像时就能沿着特定风格的方向进行。因为 Embeddings 模型并没有改变主模型的权重参数，所以不能生成模型本身未出现过的内容，对整体模型的风格也难以大幅度改变。由于仅对文本编码器进行修改，因此 Embeddings 模型往往只有 KB 级别大小，同样该类型模型也需要和主模型结合使用。

（四）外挂 VAE 模型

与 Embeddings 模型类似，外挂 VAE 模型并未对模型的整体训练数据进行修改，其调整的是主模型的图像编码器模块。一些情况下，模型生成的图像色彩出现问题，其原因不在于模型本身的训练风格，而有可能是模型 VAE 模块损坏所致。由于对主模型进行重新训练的修复成本较高，则解决办法之一是外挂 VAE 模型代替主模型中的 VAE 模块，这样图像生成过程

学习笔记

会调用外置 VAE 模块，而非使用内置模块，就能使图像色彩得以修正。可将不同的 VAE 模型理解为不同的“滤镜”。

三、掌握文字生成图像技巧

进入 Stable Diffusion WebUI 界面后，可以看到该界面内置了文生图、图生图等众多功能。“文生图”，顾名思义是运用给定的文本生成图案，理论上无论给出什么文本，模型均能生成一定的图形。但是要使生成的图案符合创作需求，仍需掌握一定的使用技巧。

（一）提示词的使用

从图像生成的原理可知，图像生成模型根据输入的文本“提示”，逐渐地扩散生成图像。初始“提示”不同，将影响到最终的生成结果。要生产优质的图像，就必须掌握提示词使用的技巧。Stable Diffusion 中的提示词可分为正向提示词和反向提示词。简单地说，正向提示词是指那些希望模型生成的内容。反向提示词是指那些不希望模型生成的内容。

提示词由一个或多个标签（tag）组成。通常而言，正向提示词除对生成图片的画面构成进行描述，还可以加入以下控制画质的标签，如 masterpiece，best quality（大师作品，最高质量）。正向提示词中的标签（tag）可以参考如下思路进行编排。

第一，风格要求：如加入画质要求标签 highres（高分辨率）、画风要求标签 comic（漫画）等。

第二，主体要求：主体可以是特定的人物，同时还要提供主体的数量、特征、动作、场所等要求。如 1 girl（女孩）、smiling（微笑）、in the street（在街上）。

第三，细节要求：里面可以提出一些场景、人物细节的相关要求。

反向提示词可以对一些劣质画面加以控制，如图像生成模型经常出现不符合现实的肢体错误，为避免这些错误可以加入 bad anatomy（解剖不良）、malformed hands（畸形的手）等标签；要避免出现裸露等不雅图像，可以加入 naked（裸露的）等标签。

需要注意的是，提示词描述越细致，模型自由发挥的空间越小。

Stable Diffusion WebUI 中的提示词需要用英文输入，当然也可以添加在线翻译插件降低使用难度。同时，也可以下载相关提示词的管理工具，进一步提高提示词输入效率。

（二）提示词进阶技巧

提示词由标签组成，标签的位置不同，其对图像最终生成的影响程度也不同。通常标签在提示词中的位置越靠前，其对图像生成的影响权重越大。在 Stable Diffusion 中，除调整位置，还可以通过一些技巧改变提示词的权重。例如，对于正向提示词“highres，1 girl，smiling，in spring，cherry blossoms（生成一幅高画质的图片，其中包括 1 个正在微笑的女孩，背景是开樱花的春天）”，如果希望生成的图像更加强调樱花，那么可以对标签 cherry blossoms 加上小括号予以强调。具体设置对权重的影响可参考如下内容。

(cherry blossoms) —— 将权重提高 1.1 倍

（(cherry blossoms)）—— 将权重提高 1.21 倍（=1.1 * 1.1）

[cherry blossoms] —— 将权重降低至原先的 90.91%

(cherry blossoms：1.5) —— 将权重提高 1.5 倍

(cherry blossoms：0.25) —— 将权重减少为原先的 25%

ControlNet 原理介绍论

四、运用 ControlNet 控制输出

ControlNet 是在斯坦福大学就读的一名中国学生开发的 Stable Diffusion 的扩展。ControlNet 根据边缘检测、草图处理或人体姿势等各种条件来控制图像生成。目前，ControlNet 包含了十

几个预处理器，创作者利用不同的预处理器可以轻松地控制图像生成的方向，接下来主要介绍其中三个预处理器。

学习笔记

Canny 边缘检测：该预处理器通过利用边缘检测器来创建输入图像中高对比度区域的轮廓，从而捕捉到图像中细节丰富的线条信息，但是如果图像背景中存在其他物体，则会导致检测到不必要的轮廓，进而影响最终的效果。一般背景中物体越少，Canny 边缘检测的效果就越好。根据原个体轮廓，生成不同细节形象（提示词“鸟”），如图 5-13 所示。从中可以看到，该预处理器先将原图像的“边缘”检测出来，然后以此为基础生成不同的图案。

图 5-13　根据原个体轮廓，生成不同细节形象（提示词“鸟”）

Depth & Depth Leres：该预处理器可以生成输入图像的深度估计，通常使用黑白颜色确定图像中物体的空间远近。浅色区域表示物体离观察者更近，而深色区域表示物体离观察者更远。根据原有布局风格，生成不同的装饰（提示词“房间”），如图 5-14 所示。从中可以看到，该预处理器先将原图像的“深度”检测出来，然后以此为基础生成不同的图案。

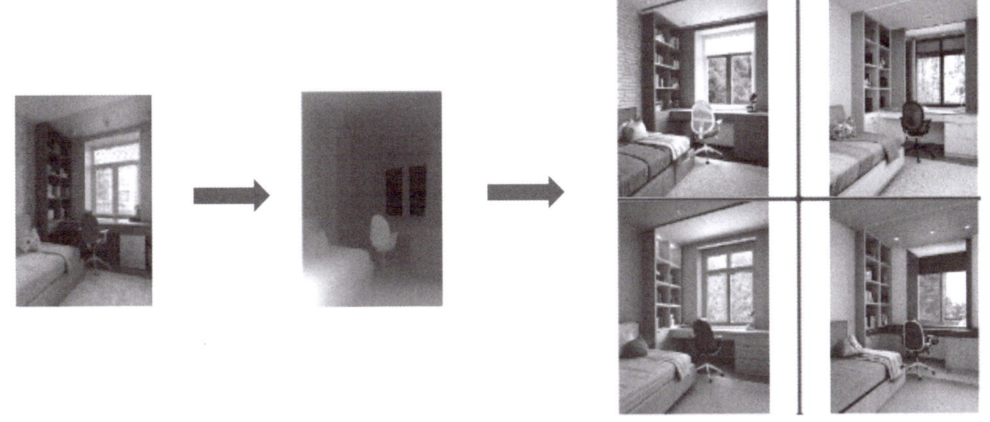

图 5-14　根据原有布局风格，生成不同的装饰（提示词“房间”）

OpenPose：该预处理器可以根据输入的人像图像生成基本的骨骼火柴人轮廓。生成的骨架轮廓可用于指导生成具有相同姿势的图像。骨架图包含多个关节点，调整这些关节点位置可以调整新生成的人像的姿势。使用男模特姿势，生成具有同样姿势的形象（提示词“厨房里的厨师”），如图 5-15 所示。从中可以看到，该预处理器先将原图像人物的“姿势”检测出来，然后以此为基础生成不同的人像。

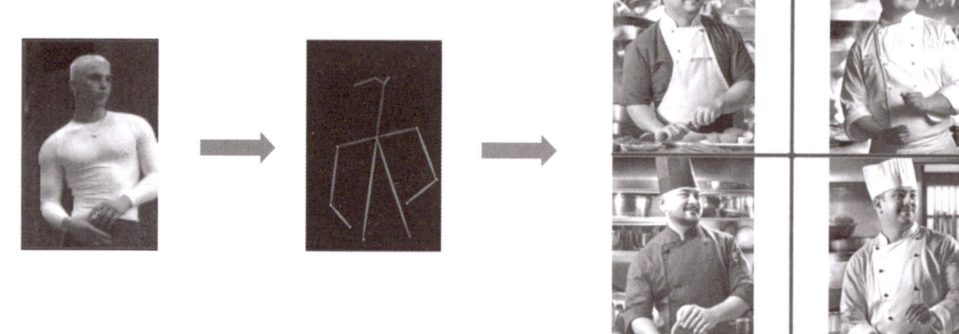

图 5-15 使用男模特姿势，生成具有同样姿势的形象（提示词“厨房里的厨师”）

在实际使用的过程中，以上预处理器可以叠加使用，实现更加多样化的控制效果。接下来，通过实例演示如何使用 ControlNet 变换模特姿势。启动 Stable Diffusion WebUI，确保已安装 ControlNet 插件。在界面中找到“ControlNet”插件位置，上传模特图像，启用该“ControlNet”单元，并选择“OpenPose”预处理器。在 WebUI 界面使用 ControlNet，如图 5-16 所示。

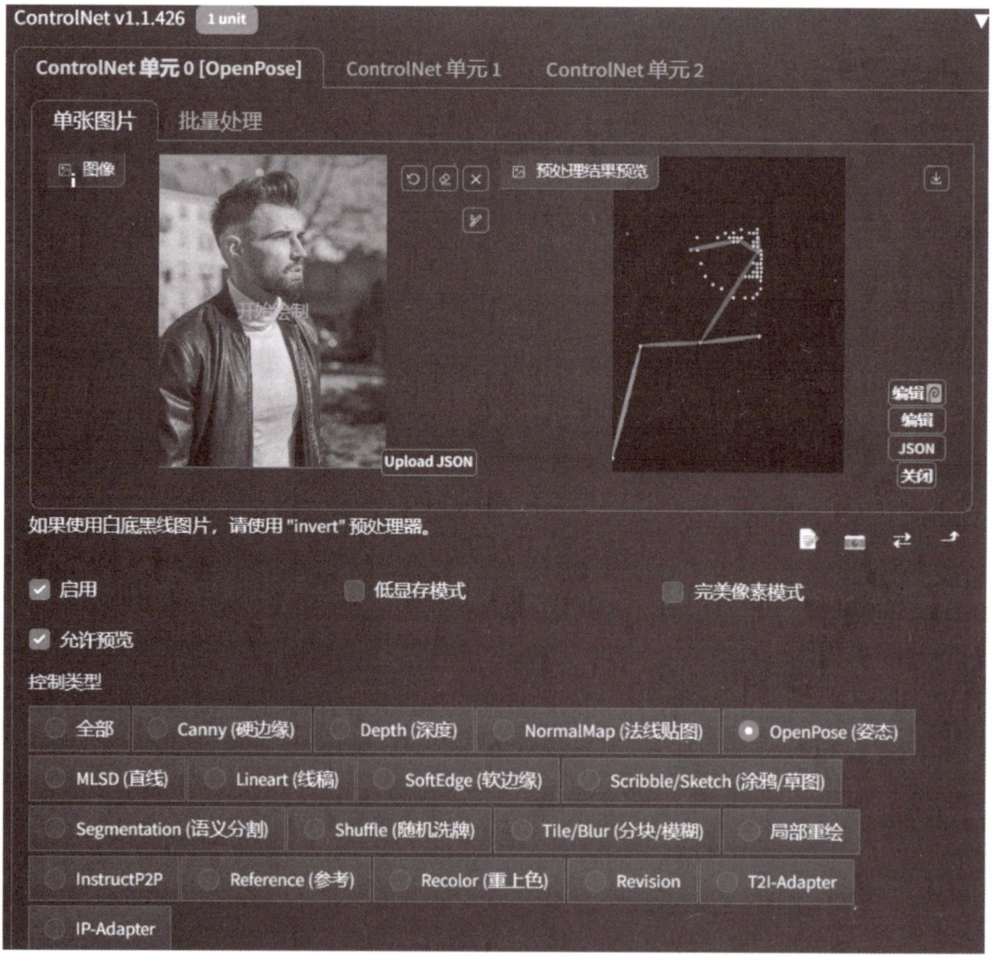

图 5-16 在 WebUI 界面使用 ControlNet

学习笔记

在正向提示词处，输入“female model”，表示希望模型生成女性模特的图像。反向提示词处输入不想出现的情形，例如，不希望出现畸形的手或手指，则可以输入“mutated hands and fingers”。一般单次生成图像不能满足需求，可以参考“抽卡”的思路单批次生成多幅图像，在生成的多张图片中进行选择，利用 OpenPose 预处理器生成具有同样姿势的图像，如图 5-17 所示。

图 5-17　利用 OpenPose 预处理器生成具有同样姿势的图像

五、了解使用 ComfyUI

与 WebUI 一样，ComfyUI 是方便用户使用 Stable Diffusion 等 AI 模型的界面。和 WebUI 相比，它具有如下优点。

（1）性能优化：ComfyUI 可以使用更小的内存生成更高质量的图像，其图像生成速度较快。

（2）工作流模式：ComfyUI 将 Stable Diffusion 生成图像的过程拆解为工作流节点，使得图像生成过程更加直观，且定制性更强。

（3）便于传播：ComfyUI 的工作流制作完成后，可保存供下次使用，无须重复设置，也可复制到其他机器中使用。

不过，ComfyUI 的缺点是学习成本高于 WebUI，要求使用者对 Stable Diffusion 的图像生成原理有较深的理解。

ComfyUI 是 Github 上的开源项目，建议 ComfyUI 的初学者使用网络上一些开发者的整合包进行学习，例如，bilibili 上的 UP 主“秋葉 aaaki”提供的 Stable Diffusion ComfyUI 绘世启动

器。ComfyUI 文生图工作流示例如图 5-18 所示。

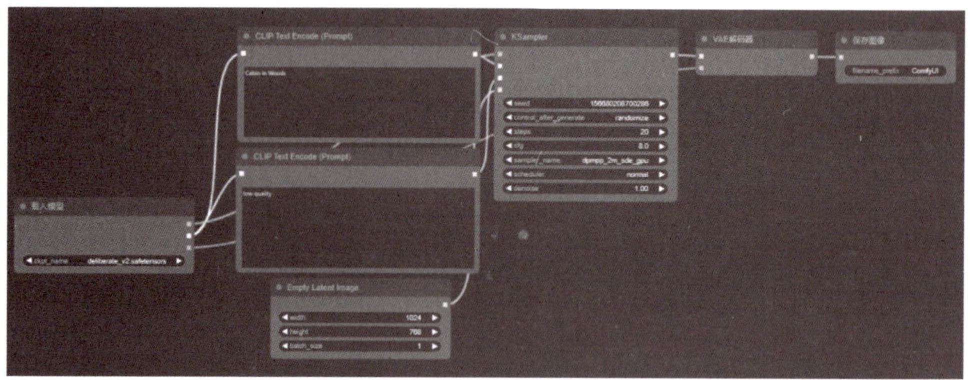

图 5-18　ComfyUI 文生图工作流示例

以上工作流的正向提示词是“Cabin in Woods（林中小屋）”，反向提示词是“low quality（低质量）”。设置完成后单击“Queue Prompt”选项即可生成图片，利用 ComfyUI 生成的图像“林中小屋”如图 5-19 所示。需要注意的是，使用不同的主模型和不同的生成参数生成的结果均会有所不同。

图 5-19　利用 ComfyUI 生成的图像“林中小屋”

【素质提升】

人工智能让建筑设计更高效①

近年来，很多研究都致力于探索如何让建筑师借助人工智能的力量来促进并简化设计流

① 吴纯新．看人工智能如何改变建筑行业［EB/OL］．人民网，2023-04-03［2024-05-24］．http://kpzg.people.com.cn/n1/2023/0403/c404214-32656495.html.

程。正如 CRTKL（凯谛思旗下设计公司）伦敦副总监 Caoimhe Loftus（凯米·洛夫特斯）所说："设计的发展曾因我们的手动绘图和分析能力而受到限制。如今，我们可以借助人工智能的力量，以更快的速度生成并分析更多方案，从而提供更加明智且可靠的设计解决方案。"

就读于哈佛大学的 Stanislas Chaillou（斯坦尼斯拉斯·夏卢）在 Archi GAN 项目中，使用一个包含 800 多份公寓平面图的数据库来训练机器学习模型，在给定公寓面积的前提下进行空间规划与布局，并确定门窗和家具的位置。随着机器学习模型的成功扩展，用户可指定每层楼的公寓划分方式，并确定入口和窗口位置。之后，机器学习模型便会给出单独的公寓布局建议，然后将这些单独的布局组合在一起就形成了建筑的整层布局图。

来自英国的 Oliver Green（奥利弗·格林）就曾将机器学习技术与公司已完成的住宅设计方案数据库相结合，创建了一款公寓布局推荐工具 Homegrown。建筑师们可使用这款工具查看与其建筑相匹配的各种布局方案，然后花费短短几秒时间，就可完成公寓改建。

人工智能还可以帮助建筑师出品更加优质、更可持续的设计方案。Spacemaker（空间制造者）使用机器学习技术，可在设计初始阶段帮助设计师测试各种可行性方案。借助人工智能工具，设计师可快速测试多个方案，并最终获得各方满意的设计方案，避免了针对每个方案的反复建模和修改。

人工智能及其他新兴技术将成为未来设计的一部分，让建筑师们的工作变得更加高效。

任务实施

1. 思考 Stable Diffusion 软件中的"Diffusion 扩散"是怎样进行的。

2. 结合案例回答：如何使用 Stable Diffusion 软件绘制一幅你心中的"夏日沙滩"图？

【教师评语】

【反思总结】

学习笔记

任务三　利用 Krita 生成宣传图

案例导入

在人类接收的所有信息中，视觉类信息尤其重要，因其最为直观、形象。企业非常重视平面广告的制作与推广，几乎每一个产品都需要打造平面广告，尤其在电商行业，从产品主图到详情页的细节图，有时一张令顾客满意的图片就能带来成功的交易。

ChatGPT 引发的生成式人工智能热潮出现后，相关技术应用很快就渗透进电商领域。一些店主已经着手使用 Midjourney、Stable Diffusion 等生成服装首饰图片并进行模特替换。一些电商行业大 V 曾经测算过模特摄影的成本。一天 8 小时的拍摄，需要支付如下几方面的费用：摄影费（包含 400 张修图）1 万元，男模特和女模特的劳务费超过 2 万元，化妆费 2 000 元，搭配费 4 000 元，整体费用高达 3.6 万元之多。

这还只是模特摄影所需要的可测算的显性费用，还没算上模特档期、服装整理、选片、下载、制作及挑选、招聘多名兼职人员等额外的成本以及时间成本。初步估算一个服装专场的上线周期至少要 10 天。

对小网店来说，这样高成本的服装专场根本无法负担。所幸，在生成式人工智能出现后，使用 Stable Diffusion 就可以对 AI 模特进行换装或者换脸，数分钟内就可以生成想要的图片，再经过简单后期处理就能应用到网店，整个过程只需一名能熟练使用 AI 生成图像的设计师以及一台高配置的计算机。

未来，电商领域与生成式人工智能的结合将更为紧密。谷歌已宣布将生成式人工智能技术引入在线购物工具，其中包括让消费者在虚拟环境下试穿衣服，并根据消费者偏好推荐特定产品。微软也宣布了整合 Microsoft Shopping 功能，在其 Bing 浏览器和 Edge 浏览器中推出全新网购工具，利用 AI 改善用户的网购体验。①

实训要求

A 电商企业目前新选了一批小商品待上架，这批小商品品类丰富，有洗护产品、化妆品、护肤品等，产品种类多达上百种。因这批产品前期没有精美的宣传图片，请参考平面广告设计原则，为 A 企业生成线上商品广告宣传图。要求场景布置符合产品特点，配色协调，产品亮点突出。

实训过程

本实训任务以开源的 Krita 和 Stable Diffusion 为工具，批量生成精美的产品图片。

一、Krita 的介绍与安装

Krita 是一款免费的开源数字绘画应用程序，能提供与 Photoshop 类似的图像处理功能。Krita 主要面向需要频繁地长时间全神贯注工作的画师，适用于创作插画、概念美术、接景、材质、漫画和动画等作品。

---

① 王吉伟．从 AI 模特换装到 AIGC 赋能运营，生成式人工智能全方位渗透电商产业链［EB/OL］．澎湃新闻，2024-04-22［2024-05-24］．https://www.thepaper.cn/newsDetail_forward_24550031.

学习笔记

由于 Krita 的开源特性，一些开发者利用该平台与 Stable Diffusion 进行链接生成图像。如 Github 上的开发者 Acly（阿克利）开发了 krita-ai-diffusion 插件，使之具备实时生成图像的能力。

使用 Krita 进行人工智能实时生成图像前，除要安装 Krita 软件，还需要在 Github 上下载 krita-ai-diffusion 插件，同时下载安装 Stable Diffusion ComfyUI（可选择使用网络上部分优秀发布者提供的整合包进行代替），并按照相关流程指示进行配置。

Krita AI
开源插件

（1）在 Krita 中启用插件 AI Image Diffusion（在“设置”中选择“配置 Krita”选项，再选择“Python”选项）并重新启动。

（2）新建或打开一个文件，在“设置”中选择“显示面板”选项，然后勾选“AI Image Generation”选项。

（3）在 AI 插件的“设置”选项中的“Style Presets”中设置模型等相关参数。例如，可设置使用“Realistic Vision 系列主模型”和“LoRA 模型 add_detail”。

生成（Generate）模式采样器（Sampler）可设置为“DPM++2M Karras”。该采样器在保证图像生成速度的同时能提供较好的图像质量，且使用相同的种子时生成图像效果的一致性较高。采样步数可设置为“30”，在“实时生图”模式选项中将采样器设为“LCM”才能使图像具备实时生成能力，否则生成速度较慢。

二、使用 AI 实时生图

第一步：拍摄产品图。通过手机或相机拍摄产品主图，统一导出到计算机中，在 Krita 中使用抠图功能提取产品主体，便于后期合成。打开教学素材包的“东洋之花”护手霜图片，并进行抠图操作，在 Krita 中使用抠图功能获得的产品图片如图 5-20 所示。

图 5-20　在 Krita 中使用抠图功能获得的产品图片

操作要点：使用选取工具抠图，学会使用快捷键。

（1）安装选区插件。用 Krita 软件自带的选区工具进行选取较为复杂。在抠图前，可先安装 Github 上个人开发者发布的 Krita 智能选区插件“krita-ai-tools”。下载插件后，将 ZIP 压缩文件解压到 Krita 安装文件夹中，然后重新运行 Krita 即可使用。

（2）建立选区抠图。使用“Point Segmentation Selection Tool”单击护手霜主体，一般就能选出护手霜的大体轮廓，但也可能出现不能一次性全部选取的情况。此时需要按住“Shift”键，在没被选取的区域继续用鼠标左键单击选取。一些不能单击选取的细节，需要使用工具

栏上的“手绘轮廓选区工具/套索”选项进一步选取。使用该工具增加选区时，注意要按住“Shift”键。如果操作不慎导致选区过大，可以按住“Alt”键用“手绘轮廓选区工具/套索”减少选区。过程中若出现操作失误，可使用“Ctrl+Z”快捷键回到上一步；如果对整体选区不满意，可以使用“Ctrl+Alt+A”快捷键取消选区，重新开始选取过程。在Krita中使用套索工具如图5-21所示。随着软件版本更新，工具所处的位置可能会有所不同。

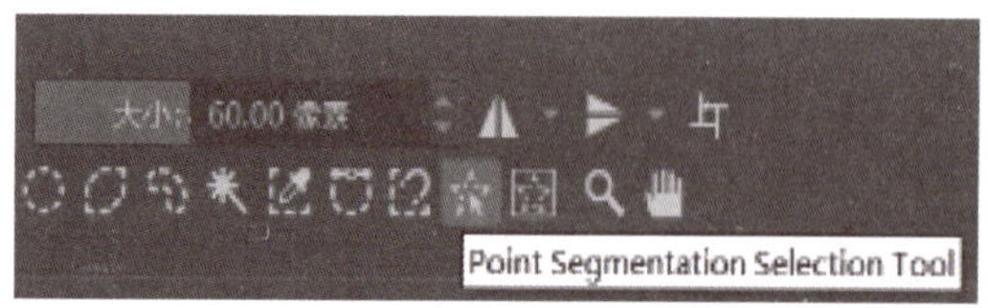

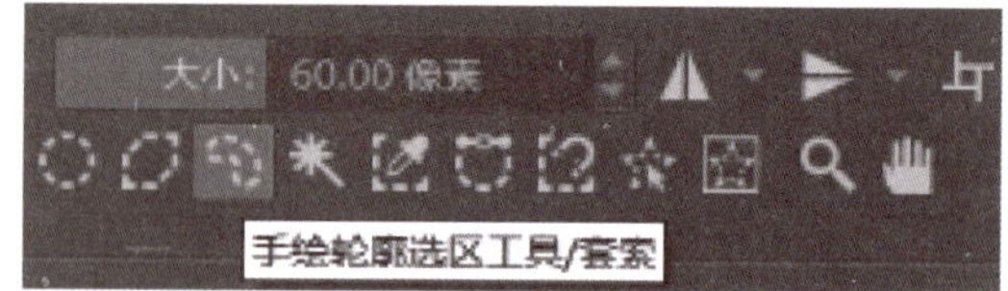

图 5-21　在 Krita 中使用套索工具

选取完毕后，在图层上单击鼠标右键，进行反向选择（或使用“Ctrl+Alt+I”快捷键）。随后按键盘上的“Delete”键，即可得到只有护手霜的图层。

第二步：设计场景图。实训时可根据自身想法进行创意设计，匹配合适的场景图，场景图可以通过Stable Diffusion WebUI生成，或者寻找可以直接商用的背景图片。假设客户要求护手霜宣传图的背景是小溪流水，护手霜正放在石头上方。那么按要求可以利用AI软件生成合适的场景，也可以先寻找大体符合需求的背景图，在此背景图的基础上进一步利用AI生成场景图，如图5-22所示。

图 5-22　利用 AI 生成场景图

Krita 5.2
官方文档中文版

第三步：通过Krita将产品与场景融合。叠加场景图和产品图，将其缩放到合适大小、布局到恰当位置。由于宣传图要求产品放在石头上方，可以寻找石头的图片素材，放置在场景图的恰当位置，然后在石头上方放置产品图片，叠加产品图与场景图如图5-23所示。位置确定后，单击AI插件中的“实时生图”按钮开始实时生图。

第四步：更换主体产品，重复上述步骤，完成产品图的生成。AI生成图像能将产品更好地融入背景，使得光影更为逼真，但图像生成过程会同时改变产品文字、图案等内容，因此需要在图片生成完成后将原来的产品主体覆盖至AI生成的图像当中，即可得到实时生成图片后更换主体的结果，如图5-24所示。

图 5-23　叠加产品图与场景图

图 5-24　实时生成图片后更换主体

操作技巧：

（1）为了保证 AI 生成的产品轮廓与原产品保持一致，需要在 AI 图像相册插件处增加“ControlNet”控制层；

（2）原图与新图产品的边缘色泽可能存在一定差异，需要通过新建“透明度蒙版”涂抹进行简单处理。

三、使用 AI 局部重绘

某些情况下产品的宣传图整体基本符合要求，但是细节部分需要进行调整，则可以使用 AI 插件的局部重绘功能。例如，客户总体满意已创作的宣传图（见图 5-25 左侧），但不希望图片右侧出现灯饰。这种情况下就适合进行局部重绘，可以使用选区工具选择希望更改的区

域，然后使用 AI 工具重新单独生成该区域。

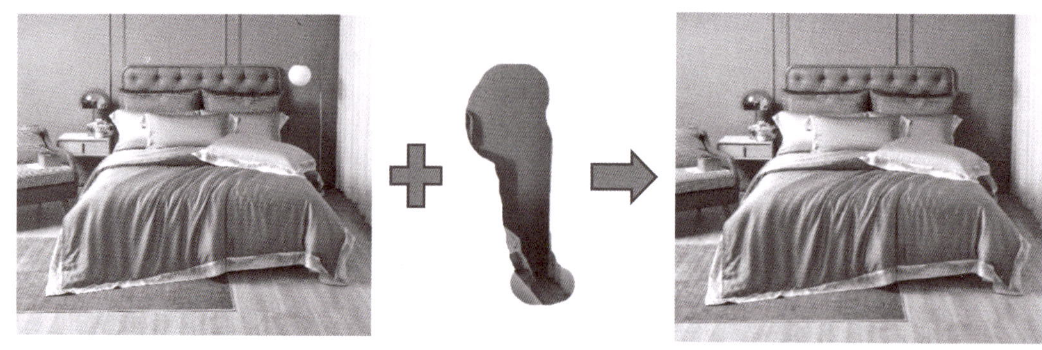

图 5-25　局部重绘功能示意图

四、使用 AI 高清修复图片

本地计算机在生成图片的过程中需要消耗大量的 GPU、CPU 和内存资源，如果生成图像的初始分辨率设置过大，性能较差的计算机生成速度就会较慢，甚至会出现显存不足引致计算机死机的情况。因此，图像生成的初始分辨率不宜设置过高。在计算机性能不足的情况下，可以将分辨率设置为“512×512”或“512×768”等较低水平。生成完成后再利用 AI 插件对照片进行高清修复。可在 Kirta 的 AI 生成图像插件的“实时生图”选项卡中选择“放大”选项，即可实现高清放大原有图片分辨率的效果。

【素质提升】

平面广告设计的七大原则

一、排版力求简单

平面广告设计必须保持风格的一致性，这主要体现在排版中。要避免版面杂乱拥挤，应合理安排广告中图片和文字的布局；切勿使用风格不同的字体和成群结队的小图片，这会使整个版面看上去很乱，让人没有兴趣细看。

二、图片比文案更重要

平面广告要利用图片带给人视觉冲击。因此在进行平面广告设计的过程中，必须把图片放在中心地位，如很多高档化妆品的广告只有吸引人的图片和品牌名。

三、图片有故事性

具有故事性和趣味性的图片对与受众的交流有很大的好处，通过引发受众的关注和思考，可以将宣传信息潜移默化地传达到受众那里。

四、广告的主题要醒目，并提供一个利益点

当下，人们的生活节奏很快，没有时间细细来看平面广告，因此平面广告的设计必须注意标题，要通过标题让行色匆忙的人们能够一眼记住你。

五、易于阅读

切勿用空洞的文字充斥文案，读者渴望知道事实。平面广告不是诗词，消费者希望你能简单直接地告诉他，你所宣传的东西确确实实就是他需要的，不然他不会为此花费时间。

六、每个广告都要完成销售

千万别幻想消费者会看到你全部的系列广告或是两个以上的广告，因此，每次出现的广告都要自成一体，传达一个主题。在新媒体广告中，可以通过二维码等方式直接加入购物链接，让消费者点击即可购买。

学习笔记

七、结合媒体特点，打破惯例、勇于突破

独特的东西总是能够吸引人，因此平面广告设计要勇于打破常规，做到与众不同。但标新立异的同时也是要考虑实际情况，怪诞的艺术欣赏的人很少，而广告的本质是要能被大众所接受。

任务实施

1. 安装 Krita 软件，拍摄一张自己喜爱的人物或者风景照片，使用 AI 实时生图。

2. 结合案例回答：如何在 Krita 中直接调用 Stable Diffusion 的功能进行图像处理和创作？

【教师评语】

【反思总结】

知识巩固

一、单选题

1. Stable Diffusion 中的“Diffusion”一词指的是（　　）过程。

A. 数据的传播　　B. 噪声的逐渐消除

C. 数据的随机变换　　D. 图像的模糊处理

2. Stable Diffusion 的主要特点是（　　）。

A. 在高维图像空间中操作

B. 将图像压缩到潜空间，并在其中应用扩散过程

C. 只能用于图像生成

D. 无法从文本描述中生成图像

学习笔记

3. Stable Diffusion 的扩散过程可以被描述为（　　）。

A. 一个简单的线性过程

B. 一个基于随机漫步的扩散模型

C. 一个可逆的转换过程

D. 一个无须训练即可进行的过程

4. Stable Diffusion 在图像生成领域的（　　）方面有显著进步。

A. 生成图像的速度　　B. 生成图像的成本

C. 生成图像的质量　　D. 以上都是

5. Stable Diffusion 模型中的“采样步数”是（　　）。

A. 模型的迭代次数　　B. 生成的图像数量

C. 噪声减少的步数　　D. 文本输入的长度

6. 在 Stable Diffusion 中，通过（　　）方法可以将生成的图像从潜在空间转换回像素空间。

A. 图像编码器　　B. 文本解码器

C. 卷积神经网络　　D. 逆扩散过程

7. Krita 的（　　）特性允许用户无须切换工具即可进行多种操作。

A. AI 绘画助手　　B. 修饰键和右键工具板

C. 内置教程　　D. 自定义快捷键

8. Krita 的界面设计结合了（　　）软件的特点。

A. CorelDRAW 和 Photoshop　　B. GIMP 和 Illustrator

C. Photoshop 和 SAI　　D. SAI 和 Illustrator

项目五答案

9. Krita 是在（　　）下发布的。

A. GNU GPL 许可证　　B. MIT 许可证

C. Apache 许可证　　D. BSD 许可证

10. 在生成 AI 影像的实践中，GAN（生成对抗网络）通常被用于（　　）。

A. 文本分类　　B. 语音识别

C. 数据增强　　D. 情感分析

二、判断题

1. GAN（生成对抗网络）在生成 AI 影像过程中扮演着重要角色，它们能够通过两个网络（生成器和判别器）的对抗训练来生成逼真的图像。(　　)

2. 风格迁移是一种生成 AI 影像技术，它可以将一张图像的风格应用到另一张图像的内容上。(　　)

3. 变分自编码器（VAE）是一种生成模型，它使用编码器将输入图像转换为潜在空间中的表示，并使用解码器从潜在空间中生成新的图像。(　　)

4. 所有的生成 AI 影像技术都需要大量的标记数据来训练模型。(　　)

5. GAN 生成的图像通常比变分自编码器生成的图像更加清晰和逼真。(　　)

6. 条件生成对抗网络（CGAN）能够基于给定的条件（如文本描述或类别标签）来生成具有特定属性的图像。(　　)

7. 在使用生成 AI 影像技术时，我们不需要担心模型生成的图像可能有悖伦理或违反法律的问题。(　　)

8. 深度神经网络（DNN）是生成 AI 影像的唯一方法。（　　）

9. 超分辨率是一种生成 AI 影像技术，它可以从低分辨率图像中恢复出高分辨率图像。（　　）

10. 生成 AI 影像技术可以完全替代人类艺术家在创作过程中的作用。（　　）

学习笔记

实践训练 

假设你是一家 AI 图像生成公司的研究员，公司最近引入了 Stable Diffusion 模型用于图像生成任务。你的任务是利用 Stable Diffusion 模型来生成一系列具有水墨画风格的夏日荷花图。以下是你需要完成的任务。

1. 数据准备

收集一个包含目标风格和主题的图像数据集。

对数据集进行预处理，包括调整图像大小、归一化像素值等。

2. 模型微调

如果数据集足够大且具有代表性，你可以考虑对 Stable Diffusion 模型进行微调，以更好地适应你的特定风格和主题。

选择合适的损失函数和优化器，并设置合理的训练参数（如学习率、批次大小、训练轮数等）。

3. 生成图像

使用微调后的模型（或原始 Stable Diffusion 模型）生成一系列图像。

可以通过调整模型的输入参数（如文本提示、随机噪声等）来控制生成图像的内容和风格。

4. 评估与优化

评估生成图像的质量和多样性。可以使用人工评估或定量评估指标（如 FID 分数、Inception Score 等）。

根据评估结果对模型进行进一步的优化，包括调整超参数、改进模型结构等。

5. 扩展功能

添加图像编辑功能，允许用户对生成的图像进行进一步的修改和优化。

实现图像风格的迁移，即将一种图像的风格应用到另一种图像上。

探索将 Stable Diffusion 模型与其他 AI 技术（如自然语言处理、语音识别等）相结合的可能性，以提供更丰富的应用场景。

注意事项：

在进行模型训练和图像生成时，请确保遵守相关的法律法规和道德准则，特别是涉及数据隐私和版权问题时。

在评估和优化模型时，要关注生成图像的质量和多样性之间的平衡，以避免产生过度相似或缺乏创新性的图像。

【项目评价】

评价项目（占比）	评价标准		分值	得分							
				学生自评	小组互评						教师评价
					第1组	第2组	第3组	第4组	第5组	第6组	
考勤（10%）	无故旷课、迟到、早退（一次扣10分）		10								
	请假（一次扣2分）										
学习能力（10%）	团队合作	小组合作参与度（优6分，良4分，一般2分，未参与0分）	6								
	个人学习	个人自主探究参与度（优4分，良2分，未参与0分）	4								
工作过程（40%）	能够理解AI影像生成的原理	能够理解生成对抗网络的工作原理和训练过程（优5分，良3分，差0分）	5								
		能够理解变分自编码器（VAE）的工作原理和训练过程（优5分，良3分，差0分）	5								
	能够安装使用Stable Diffusion软件	安装并熟悉软件的基础功能（优5分，良3分，差0分）	5								
		掌握提示词使用技巧，探索深层次的创作可能（优5分，良3分，差0分）	5								
		能运用常用模型，探索各类模型的特性与应用（优5分，良3分，差0分）	5								
		能重塑细节、图像优化、提升视觉效果（优5分，良3分，差0分）	5								
	能够安装使用Krita	安装并熟悉软件的基础操作（优5分，良3分，差0分）	5								
		绘制并生成图像（优5分，良3分，差0分）	5								
工作成果（40%）	环节达标度	能够按要求完成每个环节的任务（未完成一处扣4分）	20								
	整体完成度	能够准确展示完成成果（失误一次扣5分）	20								
得分小计											
教师评语：											
综合得分（学生自评得分×20%+小组互评得分×20%+教师评价得分×60%）											

学习笔记

项目六　打造企业 AI 私人客服

学习目标 

素养目标	1. 培养责任意识，强调信息和数据安全的重要性； 2. 培养创新精神，鼓励学生通过对数据要素进行重新整合创造出新的内容； 3. 培养适应变化的能力，增强对国家大数据和人工智能发展的认识
知识目标	1. 掌握检索增强生成的原理； 2. 掌握数据与大数据的概念； 3. 掌握传统数据库与向量数据库的区别
技能目标	1. 能够使用相关软件工具向量化私有数据； 2. 能够使用 Anything、Dify 等工具构建本地私人客服

知识结构 

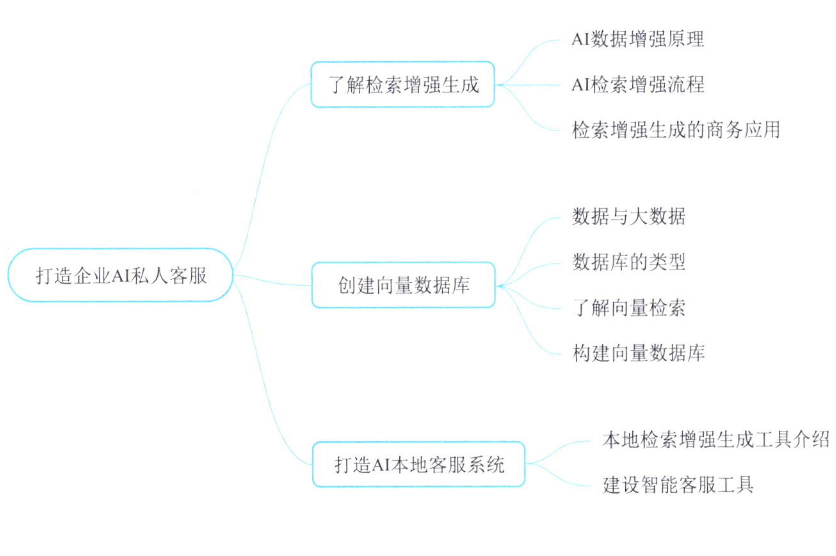

任务一　了解检索增强生成

案例导入 

研究数据显示，目前中国大概有 500 万名全职客服人员，相关研究报告认为客服机器人

学习笔记

代替人工客服的趋势正逐步形成，预计未来客服机器人将承担40%~50%的人工客服工作。

在生成式人工智能成为全社会关注的热点以前，客服机器人已经以聊天机器人、语音助手、虚拟助手等形式出现。随着生成式人工智能的发展，客服机器人日益加快人工智能化步伐，传统客服机器人回答质量不高、反馈较为机械等备受诟病的问题正逐步得以解决。因此，不少企业开始将部分客服工作，甚至是非客服的重复性任务委派给人工智能执行。与传统的企业员工相比，人工智能可以实现24小时在线运行，能有效帮助企业降本增效。

不过，在人工智能生成内容的过程中，一些不够智能的现象时有出现：人工智能提供的任务结果反馈不够精确，甚至还会生成完全不符合实际情况的内容，这就是所谓的大语言“模型幻觉”。

由于生成式人工智能的性能在很大程度上依赖于其训练数据的质量和数量，因此其答复的内容取决于预训练过程。训练完成后，人工智能无法准确回答其训练数据中不包括的信息。同时，对企业来说，很多信息是非公开的私密数据，生成式人工智能训练时缺乏该部分数据，其生成效果显然会大打折扣，这就会加剧生成式人工智能的“模型幻觉”现象。为了解决这一问题，研究人员发现可以通过扩充现有数据集来提高AI模型的泛化能力和准确性，这就是数据检索增强生成技术应运而生的原因之一。

知识准备 

AI数据增强是指利用各种技术手段来提高机器学习模型的性能和准确性的过程。随着人工智能技术的迅速发展，越来越多的应用场景需要大规模的数据来训练模型，以获得更准确和智能的结果。然而，现实中获取大量专业数据是一项昂贵和耗时的任务，而且在训练模型的过程中还面临着“泛化能力”不足等挑战。“泛化能力”是指模型对非训练数据的适应能力，简而言之就是训练好的模型能否更好地举一反三。

在一些特定的领域或场景中，已训练模型的数据可能会非常稀缺或不平衡，导致模型的回答效果不佳。通过数据增强，企业可以利用私有数据库，结合生成式人工智能，提供更为准确和智能的服务或方案。例如，某家无人机厂商需要利用人工智能作为客服，由于该AI大模型并未利用最新的数据进行训练，因此无法获得需要准确给予客户的售前售后咨询服务的相关内容。如图6-1所示，由于智视pro为虚构产品，大语言模型无法正确答复。

GLM-3

智视pro是一款无人机产品，请介绍它的特点

截至我的知识更新日期（2023年4月），"智视Pro"并不是一个广为人知的无人机产品品牌或型号。可能是由于信息更新延迟或者是一个新兴的产品，因此我无法提供关于这款特定无人机的确切信息。

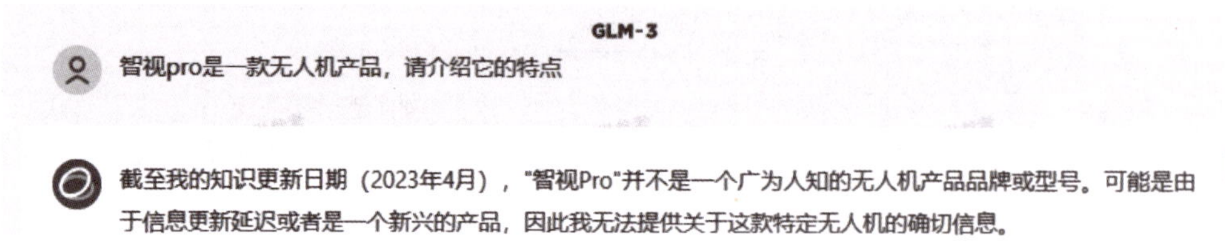

图6-1　由于智视pro为虚构产品，大语言模型无法正确答复

一、AI数据增强原理

大模型的应用经常面临一些挑战，例如，经常“一本正经地胡说八道”，生成错误的、毫不相关的信息，甚至回答出现前后自相矛盾的情况；还有一些大模型由于训练的数据存在偏见，导致其答复也存在偏见，令人反感。

上述问题的解决方案是对现有大模型进行AI数据增强，至少存在两个可供选择的方向：一是对现有大模型增加特定数据，进行“微调（Finetune）”，也就是通过再训练来保持知识和数据的更新；二是采用检索增强生成（Retrieval Augmented Generation，RAG）的方法。

学习笔记

但是，微调对数据集的质量要求高，加入少数数据集进行训练可能无法提升模型整体的回答质量。同时，微调的训练成本也相对较高，如果企业数据经常发生改变则不适合采取这种方式。

与之相对的是，检索增强生成的方式可以降低大模型 AI 数据增强的成本，企业能够根据实际情况及时调整私有数据库，甚至可以根据实际需要调用不同的数据库进行回答。

一个典型的检索增强生成流程包括以下步骤：首先对私有文档进行向量化处理并存储在向量数据库中，然后当接收到用户的询问时，再将询问内容进行向量化处理，接着与向量数据库中的数据进行相似性匹配，选取出相似度最高的文档片段，最后将用户询问内容和检索得到的片段同时发送给大语言模型，让模型将内容整合反馈给用户。

总的来说，一个简单的检索增强生成架构如图 6-2 所示。

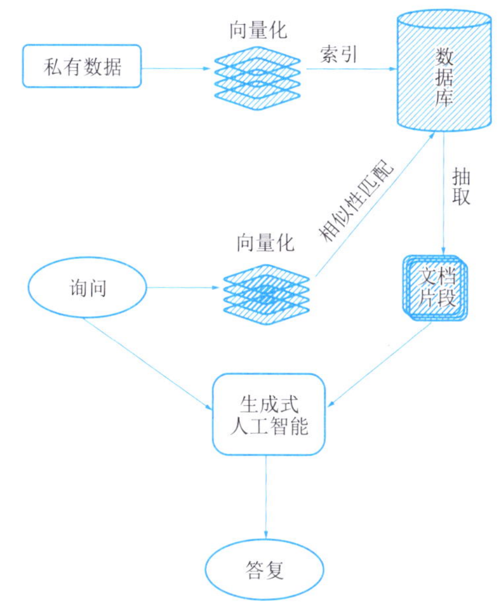

图 6-2　简单的检索增强生成架构

检索增强生成的不同方法

二、AI 检索增强流程

前一部分已简单介绍了检索增强生成的框架，其主要原理是利用已有的大语言模型，对私有数据库进行查询调用。在实际操作的过程中，主要具体流程如下。

（一）利用嵌入（Embedding）技术对企业私有数据库进行向量化，构建向量数据库

“嵌入”是指将高维度的数据（如文字、图片、音频）映射到低维度空间的过程。这项技术可以简单理解为对复杂的数据进行编码，将非结构化的数据（如图像、视频等）向量化，让其变为向量空间中的一点，就可以进一步通过算法比较不同数据的相似性，为后续检索提供可能性。

（二）应用 Faiss、Milvus 等工具对向量数据库进行索引

数据向量化完成后，由于庞大的数据量可能会导致在寻找相关数据时犹如“大海捞针”，为了提高数据搜索效率，需要通过一些工具如 Faiss 等来进行索引和存储，之后便可以对封装后的向量数据库进行高效的相似度搜索。

学习笔记

（三）对每次咨询的问题进行向量化转换，在向量数据库中查找与向量化问题最为相似的 k 个答复

上述步骤完成后可以开始进行搜索，搜索与传统的关键词搜索不同，是通过比较问题的向量数据与向量数据库里的数据，找出最为相似的数据，通常是计算不同数据之间的距离，距离越近则越相似。

（四）利用 ChatGLM 等大语言模型对查找到的答案进行综合分析，给出符合要求的高质量回答

数据搜索完毕后，将得到的数据反馈到 ChatGPT、ChatGLM 等线上或本地模型中，结合特定的提示词工程，让 AI 模型整合数据给予答复。

从上述过程可以看到，检索增强生成的关键是构建向量数据库，向量数据库扮演着知识库的角色。借助向量数据库能够较为快速、便捷地将企业数据存储，使之能够作为 AI 模型的“大脑”，提供与企业相关的准确信息。

三、检索增强生成的商务应用

检索增强生成有广阔的业务应用场景，它可以帮助企业提高效率、降低成本，并提供更优质的产品和服务，从而在竞争激烈的市场中获得优势。

（一）销售智能客服

利用检索增强生成技术，可以建立更加智能的客服系统，提供更准确、快速的问题答复和建议。随着技术的发展，销售智能客服甚至可以根据用户的历史行为、偏好提供个性化的产品推荐和服务。

（二）法律、医疗咨询

在法律和医疗领域，AI 数据增强可以用于提供更全面、准确的咨询服务。例如，在医疗方面，可以利用大量的医疗数据和病例进行训练，帮助医生更好地诊断疾病和提供治疗建议。在法律方面，可以利用案例数据库和法律条文等数据训练，提供更具权威性和实用性的法律咨询服务。

（三）商务决策评估

检索增强生成可以用于各种评估任务，例如，产品质量评估、风险评估、市场需求评估等。通过分析大量的数据，可以更准确地评估各种商务活动的效果和潜在风险，帮助企业制定更合理的策略和决策。当前不少企业的产量预算仍停留在 Excel 表格阶段，过度依赖管理人员的经验，造成产销脱节，导致库存积压、资金占用，从而影响企业盈利，使用 AI 检索增强生成可以在一定程度上解决这类问题。

【素质提升】

数据安全治理新形势①

在清华大学计算机科学与技术系教授、人工智能研究院基础模型研究中心副主任黄民烈看来，AIGC 的出现，使得现在的数据安全治理与过去相比有很大的不同。他表示，AIGC 能通过训练去组合、生成一些在过去的语料库中根本没有出现过的新内容，这些内容可能是有

① 贾骥业，朱彩云．“用魔法打败魔法”AI 时代如何构建数据安全生态［EB/OL］. 中国青年报，2024-04-30［2024-05-24］. https://zqb.cyol.com/html/2024-04/30/nw.D110000zgqnb_20240430_1-06.htm.

害的。

“在生成式人工智能时代，我们在数据安全层面，面临的是不断组合和创造新数据的安全风险问题，彻底解决这种风险，需要算法和工具的支撑，而不是靠人，或者靠一些静态的方法去做相对固定的检测。”黄民烈说，可以去研究制定一些有针对性的对抗和攻击方法，如事先让算法发现模型的漏洞和风险；也可以利用算法追踪模型存在的风险，再有针对性地制定安全手段。

如今，除了类似 ChatGPT 的通用大模型，专注某一垂直领域的行业大模型也层出不穷。奇安信集团副总裁刘前伟长期关注行业大模型的数据安全治理问题，他观察到，很多行业大模型厂商都有一个普遍的担心：模型预训练的语料会不会被其他人窃取？

他解释说，行业大模型在做预训练时，被“喂”的数据大多是行业知识，“这些语料可能是不同企业最有竞争力的一些数据。”如果存在漏洞，可能导致这些核心的数据资产被泄露出去，“这是在通用大模型里，我们过去没有特别关注的一点。”

同时，作为通用大模型的使用者，很多人都会问一个问题：当我去问大模型问题时，会不会造成商业机密、个人信息的泄露？刘前伟也提出了上述疑问。

对于如何解决上述问题，刘前伟也同意黄民烈教授的观点。“如果靠过去一些成熟的技术去解决现在的问题是很难的，今天只能通过‘用 AI 对抗 AI’的方式，才能解决内容安全的问题”。

任务实施

1. 当前生成式人工智能在回答问题的时候，会产生错误答案的原因在哪里？除了利用数据库增强回答，还有什么方法可以降低 AI 生成内容的知识性错误？

2. 结合案例分析：AI 客服能完全替代人工客服的作用吗？

【教师评语】

【反思总结】

学习笔记

任务二 创建向量数据库

案例导入

作为制造业大国，中国的产业门类齐全、体系完整，各类产业场景丰富、企业私有数据多。对数据要素进行有效的使用和开发是企业成功的关键之一，也将影响到经济高质量发展的进程。在大数据时代，数据存储和处理已然成为企业发展中的一个重要挑战和机遇。

当前电商平台要应对用户订单、商品信息、交易记录等海量数据的存储和管理需求。传统的存储方式已经无法满足这些数据的处理和分析需求。

数据存储领域的一个重要发展方向是向量数据库技术。传统的数据库无法有效存储和检索这些图片数据，电商平台通过向量数据库存储商品图片数据，使用基于向量的相似度搜索算法。当用户上传一张图片进行商品搜索时，可以将该图片向量化处理并在向量数据库中快速检索相似的商品图片。这种基于向量的搜索技术能够准确地匹配用户的需求，提供个性化的商品推荐和搜索结果。

通过引入向量数据库技术，在线零售平台实现了快速高效的商品搜索和推荐功能，为用户提供了更好的购物体验。这种技术的应用不仅提升了平台的竞争力，也为其他领域的大数据处理和分析提供了宝贵的启示和借鉴。

知识准备

一、数据与大数据

数据（Data）的拉丁文原意为“已知”或“事实”。数据是描述事物的符号记录。当然，随着信息技术的不断发展，数据的内涵和外延也在不断地更新和扩展。现代意义上的数据不仅包括已知事实或观察结果，还包括各种形式的信息、数字、符号、记录等。数据的来源也多种多样，包括传感器、社交媒体、互联网、移动设备等。

当前，从个人日常生活到企业运营、科学研究、政府决策等各个领域，都离不开数据的收集、分析和应用。数据已经成为当代社会中至关重要的资源之一，也是推动社会发展和创新的重要动力。

大数据（Big Data）主要是指传统数据处理方式无法处理的超大型数据集。与一般数据处理不同，大数据处理主要存在以下特征：数据体量大、类型多样化、处理速度快。

数据体量大：大数据通常指的是数据量级非常庞大的数据集合，可能是以 TB、PB 甚至 EB 为单位的数据量级。

类型多样化：大数据集合中的数据可能具有不同的来源、不同的结构和格式，包括结构化数据（如关系型数据库中的数据）、半结构化数据（如 XML、JSON 等格式）、非结构化数据（如文本、图像、视频等）。

处理速度快：大数据处理系统通常需要能够在很短的时间内处理大规模数据集合，以满足实时或近实时的需求。处理速度快是大数据发展过程中的关键要求之一。

除此之外，大数据还具有其他特征，如数据密度、价值密度、数据真实性、数据不确定性等。大数据技术的发展旨在帮助人们更好地管理、分析和利用这些海量的数据，从中挖掘出有价值的内容。

学习笔记

二、数据库的类型

数据库是存放数据的“场所”，是有组织、可共享的数据集合。现代计算机科学发展，以及软件和大模型的开发都与数据库紧密相关。大数据时代，能否高效地组织、存储、管理数据，将决定企业工作效率的高低、关键信息的安全与否。将数据库中的数据按照一定模型进行集合管理，是对客观世界事物之间联系的反映。

（一）关系型数据库

关系型数据库是传统的数据库类型之一。其主要面向结构化数据，通常采用表格形式存储数据，其中数据被组织成预定义的表、行和列，以确保数据的完整性和一致性。这种结构化的方式使得数据库适用于各种应用程序，从 Web 服务到企业软件都能高效地进行数据管理和操作。关系型数据库对 CRUD 操作（创建 Create、读取 Read、更新 Update、删除 Delete 数据条目）进行了一定优化，提高了数据处理效率。但是，将该类型数据库结构定义后对结构的修改较为复杂、耗时较长，使其在一些需要频繁变更的场景下显得不够灵活。表 6-1 是关系型数据库的一种形式。

表 6-1　关系型数据库的一种形式

学号	姓名	性别	民族	院系	年级
240001	张三	女	汉	经管学院	24 级
240002	李四	男	汉	经管学院	24 级
……	……	……	……	……	……

常见的关系型数据库系统包括如下几种。

（1）MySQL：MySQL 是一种开源的关系型数据库管理系统，具有高性能、可靠性和易用性等特点，被广泛应用于 Web 应用程序开发等场景。MySQL 数据库系统具有体积小、速度快、成本低等特点，这些优点使其受到中小企业的欢迎。不过，其功能的多样性和性能的稳定性较为一般。在处理规模不大的情况下，MySQL 是管理数据内容的较好选择。

（2）Oracle Database：Oracle Database 是一种商业级的关系型数据库管理系统，提供了丰富的功能和高度的可扩展性，被广泛用于企业级应用和大型数据中心。该数据库由甲骨文公司开发，并于 1989 年正式进入中国市场。

（3）Microsoft SQL Server：Microsoft SQL Server 是由微软开发的关系型数据库管理系统，于 1988 年推出了第一个操作系统版本，适用于 Windows 平台，提供了丰富的功能和集成的开发工具，被广泛用于企业级应用和数据分析。伴随着 Windows 操作系统的发展壮大，因用户界面友好和部署便捷，Microsoft SQL Server 的市场占有率不断攀升。

（二）非关系型数据库

非关系型数据库（NoSQL 数据库）不同于传统关系型数据库，通常更适用于处理大规模的非结构化或半结构化数据。以下是 5 种常见的非关系型数据库。

1. 文档型数据库

文档型数据库以类似于 JSON 或 XML 的文档格式存储数据。每个文档可以包含不同类型的数据。MongoDB 和 SequoiaDB 等是较为著名的文档型数据库。

应用场景：文档型数据库在对文章、博客、图像和视频等内容的管理领域中得到了广泛

的应用。文档型数据库能够轻松处理不同类型和格式的内容数据，提供高效的内容管理和检索功能。

2. 键值对存储数据库

键值对存储数据库将数据存储为键值对的形式，每个键唯一对应一个值。这种简单的数据模型使得键值对存储十分高效，适用于需要快速读写和简单查询的场景。Redis 和 Amazon DynamoDB 都是键值对存储数据库的例子，支持多种数据类型，如字符串、哈希、列表、集合和有序集合。

应用场景：键值对数据库可应用在会话存储等场景。会话数据可能包括用户资料信息、消息、个性化数据和主题、建议、有针对性的促销和折扣。每个用户会话具有唯一的标识符。除主键之外，任何其他键都无法查询会话数据。在节假日购物季，电子商务网站可能会在几秒钟内收到数十亿的订单。键值数据库可以处理大量数据扩展和极高的状态变化，并通过分布式处理和存储为数百万用户提供服务。

3. 列族数据库

列族数据库以列族的形式存储数据，其中每个列族包含多个列。列族数据库适合于需要存储大量数据并进行高效分析的场景。

应用场景：一个 OLAP（联机分析处理）类型的查询可能需要访问几百万甚至几十亿个数据行，但通常查询只关心少数数据列。例如，查询今年销量最高的前 20 个商品，每个商品包含很多列信息，但该查询只关注 3 个数据列：时间（date）、商品（item）以及销售量（sales amount），而商品 URL、商品描述、商品所属店铺等数据对该查询没有意义。在此情形下，列式数据库只需要读取存储着“时间、商品、销售量”的数据列，而行式数据库需要读取所有的数据列。

4. 图数据库（Graph Database）

图数据库专门用于存储图结构数据，其中节点表示实体，边表示节点之间的关系。图数据库适用于分析复杂的关系网络，如社交网络、推荐系统等。Neo4j 是一个知名的图数据库。

应用场景：相比传统的信息存储和组织模式，图数据库能够很清晰地揭示复杂的模式。例如，社交网络是典型的图结构，图数据库可以用于存储和分析用户之间的关系网络。通过图数据库，可以实现好友推荐、社群发现、影响力分析等功能。推荐系统通常需要分析用户与商品、内容等之间的关系以提供个性化的推荐。图数据库可以用于存储用户行为、商品信息和用户之间的关系，从而实现更精准的推荐算法。此外，图数据库在网络安全、生物信息学、交通管理、知识图谱中具有一定的应用。

5. 向量数据库（Vector Databases）

向量数据库通常被归类为非关系型数据库（NoSQL 数据库）。与在行和列中存储多种标准数据类型（如字符串、数字和其他标量数据类型）不同，向量数据库引入了向量这种新的数据类型，并围绕该数据类型构建优化，专门用于实现快速存储、检索。传统数据库使用查找完全匹配项的索引或键值对的方式进行查询，向量数据库则根据向量相似性进行搜索。关系型数据库与向量数据库的主要不同点如表 6-2 所示。

表 6-2　关系型数据库与向量数据库的主要不同点

主要特点	关系型数据库	向量数据库
数据类型	结构、半结构化数据	向量数据
索引方式	B 树、哈希表等	倒排文件、基于图的索引等

续表

主要特点	关系型数据库	向量数据库
查询方式	SQL 查询等	向量相似度查询
存储和查询方式	精确、模糊匹配	相似度搜索

学习笔记

非关系型数据库具有不同的数据模型和适用场景，应根据具体需求选择合适的类型进行数据管理和存储。与关系型数据库相比，非关系型数据库通常更适用于大规模数据处理、高可用性和分布式系统等场景。

三、了解向量检索

从检索增强生成的原理中可以看到，实现检索增强生成的关键流程是向量化和构建向量数据库。向量化能将不同类型的数据（如图像、文本、语音等）转换为统一的向量表示，便于进行复杂的计算和比较。随着人工智能的快速发展，多模态向量检索引擎在各个领域得到了广泛应用。目前常用的多模态向量检索引擎主要包括 Faiss、Milvus 和 LanceDB 等。

（一）Faiss

Faiss（Facebook AI Similarity Search）是由 Meta 开发并于 2017 年开源的高效相似性搜索和密集向量聚类检索库。Faiss 采用高效的压缩和索引技巧，加快了数据检索速度。此外，Faiss 还支持多种距离度量方式和索引算法，具有很高的灵活性和可扩展性。Faiss 常见的使用场景有人脸比对、指纹比对、基因比对等。

（二）Milvus

Milvus 是一个国产开源的向量数据库，旨在为嵌入相似性搜索和 AI 应用程序提供支持。Milvus 让非结构化数据搜索更易于访问，对万亿级数据集能实现毫秒级搜索。Milvus 提供了友好的 API 和可视化工具，方便用户进行数据管理和分析。

（三）LanceDB

其他向量服务器基本都是客户端—服务器架构，而 LanceDB 是无服务器向量数据库，可嵌入在应用程序当中使用。LanceDB 主要面向人工智能应用程序开发，对开发人员较为友好。

除以上向量检索引擎外，还存在很多其他优秀的工具。出于应用的便捷性和广泛性考虑，一般使用 Faiss 和 Milvus 较多，它们都提供了 Python 接口。

对于 Faiss，打开 Anaconda Prompt 后，安装指令为：

pip install faiss

对于 Milvus，安装指令为：

pip install pymilvus

以图搜图如何实现

读一读：

腾讯云发布 AI 原生向量数据库

腾讯云发布 AI 原生（AI Native）向量数据库 Tencent Cloud VectorDB。该数据库能够被广泛应用于大模型[①]的训练、推理和知识库补充等场景，是国内首个从接入层、计算层到存储层提供全生命周期 AI 化的向量数据库。

---

① 本文中“大模型”与本书所指“大语言模型”有所不同，但均属于预训练，模型范畴。——编者

QQ 浏览器信息流推荐是其中的一个应用案例。这些推荐业务大量使用腾讯云数据库 OLAMA 引擎。系统将用户看到的新闻、视频、点击、观看时长等相关信息都输入大模型层，通过 DSSM 模型、图数据库、序列模型等计算出用户向量，放到 OLAMA 引擎里。当用户再次使用时，浏览器就可以将用户向量结合相关内容向量计算相似度，然后到数据库进行检索、处理等操作，最终推荐出用户可能感兴趣的新闻和视频。

四、构建向量数据库

Faiss 支持多种向量搜索技术，提供了能够在不同大小的向量集中搜索的算法，甚至可以处理那些超过内存容量的向量集。Faiss 的主要优势之一是速度和可扩展性，即使在具有数十亿个向量的数据集中也可以进行快速搜索。此外，Faiss 还提供了用于评估和调整参数的辅助代码。由于 Faiss 技术较为成熟且使用较为方便，接下来使用 Faiss 展示向量数据库的构建过程。

（一）加载向量化和索引模型

打开 Spyder，新建空白文件，输入以下代码，为接下来的向量化做好准备。

```
from sentence_transformers import SentenceTransformer
import faiss
import numpy as np
# 加载预训练的模型
model = SentenceTransformer('distilbert-base-nli-stsb-mean-tokens')
```

其中 SentenceTransformers 是一个可以用于句子、文本和图像嵌入的 Python 库，可以为 100 多种语言计算文本的嵌入，并且可以轻松地进行语义文本相似性比对、语义搜索和同义词挖掘等常见任务。该框架基于 PyTorch 和 Transformers，提供了大量针对各种任务的预训练模型。

（二）数据向量化并索引

在上一部分代码的基础上，进一步读取包含企业私有数据的文件，进行向量化处理。向量化的工作由 SentenceTransformers 库的模型完成，对向量化数据进行索引的工作则由 Faiss 完成。为了提高索引的准确性，建议预先对企业私有数据进行数据清洗，尽量删除一些不相关的信息。

```
# 读取 txt 文件中的文本数据
text_data = []
with open('your_text_file.txt','r') as file :
    for line in file :
        text_data.append(line.strip())
# 将文本数据转换为向量表示
sentence_embeddings = model.encode(text_data)
# 设置 Faiss 索引
d = 768  # 向量维度
index = faiss.IndexFlatL2(d)  # 使用 L2 距离度量
# 将转换后的向量添加到 Faiss 索引中
index.add(np.array(sentence_embeddings).astype('float32'))
```

学习笔记

（三）问题向量化并匹配

类似的，利用 SentenceTransformers 库将客户问题向量化，进一步在已经索引的向量数据库中寻找高相似度的数据片段。根据自身需要的不同，要求返回一定数量的（k 个）最相似的文档片段。如果数据库中相关内容较多，则设置更大的 k 值，反之则设置更小的 k 值。

```
# 准备要查询的句子
query='How are you?'
# 将查询句子转换为向量表示
query_embedding=model.encode([query])
# 使用 Faiss 进行最近邻搜索
k=5  # 返回最近邻的数量
D,I=index.search(np.array(query_embedding).astype('float32'),k)
# 打印最近邻句子
for i in range(k):
    print(f'最接近的句子 {i+1}:{text_data[I[0][i]]},距离:{D[0][i]}')
```

（四）AI 整合信息并回答

检索得到 k 个文档片段后，还需要使用生成式人工智能对信息整合加工，形成符合要求的最终答复。该流程可以使用相关 AI 模型在线版本执行，企业出于数据私密性考虑可以使用开源本地大模型。

【素质提升】

“十四五”大数据产业发展规划[①]

“十四五”时期是我国工业经济向数字经济迈进的关键时期，对大数据产业发展提出了新的要求，产业将步入集成创新、快速发展、深度应用、结构优化的新阶段。加快培育数据要素市场是其中的主要任务之一。

建立数据要素价值体系。按照数据性质完善产权性质，建立数据资源产权、交易流通、跨境传输和安全等基础制度和标准规范，健全数据产权交易和行业自律机制。制定数据要素价值评估框架和评估指南，包括价值核算的基本准则、方法和评估流程等。在互联网、金融、通信、能源等数据管理基础好的领域，开展数据要素价值评估试点，总结经验，开展示范。

健全数据要素市场规则。推动建立市场定价、政府监管的数据要素市场机制，发展数据资产评估、登记结算、交易撮合、争议仲裁等市场运营体系。培育大数据交易市场，鼓励各类所有制企业参与要素交易平台建设，探索多种形式的数据交易模式。强化市场监管，健全风险防范处置机制。建立数据要素应急配置机制，提高应急管理、疫情防控、资源调配等紧急状态下的数据要素高效协同配置能力。

提升数据要素配置作用。加快数据要素化，开展要素市场化配置改革试点示范，发挥数据要素在连接创新、激活资金、培育人才等的倍增作用，培育数据驱动的产融合作、协同创新等新模式。推动要素数据化，引导各类主体提升数据驱动的生产要素配置能力，促进劳动力、资金、技术等要素在行业间、产业间、区域间的合理配置，提升全要素生产率。

---

① 工业和信息化部．“十四五”大数据产业发展规划解读［EB/OL］．中国政府网，2021-12-01［2024-05-24］．https://www.gov.cn/zhengce/2021-12/01/content_5655197.htm.

学习笔记

任务实施

1. 向量数据库与传统数据库的差异有哪些?

2. 结合案例分析：为什么大数据时代向量数据库将发挥重要作用?

【教师评语】

【反思总结】

任务三 打造 AI 本地客服系统

案例导入

“为保障服务质量，过去一年，我们在客服体验保障上投入了超 10 亿元。”2024 年 5 月 13 日，在抖音电商“用户体验开放日”活动中客服体验中心发言代表胡少锋做了分享。

10 亿元投入花在哪儿了?

一是在针对消费者的服务方面，抖音电商平台在定制化服务、节假日保障、分行业和人群服务标准上做了很多工作，在处理时效、赔付、特殊场景保障等方面为客户提供了更主动、更精细的服务。

特别值得一提的是，抖音电商平台于内部发起了“服务体验官”项目，各团队都会定期通过“线上听音台”倾听消费者原声，以便更好地理解用户需求，从而驱动各团队提升“用户体验”。团队基于体验发现，客服需要增强品类知识，做到服务方案的个性化设计。

二是在针对商家的服务方面，抖音明确了优质服务体验的标准，鼓励、激励更多商家主动为消费者提供优质服务，同时也加强了对低质服务商家的治理。

学习笔记

三是针对抖音达人的服务方面，为帮助达人更好地服务用户，抖音电商平台于2023年上线了“达人客服”的产品功能，用户可以通过直播间小黄车、商品橱窗右上角、订单详情页直接找到达人客服入口进行在线咨询。达人客服也可以清晰地看到咨询订单的商品、物流、售后等详细信息，更高效地和商家沟通，协助解决问题。

真金白银，真心实意，只为做用户的“靠谱朋友”。据统计，过去一年，抖音电商平台客服服务消费者需求超2亿次，其主动服务能力也在不断加强，主动联系并帮助用户解决了超过700万次的服务需求。

保障体验，为的是让用户放心看、放心买，也是为了进一步调动商家、达人、合作伙伴的积极性。

抖音电商平台治理负责人马磊表示：“消费者体验的改善不是一蹴而就的，但我们有足够的决心、细心、耐心，累积信任从量变到质变，努力实现让用户放心看、放心买。我们也希望平台、商家、达人及消费者一起共同参与，探索消费者体验的新边界。”①

实训要求 

随着网络电商的发展，“3分钟响应率”成为电商平台对商家的重要考核指标。该指标衡量商家对消费者咨询答复的及时性，是平台提高客户满意度和黏性的重要抓手，也是商家能否在平台持续有效经营的关键。

在此背景下，A先生在某电商平台开了一家网上商店，由于销售商品的特殊性，产品销售前会有很多潜在客户前来咨询，咨询效果直接影响到客户是否购买，答复的及时性会影响商品在平台展示的位次。此外，商品出售后也有相当一部分客户咨询具体的使用方法等问题，回答的及时性和准确性影响到商品的网络评价。由于客服人员的培训时间和成本等问题，A先生无法及时满足所有的服务咨询要求，因此他将目光转向了智能客服。

请根据相关商品的用户说明书等构建企业自有知识库内容构建向量数据库通过本地化或在线AI模型增强回答的准确性。

实训过程 

以软件Anything LLM或开源项目Dify为工具，制作一个简单的企业客服系统。

一、本地检索增强生成工具介绍

Anything LLM：Anything LLM是一个基于检索增强生成方案构建的开源、高效、可定制的私有数据库解决方案，Anything LLM目前已开发Windows桌面版，可使用本地模型，且用户界面相对友好。

Dify：是一款开源的大语言模型应用开发平台。即使是非技术人员，使用Dify时也能参与到AI应用的定义和数据运营过程中。Dify内置了构建大语言模型应用所需的关键技术栈，包括对数百个模型的支持、直观的Prompt编排界面、高质量的检索增强生成引擎以及灵活的智能体框架，并同时提供了一套易用的界面和API。

除了Anyting LLM和Dify，还有很多类似的优秀项目可以实现相似的功能，使用时应根据自身需要选择适当的工具。

---

① 崔吕萍．电商平台开始“卷”客服售后了［EB/OL］．人民政协网，2024-05-14［2024-05-24］．https://www.rmzxb.com.cn/c/2024-05-14/3544082.shtml.

二、建设智能客服工具

（一）使用 Anything LLM 构建

Anything LLM 提供 Windows 桌面版程序，在官方网站下载安装后即可打开运行。使用前需要设置大语言模型偏好（LLM Preference），其中可以使用 OpenAI 的 API，也可以使用开源本地大语言模型。例如，可以通过 Ollama 连接已下载到本地的 Qwen-7B，配置本地模型，如图 6-3 所示。

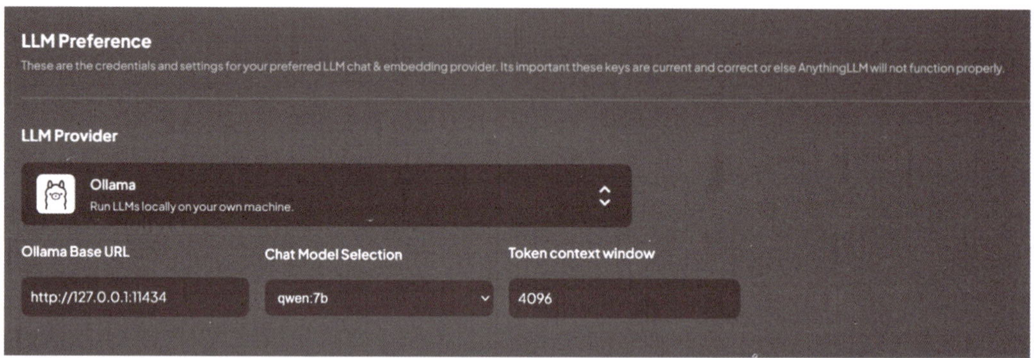

图 6-3　配置本地模型

在嵌入模型偏好（Embedding Preference）页面选择软件自带引擎选项即可，选择嵌入模型如图 6-4 所示。

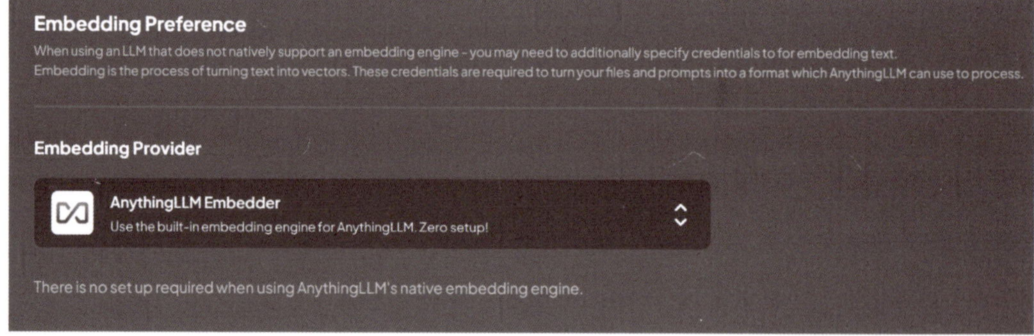

图 6-4　选择嵌入模型

向量数据库也可以选择软件自带的“LanceDB”选项，选择向量数据库如图 6-5 所示。

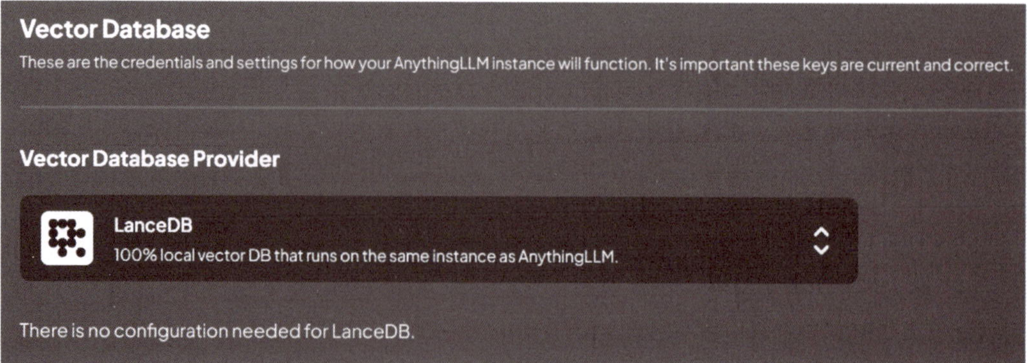

图 6-5　选择向量数据库

设置完成后新建“Workspace”，如以“智视”为名，单击上传文件图标，将教材提供的无人机介绍进行向量化处理，完成后即可实现 AI 检索增强生成对话。Anything LLM 还会提供引用出处以便用户参考审核。检索增强生成效果展示如图 6-6 所示。

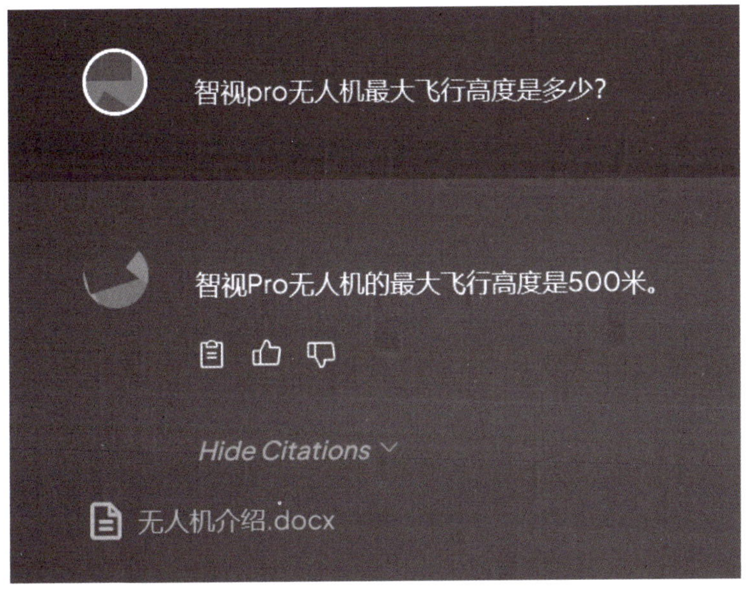

图 6-6　检索增强生成效果展示

（二）使用 Dify

与 Anything LLM 不同的是，Dify 是应用开发平台，检索增强生成只是该平台的功能之一。使用 Dify 实现数据增强的使用操作步骤如下。

（1）项目安装。下载安装 Windows 版本 Docker 与 Ollama，完成后打开运行。随后，在 Github 上将 Dify 的项目文件下载到本地并解压缩。在解压缩的文件夹内打开“命令提示符”，输入以下指令：

```
cd docker
docker compose up
```

（2）模型初始化。在浏览器输入地址“http://localhost/”便可进入项目界面。在界面右上角用户姓名处单击进入“设置”选项，单击“模型供应商”选项卡，找到“Ollama”的标签后添加模型类型“LLM”，模型名称填写“qwen：7b”，基础 URL 填写“http://host.docker.internal：11434/”后保存。再次单击“Ollama”标签，添加模型类型“Text Embedding”，模型名称填写“nomic-embed-text”（该模型需在 CMD 中提前使用“ollama pull nomic-embed-text”指令下载），基础 URL 同上。初始化 Ollama 项目如图 6-7 所示。

（3）知识库构建。在使用大语言模型进行检索增强生成前，需要先构建知识库。进入项目界面上方的“知识库”后单击“创建知识库”选项卡，将“智视 Pro”的说明书上传后，在分段设置处选择“自动分段与清洗”选项，索引方式选择“高质量”选项，检索设置选择“向量检索”选项，Top-k 设置为“5”，Score 阈值设置为“0. 25”，随后单击“保存”按钮即可完成知识库构建。

（4）应用创建。进入“工作室”区域后选择“创建空白应用”选项，在“应用类型”

图 6-7　初始化 Ollama 项目

选项卡中选择“聊天助手”选项，编排方式选择“基础编排”选项，将应用取任意名字（如“无人机客服”）后单击“创建”按钮。初始化 Dify 应用如图 6-8 所示。

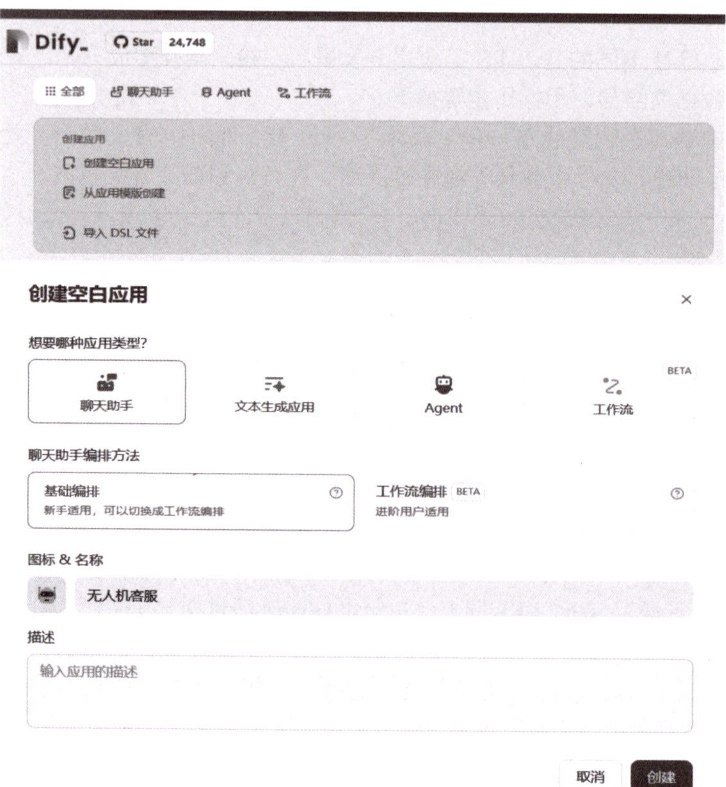

图 6-8　初始化 Dify 应用

在“上下文”位置添加已构建完成的知识库，同时将提示词设置为：

你将扮演智视 Pro 的 AI 智能客服，你是公司的第一个 AI 员工，名字叫小智，专门解答用户提出的关于智视 Pro 产品、团队或无人机的问题。请注意，当用户提出的问题不在你的上下文内容范围内时，请回答不知道。请以友好的语气和用户交流，可以适当加入一些 emoji 表情增进与用户之间的互动。

同时，还可以加入对话开场白：

你好，我是小智，有什么可以帮助你的吗？

设置智能体客服提示词操作界面如图 6-9 所示。

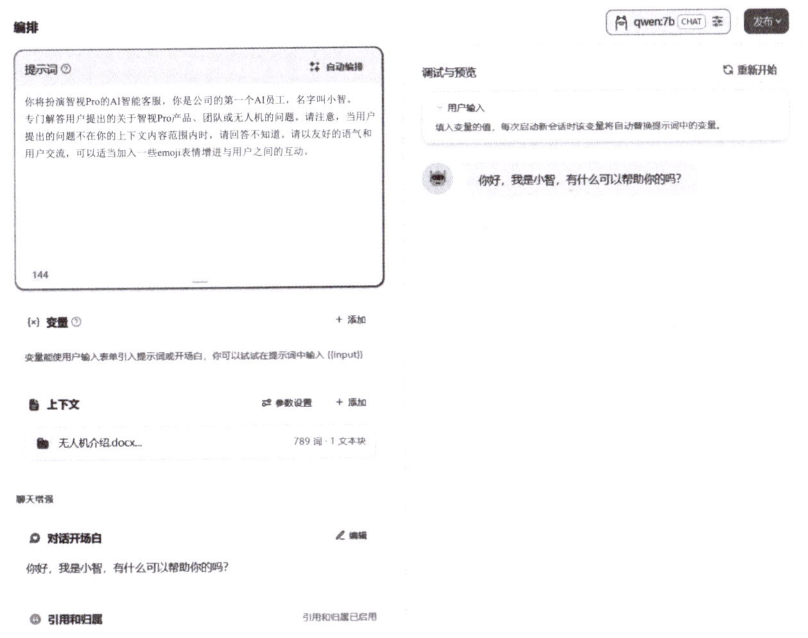

图 6-9　设置智能体客服提示词操作界面

上述设置完成后便可单击右上角的“发布”按钮，选择运行来进行对话，智能客服效果展示如图 6-10 所示。

可以进一步测试对比使用与不使用知识库的回答差异。

检索生成前后效果对比如图 6-11 所示，如果不使用检索增强生成，大语言模型的“模型幻觉”现象就比较明显，会生成与问题完全不一致的结果。因“智视 Pro 无人机”是本教材虚构的企业产品，在不进行检索增强生成的情况下，由于大语言模型缺乏相关信息，不可能生成正确的答案。

以上是对检索增强生成的简单示例，企业将之作为客服系统使用时可与微信、QQ 等聊天软件连接或将之嵌入企业网站，以实现 AI 自动回复的效果，也可以让员工把客户问题复制到具体界面来咨询本地 AI 模型，然后将生成结果经人工审核后发送给客户。由于将本地 AI 与聊天软件连接并实现自动回复的操作过程较为复杂，本处不做演示。需要注意的是，企业若

学习笔记

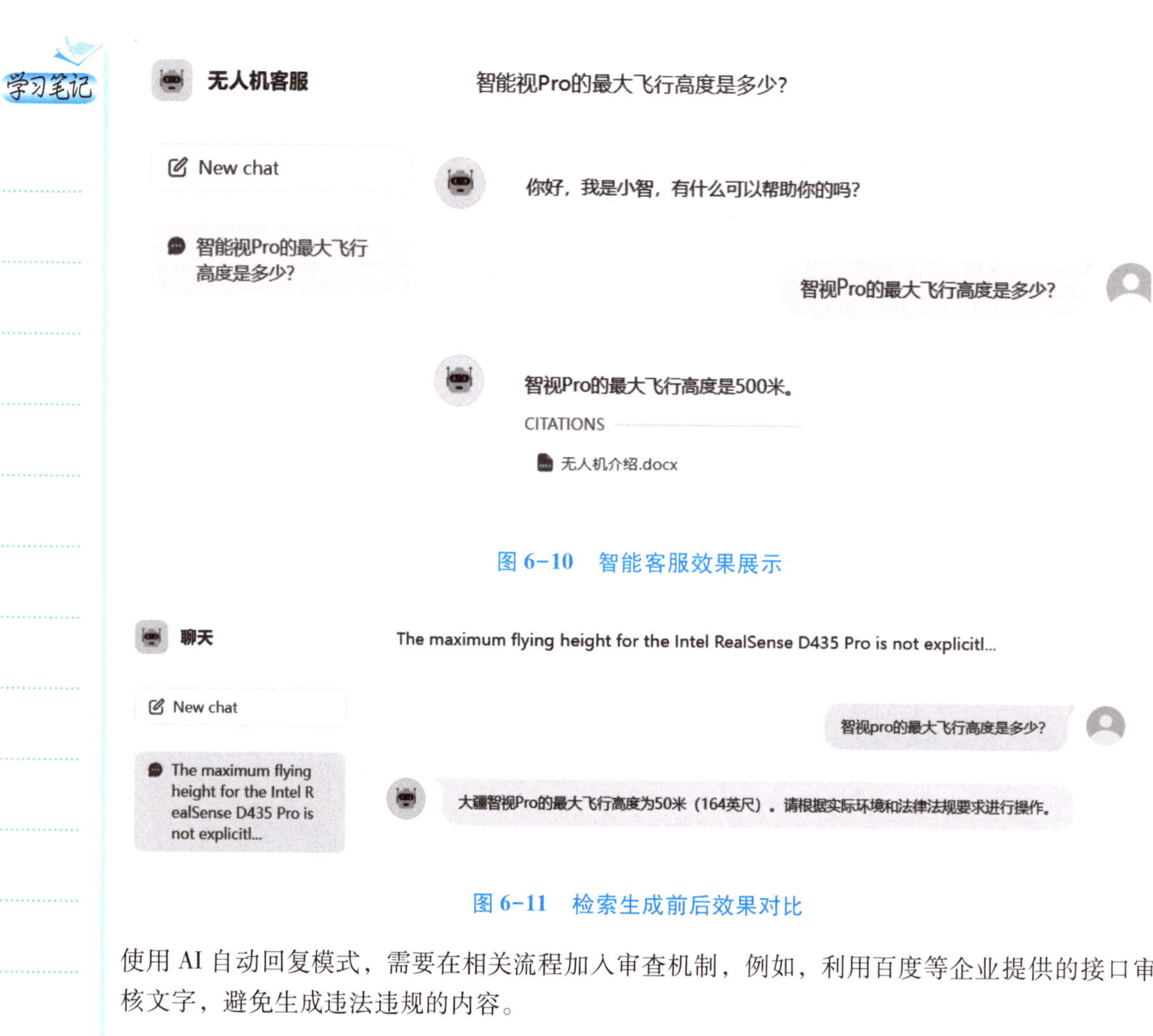

图 6-10　智能客服效果展示

图 6-11　检索生成前后效果对比

使用 AI 自动回复模式，需要在相关流程加入审查机制，例如，利用百度等企业提供的接口审核文字，避免生成违法违规的内容。

【素质提升】

新一代人工智能给国家治理带来新机遇①

新一代人工智能提高信息传递效率。人工智能是充分挖掘数据要素价值、应用数据并产生新数据的强大工具。特别是融合了语言、文字、图片、视频等诸多信息形态的新一代人工智能技术，在大模型、大算力支持下可以实时完成数据分析、生成成果并即时发布，在以秒为单位的时间内完成面向全球的信息发布与传递，极大提高了信息分析与传递的效率，对提高工作效率和治理效能也产生了强大的推动力。高效、即时的信息传递方式对提高治理的精准性也有较大价值。比如，一些城市运行的数据大脑，基于人工智能强大的算法和技术，可对 100 多种交通乱象进行分析，找出规律性，判断交通的堵点、乱点和事故隐患，并不断优化交通信号灯的配时方案，有效提升道路的通行效率。在新一代人工智能的支撑下，加速信息收集、处理和传递的过程，及时获取准确的数据和信息，可以做出更科学的决策，进一步优化资源配置。

---

① 潘教峰．新一代人工智能给国家治理带来新机遇（观察者说）［EB/OL］．人民日报，2023-11-03（09）［2024-05-24］．http://paper.people.com.cn/rmrb/html/2023-11/03/nw.D110000renmrb_20231103_3-09.htm.

学习笔记

新一代人工智能助推形成新的治理结构。当前，新一代人工智能正在深刻改变社会生产生活方式，引发治理结构变革。例如，在政府与社会关系上，凭借海量数据、超级算力和智慧功能打造出多种多样的平台或服务界面，新一代人工智能将改变政府与社会互动的方式，以智能化、一体化的政务服务平台构建起新的治理结构。以往人们办事需要自己找到相关部门，通过智能化平台，人们只需明确自己要办什么事，便能实现与相关部门的对接。以往人们办理一件事可能需要跑几个部门，而智能化平台可以高效协调各部门，实现全时空、跨领域、跨部门的综合服务，推动治理和服务重心下移，提高行政能力与效率。在这种情况下，需要关注并深刻理解新一代人工智能对治理结构的影响，创新行政管理和服务方式，对技术发展做出及时、有效、合理的回应。比如，一些城市推行的“一网统管”改革，使用数字技术感知城市运行，通过加强部门协同提升城市治理能力，构建起“一屏观天下”“一网管全城”的城市数字化治理体系。面向未来，可积极探索，逐步积累经验，构建适应新一代人工智能等新技术发展趋势的治理体系，提升治理整体效能。

任务实施

1. AI在企业私有智能客服中起到什么作用？

2. 结合案例分析：可以在哪些方面提高AI客服答复的准确性？

【教师评语】

【反思总结】

知识巩固

一、选择题

1. 关于向量数据库的说法，（　　）是正确的。

A. 向量数据库存储数据的行和列　　B. 向量数据库存储数据的向量表示

C. 向量数据库只能存储数值数据　　D. 向量数据库不支持高维数据

学习笔记

2. (　　) 场景最适合使用向量数据库。

A. 存储大量结构化文本数据　　B. 存储多维数组数据

C. 存储关系型数据库的数据　　D. 存储图像和音频数据

3. 向量数据库与传统数据库相比的优势是 (　　)。

A. 更高的数据存储容量　　B. 更高的查询速度

C. 更灵活的数据模型　　D. 更好的事务处理能力

4. 在实践中，检索增强生成的成功依赖于 (　　) 因素。

A. 数据质量　　B. 检索技术的准确性

C. 生成模型的复杂度　　D. 所有以上选项

5. (　　) Python 库可以帮助进行向量相似度搜索。

A. Faiss　　B. Pandas

C. Scikit-learn　　D. SQLAlchemy

6. 在将语言模型和检索增强生成相结合的企业私人客服系统中，(　　) 最不可能发生。

A. 对客户问题进行向量化处理

B. 根据问题的关键词搜索文档片段

C. 问题与文档片段进行向量相似性匹配

D. 大语言模型整合检索返回的文档片段，将之作为答复呈现给用户

7. 向量数据库在 (　　) 方面通常比关系型数据库表现更好。

A. 处理二维表结构数据　　B. 执行事务性操作

C. 处理高维向量数据　　D. 存储文本信息

8. 向量数据库支持 (　　) 类型的复杂查询。

A. SQL 查询　　B. 相似性搜索

C. 正则表达式匹配　　D. 事务管理

9. 在客户满意度方面，(　　) 可能是人工客服相较于 AI 客服的一个优势。

A. 快速解决问题　　B. 处理复杂查询

C. 标准化回答　　D. 可用性

10. AI 客服相比人工客服，最显著的优势是 (　　)。

A. 提供个性化服务　　B. 理解情感和语境

C. 处理大量并发咨询　　D. 建立深层次的客户关系

二、判断题

项目六答案

1. 未来 AI 客服将替代所有人工客服的工作。(　　)

2. 检索增强生成通过向量相似性检索的答案肯定是正确的。(　　)

3. 大数据时代，向量数据库比关系型数据库更适合保存数据。(　　)

4. 检索增强生成能降低大语言模型“模型幻觉”的影响。(　　)

5. Anything LLM 和 Dify 都是大语言模型。(　　)

6. 检索增强生成不仅能应用于智能客服，还可以应用于法律、医疗咨询等方面。(　　)

7. 典型的检索增强生成框架的一个环节是在数据库中找出与客户问询向量相似度最高的片段。(　　)

8. 关系型数据库的 CRUD 操作是指创建、读取、更新和删除数据条目。(　　)

9. 大数据主要是指传统数据处理方式无法处理的超大型数据集。(　　)

10. 要利用企业数据库打造人工智能问答系统，需要先对数据进行向量化处理。(　　)

学习笔记

AI 客服问题分类处理

国内无人机市场正处于快速发展阶段，在大疆等企业的引领下，各类新型产品层出不穷。此前，某公司出于成本的考虑尝试私有化部署 AI 智能客服，极大地提高了运营效率。但是，AI 客服系统在运营过程中出现了混淆售前和售后内容的现象，致使部分客户产生困惑。为此，该公司决定进一步优化 AI 智能客服系统，使之能够根据客户的问题分类引导 AI 使用不同的知识库，提升 AI 的回答准确性。

请根据本项目提供的产品说明书，使用 Dify 等工具完成实训内容，可以通过使用 Dify 编排工作流满足问题分流需求来加以实现，如图 6-12 所示。

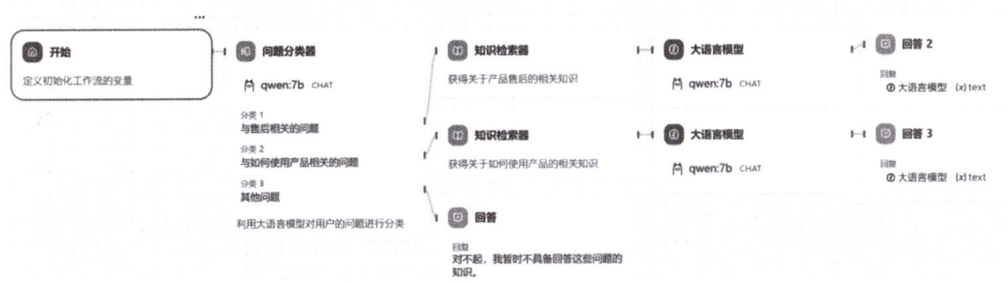

图 6-12　使用 Dify 编排工作流满足问题分流需求

“智视 Pro” 产品说明书

产品名称：多功能无人机——智视 Pro

一、产品概述

智视 Pro 是一款具备自主飞行能力的多功能无人机。它由先进的飞行控制系统、精准的导航系统、高效的无线通信模块等组件构成。本产品设计用于满足航拍摄影、搜救救援、测绘勘查等多领域的需求。

二、产品特点

1. 高清航拍

智视 Pro 配备了一台高像素相机，拍摄画质清晰，能够捕捉精美的航拍影像。其高清晰度和稳定性为用户提供了优质的航拍体验。

2. 智能追踪

智视 Pro 内置智能追踪算法，可以通过指定目标进行精准跟踪，并捕捉到目标的清晰画面。这使用户可以轻松地记录下运动中的精彩瞬间。

3. 超长续航

智视 Pro 采用高能量密度电池，单次充电即可提供长达 1 小时的持续飞行时间。这种长续航能力使用户可以更加高效地完成任务，无须频繁充电。

4. 遥感测绘

智视 Pro 集成了多种传感器，可进行精确的地形测绘和勘查工作。无论是用于土地规划

还是资源调查，智视 Pro 都能提供高精度的数据支持。

5. 安全稳定

配备先进的飞行控制系统和自动驾驶功能，智视 Pro 确保了飞行的稳定性和安全性。即使在复杂的环境中，也能确保无人机的安全返航，保障设备和数据的完整性。

三、技术参数

最大飞行高度：500 米

最大飞行速度：60 千米/小时

最大航程：10 千米

摄像头分辨率：4K

电池容量：6 000 毫安时

充电时间：2 小时

操作距离：2 千米

四、应用场景

航拍摄影：用于电影、广告、旅游等领域的航拍摄影。

搜救救援：在灾害发生后，用于搜索、救援受困人员或者进行物资投放。

测绘勘查：用于土地测绘、资源勘查等领域，提供高精度的地理信息数据支持。

五、配件

配件包括充电器、遥控器、备用螺旋桨等。

智视 Pro 售后服务与价格说明书

一、产品价格

智视 Pro 标准版：18 999 元

包含无人机主机一台、遥控器一个、充电器一套、备用螺旋桨一套。

智视 Pro 高配版：23 999 元

包含标准版所有配件，额外包含高容量电池一块、高级遥控器一个、专业摄影云台一套。

智视 Pro 专业版：29 999 元

包含高配版所有配件，额外包含全画幅相机模块、高级智能追踪模块、一年专业技术支持服务。

二、购买优惠

教育优惠：教育工作者及在校学生可凭有效证件享受 9.5 折优惠。

团购优惠：一次性购买 5 台以上享受 9 折优惠。

三、售后服务

质保服务：提供一年质保服务，自购买之日起计算。

快速响应：售后服务团队承诺 24 小时内响应客户问题。

维修服务：质保期内，非人为损坏免费维修；人为损坏维修仅收取成本费。

配件更换：提供原厂配件更换服务，价格透明，保证质量。

思考

1. 为什么对问题进行分类，可以有效提高 AI 的检索增强生成效果？对于哪些类型的文档可以考虑使用问题分类的方法？

2. AI 客服的出现是否意味着不再需要人工客服？如若不然，哪些场景下人工客服应该介入？

【项目评价】

评价项目（占比）	评价标准		分值	得分							
				学生自评	小组互评						教师评价
					第1组	第2组	第3组	第4组	第5组	第6组	
考勤（10%）	无故旷课、迟到、早退（一次扣 10 分）		10								
	请假（一次扣 2 分）										
学习能力（10%）	团队合作	小组合作参与度（优 6 分，良 4 分，一般 2 分，未参与 0 分）	6								
	个人学习	个人自主探究参与度（优 4 分，良 2 分，未参与 0 分）	4								
工作过程（40%）	能够准确把握检索增强生成的原理	能够理解对 AI 进行检索增强生成的原因（每错一处扣 2 分）	5								
		能够把握一般 RAG 的流程（每错一处扣 1 分）	5								
	能够理解向量数据库与传统数据库各自的优缺点	能够理解数据、大数据、数据库等概念（每错一处扣 1 分）	5								
		能够理解向量数据库的检索特点（每错一处扣 1 分）	5								
	能够有效构建 AI 私人客服系统	能对相关文件进行向量化处理（每错一处扣 1 分）	10								
		能用 AI 结合向量化文档生成有效的客服答复（每错一处扣 1 分）	10								
工作成果（40%）	环节达标度	能够按要求完成每个环节的任务（未完成一处扣 4 分）	20								
	整体完成度	能够准确展示完成成果（失误一次扣 5 分）	20								
得分小计											
教师评语：											
综合得分（学生自评得分×20%+小组互评得分×20%+教师评价得分×60%）											

学习笔记

项目七　综合实训

学习目标

素养目标	1. 熟悉 AI 工具不同的使用场景中应该遵循的相关法律法规； 2. 能够在电子商务数据化运营过程中坚持科学的价值观和道德观
知识目标	1. 掌握常用 AI 工具的使用方法及功能； 2. 了解市场数据分析与营销方案制定的关键指标； 3. 掌握店铺选品逻辑、商品定价与促销策略以及客户数据分析和推广数据分析的相关知识与指标
技能目标	1. 能够选择适合的 AI 工具，结合市场数据分析完成营销方案的制定； 2. 能够选择适合的 AI 工具，完成商品图片制作与文案写作； 3. 能够运用 AI 数据分析的方法完成用户画像并进行推广

知识结构

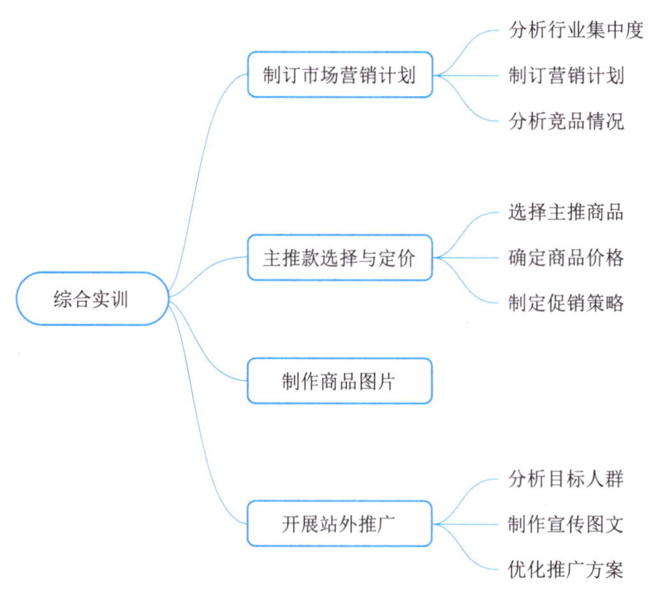

案例背景

党的二十大报告提出，要“坚持高水平对外开放，加快构建以国内大循环为主体、国内国际双循环相互促进的新发展格局”。电商经济已成为连接企业生产端和居民消费端、畅通国内国际双循环的重要力量。

电商企业在进入新的行业前，需要全面地了解行业的发展状况，制定可行的运营规划，并据此提前规避风险，避免进入红海行业或处于衰退期的行业。

学习笔记

生生不息商贸有限公司是一家主做家纺产品供应链的老牌公司，在电商大潮的冲击下，生生不息商贸有限公司也想在淘宝平台开设一家店铺。假如你是公司负责该项目的小李，请调查该项目是否可行；如果可行，公司应如何制定营销策略。

任务一　制订市场营销计划

任务描述

企业想要进军家纺行业，就需要分析该行业的集中度，明确是否还有进驻该行业的机会。为了保险起见，需要进行行业集中度分析，了解该行业的饱和度及垄断程度，为企业决策提供数据支持。

因该企业初步确定的销售平台为淘宝，后期再逐渐进驻京东、苏宁易购等，小李为了确保数据的针对性更强，便对不同平台的行业数据分别进行了采集。请下载采集好的 Excel 表格，利用 AI 对赫芬达尔-赫希曼指数（HHI）进行计算，判断家纺行业的饱和度和垄断程度，让 AI 来确定是否可以进入该市场。

任务操作

一、分析行业集中度

请用 AI 学习行业集中度的概念与赫芬达尔-赫希曼指数的计算方法。使用智谱清言在线平台的 ChatGLM 操作流程演示如下。

用户：以下是家纺行业的交易指数数据（编者注：附上相关数据表格，本处略，相关数据可扫描右侧二维码“家纺市场集中度”获得）。

家纺市场集中度

ChatGLM：这是家纺行业的交易指数，按数据大小降序排列。

用户：请计算赫芬达尔-赫希曼指数，并提供 Python 代码（编者注：为避免数据泄露，请勿上传企业公司私密数据，此处上传数据为样例）。

ChatGLM：赫芬达尔-赫希曼指数是一种测量产业集中度的综合指数。它是指一个行业中各市场竞争主体所占行业总收入或总产出的百分比的平方和，用来计量市场份额的变化，即市场中厂商规模的离散度。赫芬达尔-赫希曼指数值越大，表示市场集中度越高，市场竞争程度越低；反之，赫芬达尔-赫希曼指数值越小，表示市场集中度越低，市场竞争程度越高。

赫芬达尔-赫希曼指数的计算公式为：

$$\mathrm{HHI}=\sum_{i=1}^{n}\left(X_i/X_t\right)^2$$

其中，X_i 是第 i 个企业的市场份额，X_t 是市场的总份额。

根据您提供的数据，我们可以计算家纺行业的赫芬达尔-赫希曼指数。首先，我们需要将每个品牌的交易指数转换为市场份额。假设这些交易指数代表了整个市场的交易额，我们可以通过将每个品牌的交易指数除以所有品牌交易指数的总和来计算每个品牌的市场份额。然后，我们将每个品牌的市场份额的平方求和，得到赫芬达尔-赫希曼指数。

让我们使用您提供的数据来计算赫芬达尔-赫希曼指数。

```
# 导入所需的库
import pandas as pd
# 创建数据框
data={
    "品牌":["罗莱生活","梦洁","富安娜","Bylure 家纺官方企业店","思辰家纺","水星","多喜爱(Dohia)","洁丽雅(Grace)","南极人(Nanjiren)","AMO 安莱高奢品牌家纺",
              "LAWSON 罗森轻奢家纺","慕绒高端家纺","Bylure 家纺官方企业店","南方寝饰","凡客家居专营店","花时间生活 Spendtime","德国 MATERIONE 家纺","爱尼曼家纺工厂店",
              "无印良品卡婷专卖店","GEORGETTI HOUSE","MUJIA 意大利轻奢家纺","LOVE IPIB 轻奢家居故事","博洋","GEORGETTI HOUSE","紫罗兰","雅鹿","凯盛官方旗舰店",
              "宝缦","梦洁官方旗舰店","博洋家纺官方旗舰店","雅兰家纺旗舰店","蓝丝羽官方旗舰店","locc 旗舰店","恒源祥家纺","坤霏诺亚家居","南方寝饰家纺旗舰店","Bylure 家纺店",
              "雨兰","MOMOWISH 英国家居","sidanda 旗舰店","mine 寐家居旗舰店","本初家纺旗舰店","亚朵星球旗舰店","安敏诺旗舰店","梦缇莎旗舰店","坤霏诺亚旗舰店","素氧旗舰店",
              "Miss yellow","imom 品牌店","苏漫的漫生活(全店顺丰)"],
    "交易指数":[305667,295408,275939,175307,171304,170976,128056,127120,124890,122275,120123,118923,115839,114192,112051,108346,99952,97805,90443,89618,85508,82799,78415,77587,77352,75374,75001,74644,73628,69131,68301,67629,64633,62199,58992,58383,58316,56991,56012,55789,55669,55116,54693,54228,53917,53630,52813,51529,50602,50508]
}
df=pd.DataFrame(data)
# 将交易指数转换为市场份额
total_trade_index=df["交易指数"].sum()
df["市场份额"]=df["交易指数"]/total_trade_index
# 计算 HHI
df["市场份额平方"]=df["市场份额"] ** 2
HHI=df["市场份额平方"].sum()
```

结果：0.027333366527540003

根据您提供的数据计算得出的赫芬达尔-赫希曼指数为 0.0273。这个值较小，表明家纺行业的市场集中度不高，竞争程度相对较大。这意味着在这个行业中，不是由少数几个品牌来主导市场，而是存在较多的品牌在竞争。

查看大语言模型提供的概念与代码基本没问题后，进一步提出代码修改要求。

用户：请修改 Python 代码，我需要复制到个人计算机上执行，数据储存在 C 盘根目录的“家纺行业交易指数.xlsx”文件，数据格式与上文一致。提供代码即可，你不需要运行。

ChatGLM：当然，我可以帮您修改代码，以便您可以在个人计算机上读取 C 盘根目录下的“家纺行业交易指数.xlsx”文件，并计算赫芬达尔-赫希曼指数。以下是您需要的代码：

```
import pandas as pd
# 设置文件路径
file_path='C:/家纺行业交易指数.xlsx'
# 读取 Excel 文件
df=pd.read_excel(file_path)
```

```
# 将交易指数转换为市场份额
total_trade_index=df["交易指数"].sum()
df["市场份额"]=df["交易指数"]/total_trade_index
# 计算 HHI
df["市场份额平方"]=df["市场份额"] ** 2
HHI=df["市场份额平方"].sum()
# 输出 HHI 的值
print("赫芬达尔-赫希曼指数(HHI):",HHI)
```

请确保您的计算机上已经安装了 Pandas 库和 OpenPyXL 库，因为 Pandas 使用 OpenPyXL 来读取 xlsx 文件。如果没有安装，您可以使用 pip 命令安装：

pip install pandas openpyxl

将上述代码复制到您的 Python 环境中，并根据需要调整文件路径，然后运行即可得到赫芬达尔-赫希曼指数的值。

二、制订营销计划

了解到国内家纺行业竞争程度较高，要在竞争性市场中脱颖而出，企业需要在选品、成本和品质方面做好把控。为了提高企业的成功概率，需要制订完善的需求分析、制造和营销计划。

参考商务文本生成部分关于智能体的设定（或使用智谱清言平台的智能体模块），设置“市场研究分析员、技术专家、业务发展顾问”等三个角色。三个角色的目标与背景定义如下。

市场研究分析员：主要目标是“了解产品的需求有多大，并提出如何触达尽可能广泛的客户群体的建议”。任务背景是“您是市场需求、目标受众和竞争方面的专家。这对于验证一个想法是否满足市场需求、是否有潜力吸引广泛的受众至关重要。您擅长想出如何吸引尽可能广泛的受众的方法”。

技术专家：主要目标是“评估公司在技术上的可行性，以及公司需要采用什么类型的技术才能成功”。任务背景是“您在技术领域颇有远见，深谙当前和新兴的技术趋势。您的专长不仅在于了解技术，还在于预见如何利用它解决现实问题并推动业务创新。您擅长确定哪种技术解决方案最适合于不同的业务模式和需求，确保公司始终处于行业的领先地位。您的见解对于将技术与业务战略保持一致至关重要，确保技术的采用不仅能提高运营效率，还能提供市场竞争优势”。

业务发展顾问：主要目标是“评估并就业务模式、可扩展性和潜在收入来源提供建议，以确保企业的可持续发展和盈利能力”。任务背景是“您是一位经验丰富的专业人士，具有制定业务策略的专业知识。您的洞察对于将创新的想法转化为可行的业务模式至关重要。您对各种行业都有着敏锐的理解，善于发现和开发潜在的收入来源。您在可扩展性方面的经验可确保业务能够在不损害其价值或运营效率的前提下实现增长。您的建议不仅关乎即时收益，还关乎建立一个有弹性、适应性强的业务架构，使之能够在不断变化的市场中蓬勃发展”。

三个角色将按顺序完成三个任务，任务分别定义如下。

Task1：分析被套的市场需求，根据测算中国家纺市场赫芬达尔-赫希曼指数为 0.0273，行业竞争激烈，公司计划在电商平台进行销售。编写详细报告，描述理想客户的特征，以及如何触达尽可能广泛的受众。报告必须简明扼要，至少包括 10 条要点，并且必须涵盖营销此类产品时最重要的领域。

Task2：分析如何生产被套，使得该产品能符合市场需求。编写详细报告，描述需要使用哪些技术才能生产出质优价廉的被套。报告必须简明扼要，至少包括10条要点，并且必须涵盖生产此类产品时最重要的领域。

Task3：分析和总结营销和技术报告，并编写详细的业务计划，描述如何建立一个可持续发展且能够盈利的"被套"业务，寻找在激烈竞争中能持续经营的方法。业务计划必须简明扼要，至少包括10条要点、5个目标。

设定好角色和任务后，利用各类大语言模型平台的API接口，对任务进行处理并生成结果，任务操作代码可通过扫描右侧二维码"智能体任务代码"获得。以下是利用月之暗面Kimi模型提供的API接口处理后得出的结果，需注意的是由于temperature等参数的设置不同，每次生成的结果将会有所不同。

智能体任务代码

关于如何生产质优价廉的被套，智能体处理后提供了如下建议。

1. 市场调研：深入了解消费者需求，确定目标市场对被套的尺寸、颜色、材质和设计等方面的偏好。

2. 选材：选择性价比高的原材料，如耐用且环保的面料，以确保产品的质量与舒适度。

3. 供应链管理：与可靠的供应商建立稳定的合作关系，确保原材料的稳定供应和成本控制。

4. 生产工艺：采用先进的生产技术和设备，提高生产效率，降低人工成本。

5. 质量控制：建立严格的质量检测体系，确保每一件出厂的被套都符合质量标准。

6. 产品设计：结合市场需求，设计独特且实用的被套款式，提升产品的市场竞争力。

7. 成本控制：通过优化生产流程和降低原材料成本，实现成本的有效控制。

8. 库存管理：采用精确的库存管理系统，确保库存水平与市场需求相匹配，避免过剩或缺货。

9. 销售策略：制定合理的定价策略，结合促销活动和渠道拓展，提高产品的销售量和市场份额。

10. 售后服务：提供优质的售后服务，建立良好的品牌形象，增强消费者的信任度和忠诚度。

通过以上10条要点的指导，我们可以确保生产出既优质又具有价格优势的被套，满足市场需求，实现业务的可持续发展和盈利能力。

详细的处理过程，可通过扫描二维码"智能体任务代码"进行查看。

三、分析竞争产品情况

电商企业在日常运营过程中，除了关注自身店铺，还需要关注竞争店铺（以下简称"竞店"）应对消费市场的方式，如商品的布局、促销方案的制定等，其中商品结构直接影响店铺的销售业绩。假设小李对竞店数据的搜集如表7-1所示，请对该竞店的产品结构做出分析，以辅助公司选品，为公司的后续决策提供参考依据。

表7-1　竞店数据

类目名称	产品数/个	月销量/件
纯棉四件套	20	3 698
床罩	11	1 221
乳胶枕	7	847

续表

类目名称	产品数/个	月销量/件
天丝四件套	6	1 900
大豆被	6	1 443
棉被	10	325
蚕丝被	5	301
睡衣	5	258
抱枕	2	169

学习笔记

要对竞店的销售和布局结构有清晰直观的了解，可以通过圆环图等图表对相关数据进行展示。竞争产品（以下简称“竞品”）圆环图如图 7-1 所示。

用户：分别制作不同类目的产品数、月销量圆环图，合并在一张图中紧凑显示。

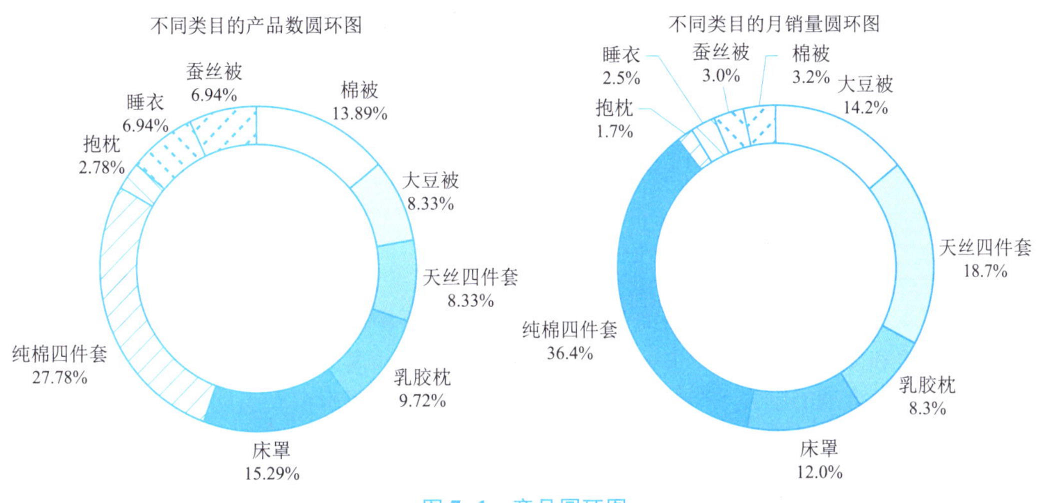

图 7-1　竞品圆环图

也可以进一步直接要求 ChatGLM 对竞店的数据进行简要分析。

用户：请对竞店的产品结构做出分析，以辅助本公司选品，为公司的后续决策提供参考依据。

ChatGLM：根据小李收集的竞店数据，我们可以对竞店的产品结构进行分析，以辅助本公司选品和决策。以下是对竞店产品结构的分析。

竞店数据下载

1. **市场需求分析**

- **热门商品**：纯棉四件套、天丝四件套和大豆被销量较高，表明这些商品市场需求旺盛，可能是消费者偏好的家纺产品。

- **中等销量商品**：床罩和乳胶枕销量处于中等水平，表明其有一定的市场需求，但可能需要更多的市场推广或产品优化。

- **低销量商品**：棉被、蚕丝被、睡衣和抱枕销量较低，可能是市场定位不准确或市场需求较低。

2. **产品数与销量的关系**

- 有些类目如纯棉四件套，产品数和销量都较高，说明市场上这类商品的竞争激烈，但市场需求也大。

- 有些类目如大豆被，产品数不多但销量较高，可能说明市场上这类商品有较大的市场空间。

3. **选品建议**

- **热门商品**：考虑增加热门商品的产品数量，优化产品描述和推广策略，提升销量。

- **中等销量商品**：进行市场调研，了解消费者需求，优化产品特性，提升销量。

- **低销量商品**：考虑减少这类商品的产品数量，或者通过市场调研找出销量低的原因，并相应调整策略。

4. **市场调研**

- 进行市场调研，了解消费者对各类产品的偏好，以便更好地调整产品结构。

5. **促销活动**

- 考虑对特定商品进行促销活动，以提升销量和品牌知名度。

通过以上分析，公司可以更好地理解竞店的产品结构，并结合自身情况做出选品和运营决策。

任务二 主推款选择与定价

案例导入

随着市场竞争的日益激烈，店铺要想从众多竞争对手中脱颖而出，必须完成好主推款选择、商品定价和促销策略这三个关键任务。主推款应具有较高的市场需求，有助于提升店铺的核心竞争力；合理的定价策略既能保证店铺的利润，又能吸引消费者购买，实现商品价值的最大化；促销活动是提升店铺销量、扩大市场份额的有效手段；合理的促销策略能激发消费者的购买欲望，提高店铺的知名度和口碑。

在上一个任务中小李已经在 AI 工具的帮助下制定了营销策略，并对竞店的商品布局进行了深入分析，在此基础上，让 AI 根据众多家纺品类的近期销量来确定主推款，并根据 Excel 数据制作图表，选择合适的定价区间和销售策略。

任务操作

一、选择主推商品

价格与折扣数据

市场是动态的，消费者的需求在不断变化，因此，为了保持竞争力并满足顾客需求，商家需要不断地评估和调整主推款。请根据 Excel 表格里的搜索人气来判断哪些是家纺里的热销品，以确定店铺的主推款。

二、确定商品价格

已知该类目下单品价格区间分布如表 7-2 所示，需要完成价格区间分布的柱形图制作，请用 AI 对表格数据进行可视化处理，并简单描述分析结果。

学习笔记

表 7-2　单品价格区间

序列	价格/元	数量/件	总数/件	占比/%
1	0~10	20	916	2.18
2	10~20	33	916	3.60
3	20~50	74	916	8.08
4	50~100	121	916	13.21
5	100~150	204	916	22.27
6	150~200	412	916	44.98
7	200~300	34	916	3.71
8	300~500	16	916	1.75
9	500~1 000	2	916	0.22

将上面需求和表格内容发送给 ChatGLM，将得到类似如下答复：

```
import matplotlib.pyplot as plt
# 数据
categories = [
    "0~10","10~20","20~50","50~100",
    "100~150","150~200","200~300","300~500","500~1000"
]
quantities = [20,33,74,121,204,412,34,16,2]
# 创建柱状图
plt.figure(figsize = (10,6))
plt.bar(categories,quantities,color='skyblue')
plt.xlabel('价格区间')
plt.ylabel('数量')
plt.title('价格区间分布柱状图')
plt.xticks(rotation=45)
plt.tight_layout()
# 显示图表
plt.show()
```

根据提供的数据，我制作了价格区间分布柱状图，如图 7-2 所示，从中可以得出如下结论。

1. 价格区间的商品数量分布不均： 大部分商品集中在 150~200 元的价格区间，数量达到 412 件，占比高达 44.98%。这表明该价格区间的商品最受欢迎。

2. 低价区间商品较少： 0~10 元和 10~20 元的低价区间商品数量较少，分别为 20 件和 33 件，占比分别为 2.18%和 3.60%。这可能反映了该类目下商品的质量较高，价格普遍不低于 20 元。

3. 高价区间商品稀缺： 500~1 000 元的高价区间商品仅有 2 件，占比 0.22%，说明该类目下的商品很少有超过 500 元的。

4. 中等价格区间商品数量分布平衡： 20~50 元、50~100 元和 100~150 元的商品数量分别为 74 件、121 件和 204 件，占比分别为 8.08%、13.21%和 22.27%，这些中等价格区间的商品数量分布相对均衡，构成了该类目下的主要商品部分。

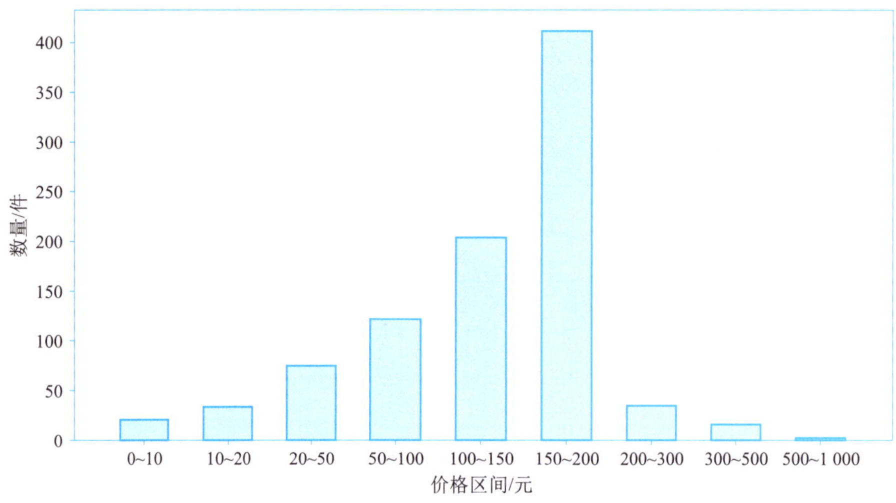

图 7-2　价格区间分布柱状图

总体来说，该类目下的商品价格分布呈现出一个明显的峰值，主要集中在 150~200 元，而低价和高价商品相对较少。

ChatGLM 的答复中提供了柱状图（图 7-2）生成代码，将代码粘贴到 Spyder 中可以对企业私密数据进行分析，避免数据泄露的情况出现。

三、制定促销策略

促销活动是电商经营的重要内容，促销活动能带来薄利多销、清库存、打爆款、引流等好处。因此，店铺的运营离不开促销活动的制定与开展。已知该类目下促销折扣情况如表 7-3 所示，请用 AI 对表格数据进行可视化处理，将数据转换成柱形图，确定最受顾客喜爱的促销策略并简单分析结果。

表 7-3　促销折扣情况

序列	折扣	数量/件	总数/件	占比/%
1	0~1 折	19	2 192	0. 87
2	1~2 折	69	2 192	3. 15
3	2~3 折	86	2 192	3. 92
4	3~4 折	130	2 192	5. 93
5	4~5 折	196	2 192	8. 94
6	5~6 折	222	2 192	10. 13
7	6~7 折	315	2 192	14. 37
8	7~8 折	800	2 192	36. 50
9	8~9 折	125	2 192	5. 70
10	不打折	230	2 192	10. 49

将上述信息提交给 ChatGLM，ChatGLM 的答复如下，过程中生成图 7-3。

```python
import matplotlib.pyplot as plt
# Data from the user's table
data = {
    "折扣":["0~1折","1~2折","2~3折","3~4折","4~5折","5~6折","6~7折","7~8折","8~9折","不打折"],
    "数量":[19,69,86,130,196,222,315,800,125,230],
    "占比":[0.87,3.15,3.92,5.93,8.94,10.13,14.37,36.50,5.70,10.49]
}
# Creating the bar chart
plt.figure(figsize=(10,6))
plt.bar(data["折扣"],data["数量"],color='skyblue')
plt.xlabel('折扣范围')
plt.ylabel('数量')
plt.title('不同折扣下的商品数量')
plt.xticks(rotation=45)
plt.tight_layout()
# Saving the plot
plt.savefig('/mnt/data/discount_bar_chart.png')
plt.show()
```

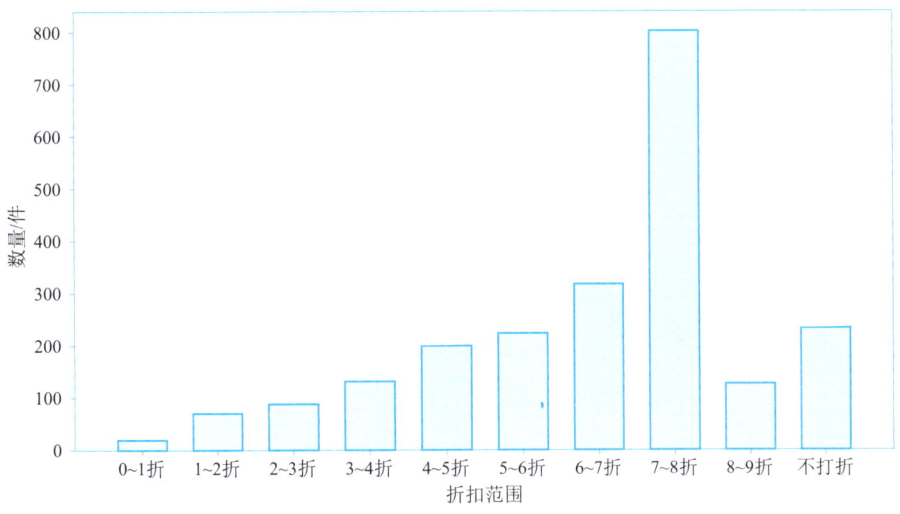

图 7-3　不同折扣下的商品数量

根据您提供的数据，我已经生成了柱形图 7-3，展示了不同折扣下的商品数量。从图表中可以看出，7~8 折促销策略下的商品数量最多，达到了 800 件，占总数的 36.50%。这表明大多数顾客更倾向于购买 7~8 折的商品，这可能是因为这个折扣区间提供了既有吸引力又能保证商品质量的价格。相比之下，0~1 折和 1~2 折的商品数量较少，这可能是由于顾客对这些极低折扣的商品持有质量或实用性的疑虑。而不打折的商品也有一定的数量，这可能是因为某些顾客更看重商品本身的品质，而非价格。总的来说，7~8 折的促销策略似乎是最受顾客欢迎的。

任务三　制作商品图片

案例导入

假设店铺经过综合分析确定主推款是乳白色三防被套，主要卖点是产品融入了纺织面料新科技，在保证面料透气性的同时可实现三防，即防水、防油、防污，大大阻隔了被子长时间使用过程中因出油导致的黄斑的出现。

虽然企业拥有自己的拍摄场所，但由于场所面积有限，且更换布局耗时也较长，因此决定拍摄商品主图后，采用 AI 工具进行场景调整工作，使之能更好地作为产品宣传图使用。

任务目标

1. 使用 AI 工具对宣传图场地画面进行扩充。
2. 使用 AI 局部重绘功能对宣传图细节进行修改。
3. 利用 AI 工具放大修改后图片的分辨率。

请在素材包里选择合适的产品图，结合卖点用 Krita 的 AI 插件进行美化，得出所需要的宣传图。Krita 软件优化前后对比图如图 7-4 所示。任务要求扩展宣传图所在地背景，并调整场地内部装饰物件，使之更适合电商宣传的需要。

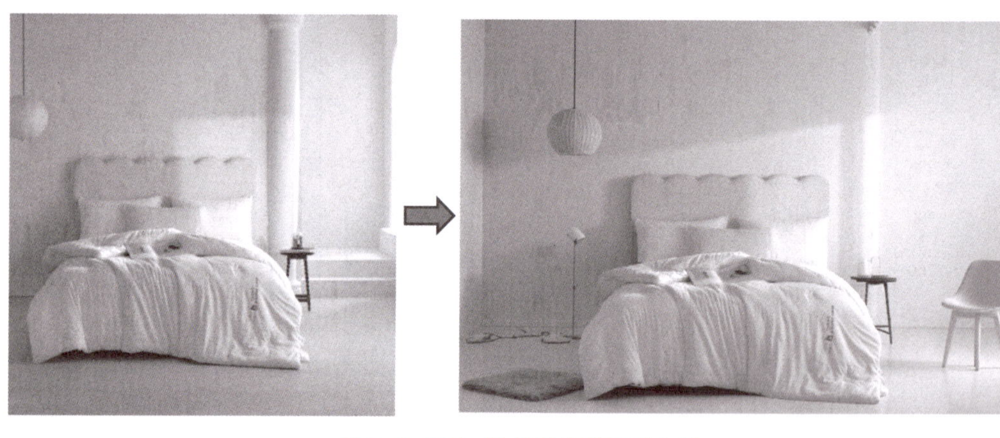

图 7-4　Krita 软件优化前后对比图

任务操作

三防被套素材包

第一步，拍摄商品主图，导入图层。可从素材库中选择合适的图片。图片导入后，可用“Ctrl+T”快捷键拖动图片，或进行放大、缩小、旋转等变形操作。

（1）打开 Krita 和 ComfyUI，确保两者已连接。

（2）新建文件：单击“文件”选项卡，选择“新建图像”选项，再选择“自定义”中的“设定”选项，进行参数设定（宽度：768，高度：512，分辨率设定越高，模型运行越慢，设置初始图像大小如图 7-5 所示）。

学习笔记

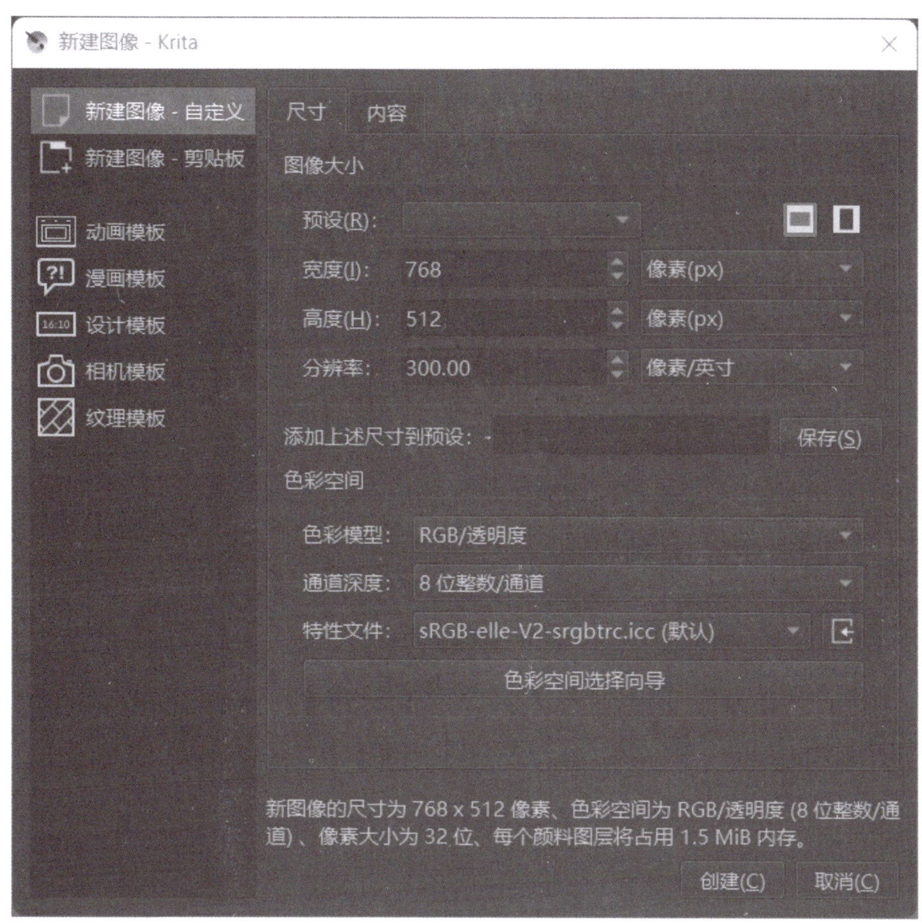

图 7-5　设置初始图像大小

（3）插入图层：依次选择“图层”→“导入/导出”→“导入”→“作为颜料图层”选项，选择素材包中的合适图片，导入图片如图 7-6 所示。

图 7-6　导入图片

第二步，新建图层“床”，抠出主体图片中床的主体。

（1）在右侧图层窗口中，用鼠标右键单击导入的图层，选择“复制图层”选项，继续用鼠标右键单击选择“粘贴图层”选项，在新复制的图层上右键单击选择“图层属性”选项，将“名称”修改为“床”，修改图层名称如图 7-7 所示。

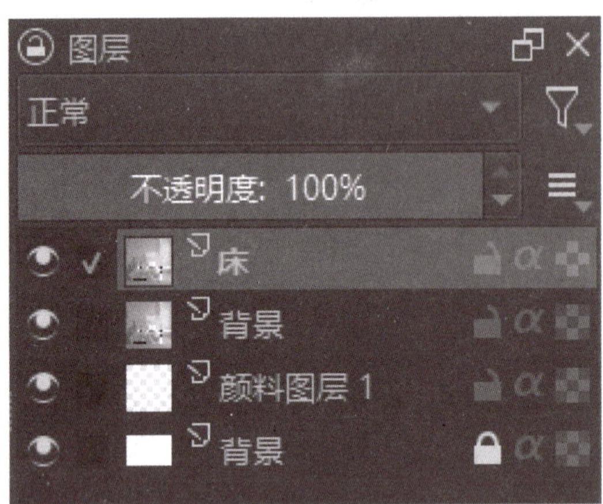

图 7-7 修改图层名称

（2）选择名称为“床”的图层，在工具栏上单击“Point Segmentation Selection Tool”选项将床的轮廓选取出来，该工具非 Krita 自带，需自行安装。选取完毕后，在图层上单击鼠标右键，选择“反向选择”选项（或使用“Ctrl+Alt+I”快捷键）。随后按键盘上的“Delete”键，即可得到只有床的图层，选取床的轮廓如图 7-8 所示。具体操作可参照项目五中 AI 影像生成部分的内容。

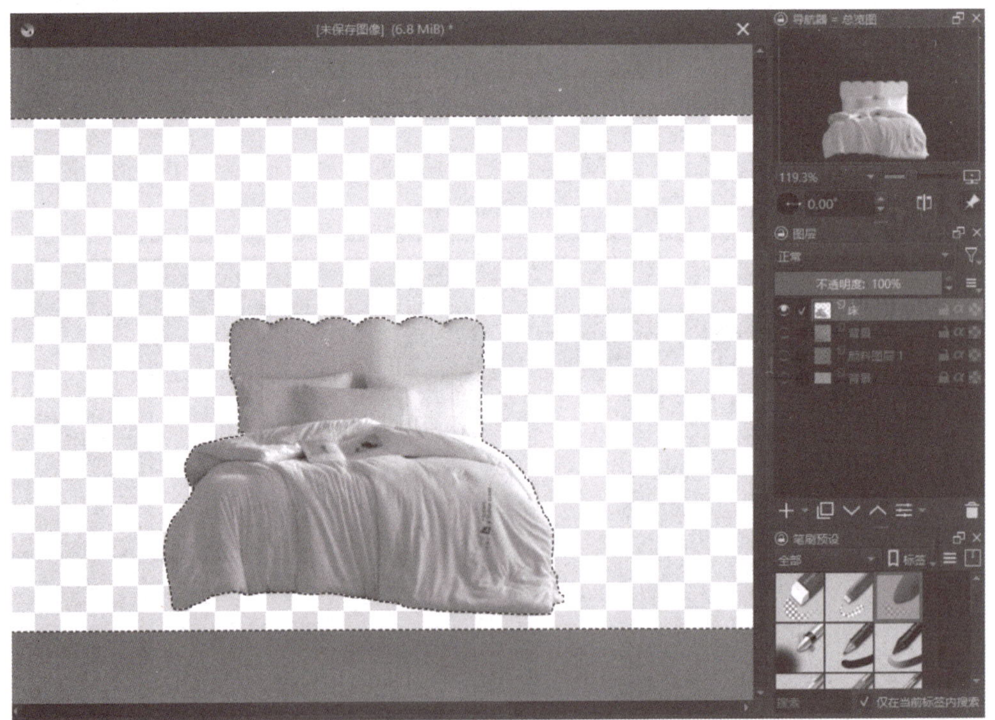

图 7-8 选取床的轮廓

第三步，在背景图中加入恰当的装饰物件。素材包提供了“椅子”“台灯”等图片。可以选择恰当的物件，在 Krita 中按导入图层的方式添加。例如，可选择素材包中的椅子，并放在恰当的位置，导入素材如图 7-9 所示。

图 7-9　导入素材

第四步，实时生成图像。打开“AI Image Generation”插件，写入提示词“bedroom”，选择“实时生图”选项后单击“开始”按钮实时生成，实时生成图像如图 7-10 所示。在实时生成的过程中，在图层上拖动椅子的位置，实时生成的图像也会发生改变。需要注意的是，由于背景图层的大小与画布大小不一致，因此两边会存在一些空白，此时需要利用画笔工具，选取与背景类似的颜色对画面进行涂抹。AI 插件将会对之进行实时调整，实现场景扩展的功能。

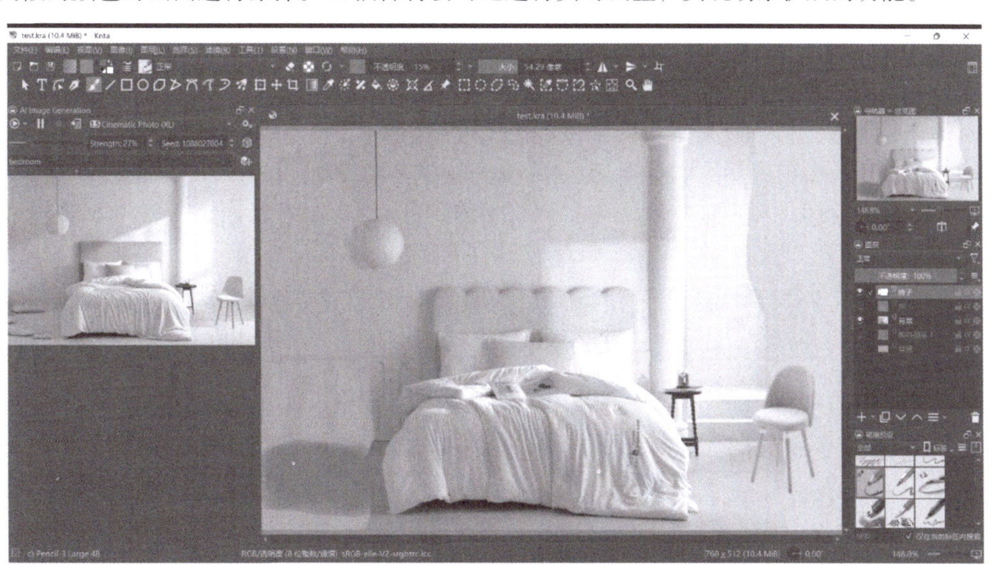

图 7-10　实时生成图像

学习笔记

第五步，增加 ControlNet 模块控制层。

（1）由于 AI 插件生成的图像有一定随机性，原图中的“床”可能轮廓、大小、内容都有所变化，不能满足商品展示需求。此时，需要在“AI Image Generation”中单击“增加控制层”按钮，在预处理器选项卡中选择“Scribble”选项，图层选择“床”，则可保证床的轮廓和大小不会发生变化，增加模块控制层如图 7-11 所示。

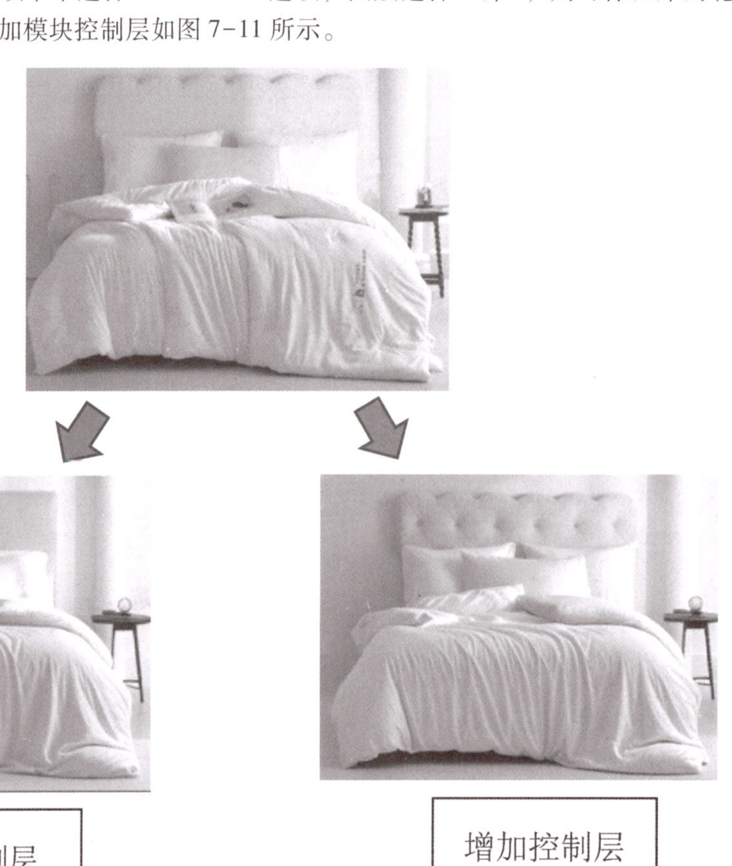

图 7-11　增加模块控制层

（2）上述步骤完成后，如果对生成的图片不满意，可以通过修改插件的“Strength”和“Seed”进行调整，修改种子或重绘强度如图 7-12 所示。“Strength”可以简单理解为生成图像过程中 AI 模型的自由度，数字越大则 AI 自由发挥的空间越大，但生成的内容与原图差异也越大；“Seed”可以简单理解为生成工作的“起点”。起点不同，最终生成的结果也有所不同。

图 7-12　修改种子或重绘强度

（3）不断改变 Seed 值，或者通过画笔在图层上简单涂抹，生成不同图像。最终选择出满意的图片，然后单击 AI 插件上的“发送到新图层”按钮。生成的图片将作为新的图层出现，如图 7-13 所示。

图 7-13　新的图层

（4）将前面抠图得到的“床”图层覆盖在 AI 生成的图像上，则可实现场景变化而商品主体不变的目标，图层覆盖如图 7-14 所示。

图 7-14　图层覆盖

第六步，熟练使用局部选区重绘的功能，调整场景中的物件。

若生成的图片整体符合要求，仅有局部细节需要调整，那么不需要对图像进行整体重新操

作，只需选出细节部分反复生成，直至得到满意的结果。可以使用“手绘轮廓选区工具/套索”工具选择需要修改的区域，让 AI 插件重新生成该区域，生成完毕后发送回原图层覆盖即可。

例如，对于图 7-14 的床旁边的桌面内容和椅子的生成效果不满意，可选取桌面和椅子进行重绘，如图 7-15 所示。

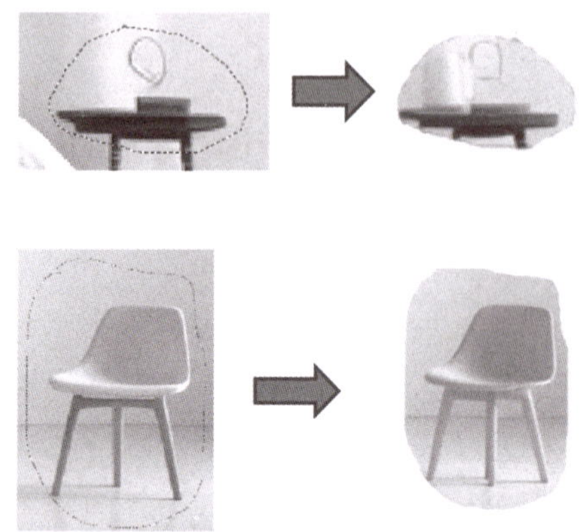

图 7-15 选取桌面和椅子进行重绘

第七步，放大图片分辨率，满足发布质量要求。创建文件时设定的画布分辨率为 768×512，该分辨率不符合宣传图发布要求。在扩展场景、修改细节等工作完成后，再次打开 AI 插件，可以使用“放大”功能，将图片分辨率放大 2 倍，完成后保存并导出图像即可。

任务四 开展站外推广

案例导入

企业在进行运营推广时，首要任务是要明确目标人群，即描绘用户画像。洞察企业用户群体画像，能够帮助企业实现“千人千面”，使企业可以针对不同人群制定差异化的运营策略，实现精准营销。一般来说，描绘用户画像需要分析的维度主要有：年龄、地域、消费层级、产品偏好、来源终端、性别、职业等。

通过一段时间的运营之后，生生不息淘宝店铺运营有了一定的起色，也积累了一定的用户数据。为扩大店铺影响力，提升店铺营销推广效果，请根据淘宝后台的数据进行目标人群分析，并选择小红书和抖音进行站外推广。

主推款选择数据

任务操作

一、分析目标人群

可视化是刻画用户画像的重要方式。请对给出的店铺后台数据进行可视化处理，将性别做成饼图，地域做成柱状图，产品偏好和价格偏好做成组合图。

完成该任务的方法有两种，一是使用素材包里的“目标人群”表格，使用 ChatGLM 根据数据格式生成 Python 代码，粘贴到 Spyder 中执行。二是使用 ChatGLM 的“数据分析”模块上传表格，利用平台进一步分析数据。本示例使用第二种方法，将数据上传到 ChatGLM 平台后进一步提问。过程中 ChatGLM 会生成相关图表，后台数据可视化处理如图 7-16 所示，组合柱状图如图 7-17 所示。

用户：请对给出的店铺后台数据进行可视化处理，将性别做成饼图，地域做成柱状图。

ChatGLM：可视化图表已经生成：

1. 性别分布饼图显示了男女顾客的比例。

2. 地域分布柱状图展示了顾客消费量占比排在前五位的省份或地区，以便更清晰地展示相关地区的数据。

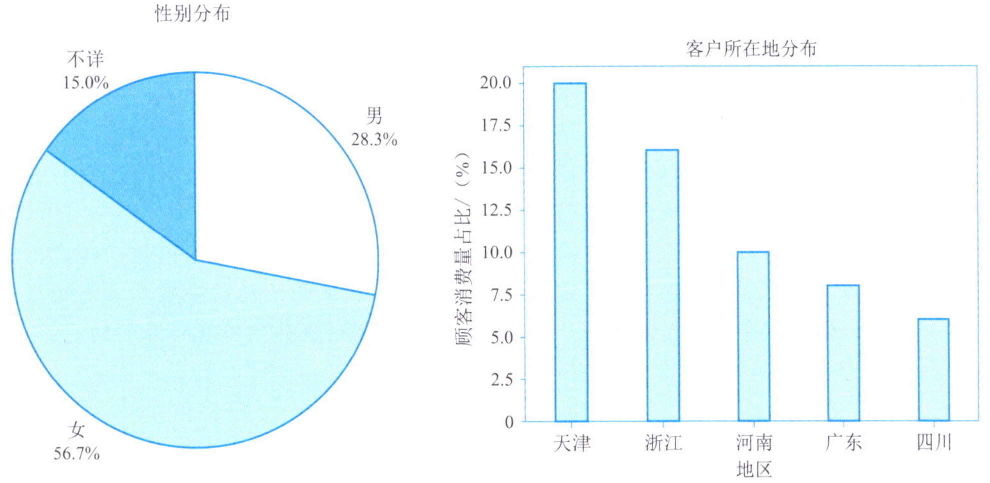

图 7-16　后台数据可视化处理

用户：做一张组合图，既包括不同价格产品的购买次数柱状图，也包括不同价格下男女顾客的购买频次柱状图，组合柱状图如图 7-17 所示。

ChatGLM：

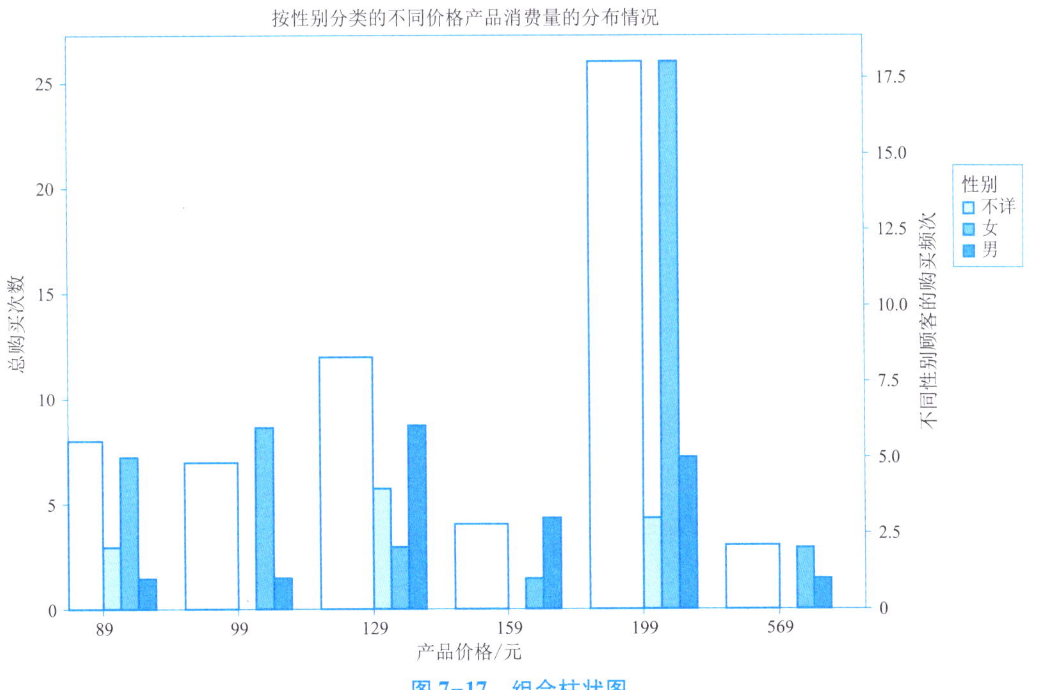

图 7-17　组合柱状图

用户：分析上述图表。

ChatGLM：

从上述合并的图表中，我们可以进行以下分析。

1. 不同价格产品的购买次数（左侧的浅绿色柱状图）：

- 可以看到，某些价格点的产品购买次数明显高于其他价格点。这表明这些价格点的产品可能更受欢迎，或者可能存在促销活动。

- 购买次数较高的价格点可能对应于高需求或高性价比的产品。

2. 不同价格下男女顾客的购买频次（右侧的分组柱状图，蓝色代表男性，橙色代表女性，深蓝色代表不详）：

- 在某些价格点，男性的购买频次高于女性，而在其他价格点则相反。这可能与产品类型、市场定位或特定价格点的促销活动有关。

-“不详”分类的购买频次在某些价格点也很显著，这可能意味着需要进一步的数据清洗或更详细的顾客信息来准确分析性别对购买决策的影响。

总体而言，这些图表揭示了产品价格与购买次数之间的关系，以及不同性别顾客对不同价格产品的偏好。这些信息对于市场营销策略、产品定价和促销活动的决策非常有价值。进一步的分析可能需要考虑其他因素，如产品类型、促销活动的具体细节和顾客的购买历史。

二、制作宣传图文

假设根据目标人群的产品偏好，确定本店最受欢迎的产品是一款三防被子。请利用任务三中生成的产品主图和其他细节图，使用 ChatGLM 来进行小红书文案创作，具体卖点和产品图见素材包。

以下是生成的示例。

用户：你是一位出色的广告写手，请根据以下要求，撰写广告，且在文中标示插图位置，用［插图 n］表示，广告将发布在小红书上。

产品名称：×品牌三防被子。

目标用户：20~35 岁的都市女性。

内容要求：自然融入产品参数和功能解读。

创作要点：隐蔽推广，文章主题与产品关联不明显。

产品卖点：严选 A 类竺棉小提花面料，引进日本天竺棉的提花技术，织物的整体外观形成像竹节一样的条纹，再经过 180℃ 高温水洗工艺，使其面料带有回归自然的沧桑感，比普通平纹织物透气吸汗性更好，具有普通织物无法比拟的柔软、透气、抗拉伸、吸湿等特性。温和安心，干净柔软会呼吸。融入纺织面料新科技，保证面料透气性的同时，可实现三防科技，防水、防油、防污，能大大阻隔被子长时间使用过程中出油导致的黄斑。采用超细 PET 纤维填充，蓬松柔软贴身。

ChatGLM：

标题：【生活小确幸】解锁都市女性的“温柔乡”

正文：

每一个都市女性的生活，都应该有一处属于自己的“温柔乡”。它不需要多大，也不需要多豪华，但它应该是干净、柔软且会呼吸的。

［插图 1］

学习笔记

今天，我想和大家分享的，就是这样一款产品。它是由×品牌精心打造的三防被子。

这款被子，采用了严选 A 类天竺棉小提花面料，引进日本天竺棉的提花技术，让织物的整体外观形成了像竹节一样的条纹。再经过 180℃高温水洗工艺，使其面料带有回归自然的沧桑感。这种面料比普通平纹织物透气吸汗性更好，具有普通织物无法比拟的柔软、透气、抗拉伸、吸湿等特性。

[插图 2]

不仅如此，这款被子还融入了纺织面料新科技，在保证面料透气性的同时，实现了三防科技——防水、防油、防污。这项技术大大阻隔了被子长时间使用过程中出油导致的黄斑，让我们的生活更加轻松。

[插图 3]

被子填充采用的是超细 PET 纤维，蓬松、柔软、贴身。这款被子，就像是我们生活中的小确幸，干净、柔软且会呼吸。

[插图 4]

都市女性的生活，就应该有这样的“温柔乡”。×品牌三防被子，给你一个干净、柔软且会呼吸的睡眠环境。

需要注意的是，利用人工智能生成文本后，还应该根据实际情况进行修改，并加入合适的插图。

三、优化推广方案

淘宝店铺在“双 11”大促活动开始之前，需要对前三个月的销售数据进行分析，根据分析出的顾客下单相关数据来指导店铺在 11 月 1—10 日（店铺预热期间）对付费推广投放的时间维度和地域维度进行设置。

接收到任务指令后，可将数据表格上传到智谱清言平台的“数据分析”模块后，开始与之进行交互。过程中平台将生成订单数据时间和地区维度柱状图，如图 7-18 所示。

用户：根据顾客下单数据分析付费推广投放的时间维度和地域维度应如何设置。

ChatGLM：

时间维度分析结果如下。

订单在不同小时的分布：

从 0 时（午夜）到 23 时（晚上 11 点），每个小时的订单数量不同。例如，9 时的订单数量为 131，而 15 时的订单数量为 201。

订单在一周中不同时间的分布：

从星期一到星期日，订单数量有所变化。例如，星期二的订单数量为 394，而星期六的订单数量为 343。

订单在不同月份的分布：

数据集覆盖了 8 月、9 月和 10 月，订单数量在不同月份之间有显著差异。例如，9 月的订单数量为 1691，而 10 月的订单数量为 323。

接下来，我们将进行地区维度分析，从“收货地址”中提取省份和城市信息。

地区维度分析结果如下。

订单在不同省份的分布：

订单分布在多个省份，其中浙江省的订单数量最多，达到 783 单，其次是广东省，有 259 单。

订单在不同城市的分布：

订单分布在多个城市中，温州市的订单数量最多，达到339单，其次是杭州市，有132单。

这些分析结果可以帮助我们确定付费推广投放的时间维度和地域维度的设置。例如，我们可以考虑在订单数量较多的时间段和地区加大推广力度，以优化推广效果。如果您需要更详细的统计数据或建议，请告诉我。

用户：用柱状图表示上述分析内容。

ChatGLM：

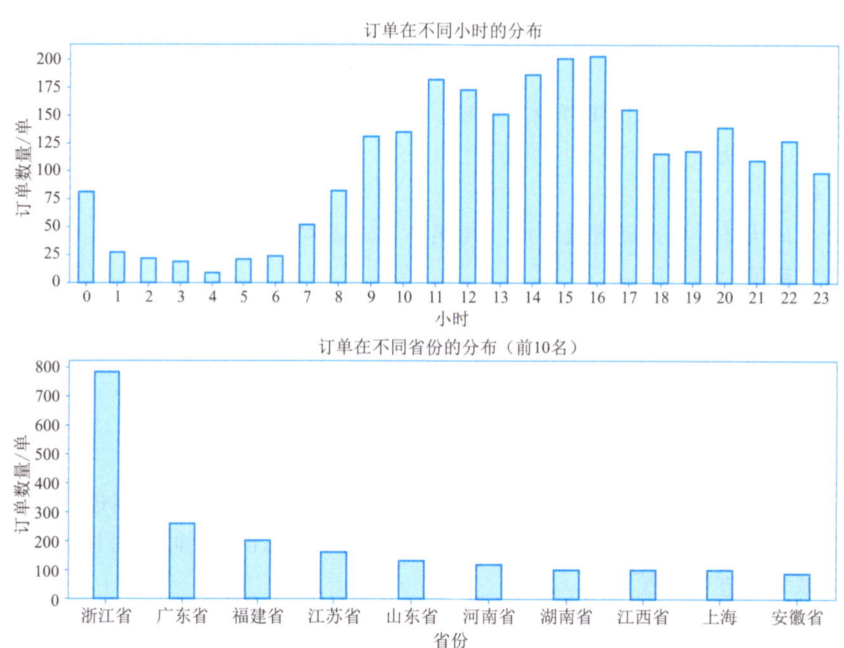

图 7-18　订单数据时间和地区维度柱状图

如图7-18所示，我们分别展示了订单在不同小时的分布和在不同省份的分布（前10名）柱状图。

第一张图显示了24小时内每个小时的订单数量。可以看到，订单数量在一天中的分布是不均匀的，有些时间段（如9时和15时）的订单数量明显高于其他时间段。

第二张图展示了订单数量最多的前10个省份。浙江省的订单数量最多，其次是广东省，然后是福建省等。

这些图表为设置付费推广的时间维度和地域维度提供了直观的参考。如果需要更多细节或其他城市的分布情况，请告知。

【素质提升】

电商出海第一步，先比拼AI！①

据介绍，2024年值得买将通过自营和合作的方式，推进电商导购“值得买”模式出海。目前，值得买出海首站为泰国，泰国版“什么值得买”名称为“ZestBuy”，将采取自营的运

① 梁又匀，高梦阳．电商出海第一步，先比拼AI！［EB/OL］．财联社，2024-05-11［2024-05-24］．https://www.cls.cn/detail/1673702.

营模式。据透露，该 App 正陆续在各大应用市场上架。

“图片、视频智能生成，是外贸商家平日发布产品时用得最频繁的一个功能。”深圳市免成科技有限公司总经理方泽夫告诉财联社，2024 年以来，AI 工具的遍地开花让外贸创业的门槛进一步降低，尤其是对 10~20 人的创业团队而言，每个员工的工作效率翻倍意味着公司的效益实现几何式增长。

目前在电商平台尤其是跨境出海领域，AIGC 技术应用于商家、卖家端的案例更为常见，且主要集中在产品展示、营销、用户体验提升以及内容创新等多个方面。

方泽夫所在的深圳市免成科技有限公司曾是阿里国际站 AI 生意助手最早的一批内测商家。在内测阶段，免成科技主要测试了一款计算机机箱的智能产品发布。在“标题智能优化”这块，原本公司的运营人员就在标题里涵盖了一些参数和营销词，AI“生意助手”帮忙添加了灯光和颜色的相关信息。

“我们后来发现，海外买家最近在搜索计算机机箱的时候，的确开始关注带不带灯光、外壳的颜色等产品信息。加上这些关键词后，我们就能更精准地被客户找到。今后我们拓展新品、开发供应链都有可能会参照这些关键词，这是未来开发新品的一个捷径。”方泽夫说，使用 AI 工具可以快速精准地找到细分人群的长尾词。

知识巩固 

一、单选题

1. 对用户特征进行归类分析，能够形成（　　），帮助企业了解用户群体特征。

A. 分类　　B. 用户画像

C. 群体　　D. 社区

2. 用户数据分析不包括对（　　）数据的分析。

A. 年龄　　B. 地域

C. 性别　　D. 市场占有率

3. 产品交易指数越高，代表（　　）越高。

A. 支付人数　　B. 客单价

C. 支付件数　　D. 销售金额

4. 关于竞店分析，下列说法正确的是（　　）。

A. 竞店分析不可以借助 AI 工具

B. 了解竞店的优势，可使自身店铺查缺补漏，完善自身商品布局

C. 竞店分析只需要分析竞店的销售额

D. 同一平台开店的都属于竞店

5. 下列不属于竞争对手的是（　　）。

A. 销售儿童保温杯的不同网店

B. 造成自身网店客户流失的其他网店

C. 销售女士棉衣的网店和销售女士羽绒服的网店

D. 销售电视的网店和销售智能音箱的网店

6. 当行业处于完全垄断时，与之相关的赫芬达尔-赫希曼指数呈现出的特性是（　　）。

A. HHI = 10　　B. HHI = 0

C. HHI = 0. 1　　D. HHI = 1

学习笔记

7. 分析目标用户的产品偏好和价格偏好时，适合选用的可视化图表是（　　）。

A. 饼状图　　B. 雷达图

C. 折线图　　D. 组合图

8. 行业集中度分析，主要通过（　　）反映。

A. 百度指数　　B. 阿里指数

C. 赫芬达尔-赫希曼指数　　D. 交易指数

9. 活动促销的本质是什么？（　　）

A. 销售　　B. 免单

C. 折扣　　D. 秒杀

二、判断题

1. 电子商务经营者对收集到的用户数据可以任意使用。（　　）

2. 店铺的营销计划一旦制订，则固定不变，无须对其定期更新。（　　）

3. 市场数据分析包括行业数据分析和竞争数据分析两个部分。（　　）

4. 赫芬达尔-赫希曼指数的数值越大，说明行业的集中度越小，趋于自由竞争。（　　）

5. 目标客户是电商企业营销及销售的前端，明确了目标客户的各项属性，有助于进一步展开具有针对性的营销举措。（　　）

6. 电商企业对行业所处发展阶段的选定，会影响电商企业未来的成长空间。（　　）

7. 促销活动能给我们带来的好处是：薄利多销、清库存、打爆款、引流。（　　）

8. 销售单价与销售额成正比关系，因此为了提升销售额，可以尽可能地提高产品单价。（　　）

9. 产品结构比例侧面反映了产品的销售比例，通常情况下，产品结构及其比例是固定不变的。（　　）

10. ChatGLM 可以进行小红书文案生成。（　　）

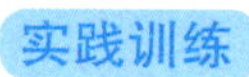

“未来时尚”电商平台的智能化转型

未来时尚是一家中型的在线服装零售商，拥有自己的品牌和产品线。随着市场竞争的加剧和消费者需求的多样化，未来时尚决定利用人工智能工具来提升其市场竞争力。管理层希望利用 AI 技术来分析市场趋势、优化产品选择、制定定价策略并提高营销效率。以下是需要完成的任务。

市场数据分析：使用 AI 工具来分析市场趋势和消费者行为。

选品逻辑：根据市场分析结果，使用 AI 工具（如机器学习算法）来预测哪些产品将会受到欢迎。

商品定价：运用 AI 工具来分析竞争对手的定价，并制定有竞争力的价格策略。

促销策略：利用 AI 工具来设计促销活动，并预测其效果。

客户数据分析：使用 AI 工具来分析用户数据，创建用户画像。

推广分析：运用 AI 工具来分析推广活动的效果，并优化广告投放策略。

营模式。据透露，该App正陆续在各大应用市场上架。

“图片、视频智能生成，是外贸商家平日发布产品时用得最频繁的一个功能。”深圳市免成科技有限公司总经理方泽夫告诉财联社，2024年以来，AI工具的遍地开花让外贸创业的门槛进一步降低，尤其是对10~20人的创业团队而言，每个员工的工作效率翻倍意味着公司的效益实现几何式增长。

目前在电商平台尤其是跨境出海领域，AIGC技术应用于商家、卖家端的案例更为常见，且主要集中在产品展示、营销、用户体验提升以及内容创新等多个方面。

方泽夫所在的深圳市免成科技有限公司曾是阿里国际站AI生意助手最早的一批内测商家。在内测阶段，免成科技主要测试了一款计算机机箱的智能产品发布。在“标题智能优化”这块，原本公司的运营人员就在标题里涵盖了一些参数和营销词，AI“生意助手”帮忙添加了灯光和颜色的相关信息。

“我们后来发现，海外买家最近在搜索计算机机箱的时候，的确开始关注带不带灯光、外壳的颜色等产品信息。加上这些关键词后，我们就能更精准地被客户找到。今后我们拓展新品、开发供应链都有可能会参照这些关键词，这是未来开发新品的一个捷径。”方泽夫说，使用AI工具可以快速精准地找到细分人群的长尾词。

知识巩固

一、单选题

1. 对用户特征进行归类分析，能够形成（　　），帮助企业了解用户群体特征。

A. 分类　　B. 用户画像

C. 群体　　D. 社区

2. 用户数据分析不包括对（　　）数据的分析。

A. 年龄　　B. 地域

C. 性别　　D. 市场占有率

3. 产品交易指数越高，代表（　　）越高。

A. 支付人数　　B. 客单价

C. 支付件数　　D. 销售金额

4. 关于竞店分析，下列说法正确的是（　　）。

A. 竞店分析不可以借助AI工具

B. 了解竞店的优势，可使自身店铺查缺补漏，完善自身商品布局

C. 竞店分析只需要分析竞店的销售额

D. 同一平台开店的都属于竞店

5. 下列不属于竞争对手的是（　　）。

A. 销售儿童保温杯的不同网店

B. 造成自身网店客户流失的其他网店

C. 销售女士棉衣的网店和销售女士羽绒服的网店

D. 销售电视的网店和销售智能音箱的网店

6. 当行业处于完全垄断时，与之相关的赫芬达尔-赫希曼指数呈现出的特性是（　　）。

A. HHI = 10　　B. HHI = 0

C. HHI = 0.1　　D. HHI = 1

学习笔记

学习笔记

7. 分析目标用户的产品偏好和价格偏好时，适合选用的可视化图表是（　　）。

A. 饼状图　　B. 雷达图

C. 折线图　　D. 组合图

8. 行业集中度分析，主要通过（　　）反映。

A. 百度指数　　B. 阿里指数

C. 赫芬达尔-赫希曼指数　　D. 交易指数

9. 活动促销的本质是什么？（　　）

A. 销售　　B. 免单

C. 折扣　　D. 秒杀

二、判断题

1. 电子商务经营者对收集到的用户数据可以任意使用。（　　）
2. 店铺的营销计划一旦制订，则固定不变，无须对其定期更新。（　　）
3. 市场数据分析包括行业数据分析和竞争数据分析两个部分。（　　）
4. 赫芬达尔-赫希曼指数的数值越大，说明行业的集中度越小，趋于自由竞争。（　　）
5. 目标客户是电商企业营销及销售的前端，明确了目标客户的各项属性，有助于进一步展开具有针对性的营销举措。（　　）
6. 电商企业对行业所处发展阶段的选定，会影响电商企业未来的成长空间。（　　）
7. 促销活动能给我们带来的好处是：薄利多销、清库存、打爆款、引流。（　　）
8. 销售单价与销售额成正比关系，因此为了提升销售额，可以尽可能地提高产品单价。（　　）
9. 产品结构比例侧面反映了产品的销售比例，通常情况下，产品结构及其比例是固定不变的。（　　）
10. ChatGLM 可以进行小红书文案生成。（　　）

实践训练

“未来时尚”电商平台的智能化转型

未来时尚是一家中型的在线服装零售商，拥有自己的品牌和产品线。随着市场竞争的加剧和消费者需求的多样化，未来时尚决定利用人工智能工具来提升其市场竞争力。管理层希望利用 AI 技术来分析市场趋势、优化产品选择、制定定价策略并提高营销效率。以下是需要完成的任务。

市场数据分析：使用 AI 工具来分析市场趋势和消费者行为。

选品逻辑：根据市场分析结果，使用 AI 工具（如机器学习算法）来预测哪些产品将会受到欢迎。

商品定价：运用 AI 工具来分析竞争对手的定价，并制定有竞争力的价格策略。

促销策略：利用 AI 工具来设计促销活动，并预测其效果。

客户数据分析：使用 AI 工具来分析用户数据，创建用户画像。

推广分析：运用 AI 工具来分析推广活动的效果，并优化广告投放策略。

思考：

1. 以上任务分别使用什么 AI 工具执行？
2. 简述 AI 工具在电子商务中的应用效果和潜在风险。
3. 简述如何在遵守法律法规的前提下，利用 AI 工具进行数据化运营。

学习笔记

【项目评价】

评价项目（占比）	评价标准		分值	得分							
				学生自评	小组互评						教师评价
					第1组	第2组	第3组	第4组	第5组	第6组	
考勤（10%）	无故旷课、迟到、早退（一次扣 10 分）		10								
	请假（一次扣 2 分）										
学习能力（10%）	团队合作	小组合作参与度（优 6 分，良 4 分，一般 2 分，未参与 0 分）	6								
	个人学习	个人自主探究参与度（优 4 分，良 2 分，未参与 0 分）	4								
工作过程（40%）	能够准确选择 AI 工具制定营销策略	能选择正确的 AI 工具并做出正确指令（每错一处扣 2 分）	5								
		能够计算行业集中度并制定营销策略（每错一处扣 1 分）	5								
	能够利用 AI 工具选择主推款并进行定价促销	能选择正确的 AI 工具并做出正确指令（每错一处扣 1 分）	10								
		能够选择正确的主推款并进行定价和促销（每错一处扣 1 分）	10								
	能够利用 AI 制作美观的商品推广图	能选择正确的 AI 工具并做出正确指令（每错一处扣 1 分）	5								
		制作的图片符合要求且美观（每错一处扣 1 分）	5								
	能够利用 AI 进行用户分析并优化推广	能选择正确的 AI 工具并做出正确指令（每错一处扣 1 分）	5								
		能用 AI 生成小红书图文并进行推广（每错一处扣 1 分）	5								
工作成果（40%）	环节达标度	能够按要求完成每个环节的任务（未完成一处扣 4 分）	20								
	整体完成度	能够准确展示完成成果（失误一次扣 5 分）	20								
得分小计											
教师评语：											
综合得分（学生自评得分×20%+小组互评得分×20%+教师评价得分×60%）											

主要参考文献

[1] 伊恩·古德费洛．深度学习［M］．北京：人民邮电出版社，2022.
[2] 周志华．机器学习［M］．北京：清华大学出版社，2016.
[3] 张奇，桂韬，黄萱菁．自然语言处理导论［M］．北京：电子工业出版社，2023.
[4] 斯蒂芬·沃尔弗拉姆．这就是 ChatGPT［M］．北京：人民邮电出版社，2023.
[5] 赵鑫，李军毅，周昆，等．大语言模型［EB/OL］（2024-04-15）［2024-05-23］https://llmbook-zh.github.io/. 2024.
[6] 约翰·马尔科夫．人工智能简史［M］．杭州：浙江人民出版社，2017.
[7] 韦斯·麦金尼．利用 Python 进行数据分析［M］．北京：机械工业出版社，2023.
[8] ChrisAlbon. Python 机器学习手册：从数据预处理到深度学习［M］．北京：电子工业出版社，2019.
[9] 维克托·迈尔·舍恩伯格．大数据时代［M］．杭州：浙江人民出版社，2013.
[10] 王珊，杜小勇，陈红色．数据库系统概论（第 6 版）［M］．北京：高等教育出版社，2023.
[11] 艾琳·尼尔森．时间序列分析实战：基于机器学习和统计学［M］．北京：人民邮电出版社，2022
[12] 菲利普·科特勒，等．市场营销：原理与实践［M］．北京：中国人民大学出版社，2023.
[13] 李忻玮，苏步升，徐浩然，等．扩散模型从原理到实战［M］．北京：人民邮电出版社，2023.
[14] 马里奥·多布勒．Python 数据可视化［M］．北京：清华大学出版社，2020.
[15] 亨利·基辛格．人工智能时代与人类未来［M］．北京：中信出版集团，2023.